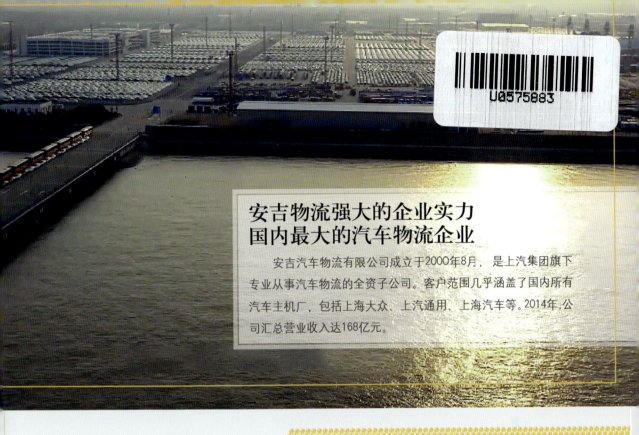

安吉物流强大的企业实力
国内最大的汽车物流企业

安吉汽车物流有限公司成立于2000年8月，是上汽集团旗下专业从事汽车物流的全资子公司。客户范围几乎涵盖了国内所有汽车主机厂，包括上海大众、上汽通用、上海汽车等。2014年，公司汇总营业收入达168亿元。

开辟社会车辆
运输业务的全新蓝海

安吉汽车物流依靠强大的运输实力，可以自行完成汽车托运业务，很好地满足二手车商务物流运输、租赁公司车辆调拨、个人旅游市场开发等需求，开辟一个全新的蓝海市场。

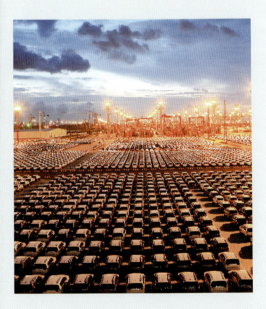

"车好运" App
好运 连接 未来

依托安吉物流强大的公路、铁路、水路物流资源，"车好运"致力于为社会车辆提供高效的车辆托运平台，满足企业及个人的长途整车运输需求，为客户提供线上线下无缝连接的全新优质高效运输服务。

安吉汽车物流有限公司
ANJI AUTOMOTIVE LOGISTICS CO.,LTD

争行业先锋　做物流旗舰

——重庆长安民生物流股份有限公司简介

重庆长安民生物流股份有限公司（简称长安民生物流）是一家第三方汽车物流服务商及综合物流服务商。公司成立于2001年8月，注册资本1.62亿元，2006年2在香港联交所创业板上市，2013年7月，成功由创业板转主板交易，主板股票代码为01292，是国内第一家境外上市的汽车物流企业。主要发起股东为重庆长安工（集团）有限责任公司、民生实业（集团）有限公司、新加坡美集物流有限公司。

公司已同长安汽车、长安福特、长安马自达、长安铃木、北奔重汽、德尔福、伟世通、西门子威迪欧、伟巴斯特、台湾六和、宝钢集团、正新轮胎、杜邦、本勒、富士康等国内外近千家汽车制造商、原材料供应商及零部件供应商建立了长期合作关系，为客户提供国内外零部件集并运输、散杂货运输、大型设备运输、供应商仓储管理、生产配送、模块化分装、商品车仓储管理及发运、售后件仓储及发

包装物流服务

备件物流服务

散杂货运输服务

国际物流服务

零部件物流服务

轮胎分装服务

整车物流服务

运、KD件包装、保税仓储、物流方案设计、物流咨询、物流培训等全方位的供应链物流一体化服务,具备强大的物流综合服务能力。公司在全国先后设立了14个分公司、2个办事处、6家全资子公司、6家合资公司;拥有员工8000余人。展望未来,公司将继续致力于为客户提供专业的物流规划设计、物流信息化建设及供应链物流一体化服务,力争成为中国物流行业的领先者。

百年长安 容融民生 厚德载物 物流天下

精益的风神物流
技术的风神物流

网址：http://www.fslgz.com
客服热线：400-883-1919

///FSL 风神物流
FENGSHEN LOGISTICS

不断超越的汽车供应链服务专家

成为品质卓越的
智慧型物流领导企业

北京福田智科物流有限公司成立于2002年5月，位于北京市海淀区，注册资本8000万元，员工2200余人，年营业额近20亿元。公司以北京为管理中心，分别在北京、山东、湖南、广东等地设立8个分公司，并下设50余个业务部，运营网络遍布全国。

公司自成立以来，始终坚持管理、机制、科技创新，形成了整车物流、生产物流、零部件物流、国际物流为核心的四大业务格局，已发展成为国内领先的物流企业。

公司先后通过了国际质量管理体系ISO 9001、环境管理体系ISO 14001、职业健康安全体系OHSAS18001认证，并先后被评为"中国汽车物流行业十大影响力品牌"，连续6年蝉联"全国先进物流企业"、"中国物流百强企业"，被行业授予"中国物流文化建设示范基地"、"汽车物流行业特别突出贡献企业"、"中国物流社会责任贡献奖"、"汽车物流行业创新奖"等荣誉称号70余项。2014年，公司荣升国家"5A级综合服务型物流企业"。

高效联通，成就价值。公司以"专业、睿智、真诚、可信赖"的品牌个性，实现"智领科技、信赖服务、卓越效益"的品牌价值，通过管理与技术的持续创新，到2020年，公司经营规模实现突破，成为品质卓越的智慧型物流领导企业。

Beijing iFoton logistics was founded in May 2002, and its registered capital up to 80 million RMB, located in Haidian District, Beijing City. There is existing 2200 staff in company. In 2014, its annual revenue is nearly 2 billion RMB. The Company has a business network throughout the country, consisting of 8 branches with more than 50 business departments located in Beijing, Shandong, Hunan, Guangdong and other regions.

Since founded, the company has been adhered to innovation of management and technology, built a business platform including vehicle logistics, production logistics, components logistics and global logistics. Now, the company has developed into a leading logistics enterprise.

We have got the elaborate management system and applied to ISO9001, ISO14001 and OHSAS18001 standard. The company has been honored the "Top10 Brands of China automotive logistics". We have got the honor of "the advanced enterprise of China logistics" and "Top100 enterprise of China logistics" for six years. We were awarded more than 70 honorary titles such as "the demonstration base for china' s logistics culture", "the outstanding contribution enterprise for china' s automotive logistics" and so on. In 2014, the company had rised into "5A-level integrated logistics enterprise".

Efficient connectivity creates values. With the concept of "professional, intelligent, sincere, trust", we are committed to achieve the brand value of "intelligent-leading technology, reliable service, and excellent benefit". Through the innovation of management and technology, by 2020, the company will become a leading intelligent logistics enterprise with excellent quality.

高效联通　成就价值

公司地址：北京市海淀区丰秀中路1号
联系电话：010-58710733
客服电话：4008865156
公司网址：www.ft56.com

东风车城物流

DONGFENG CHECHENG LOGISTICS

成为领先的汽车物流综合解决方案提供商

/规范运输 / 安全准时 / 持续改进 / 顾客满意/

地址：深圳市福田区深圳南大道6025号英龙展业大厦15楼北座

　　东风车城物流股份有限公司（简称"东风车城物流"）成立于1993年，是东风汽车公司直属的以整车物流业务为主的汽车物流企业。

　　公司主要经营范围：乘用车、商用车及汽车零部件运输；物流仓储；普通货物运输；销售汽车及零部件；集装箱运输；汽车维修；铁路货物运输代理；水路货物运输代理；联运代理；国际货物运输代理等。

　　目前东风车城物流股份有限公司主要客户有：东风日产乘用车公司、东风乘用车有限公司、东风裕隆汽车有限公司、神龙汽车有限公司、东风雷诺汽车有限公司、东风悦达起亚汽车有限公司、东风本田汽车有限公司、东风本田发动机有限公司等。同时东风车城物流股份有限公司与全国大型物流企业拥有良好的战略合作关系。

电话：0755-88351522　　　　　传真：0755-88351522

中都物流
BAIC CCL

中都介绍

中都物流有限公司于 2008 年 1 月 8 日成立，为北汽集团所属北汽鹏龙和首钢集团所属首钢国际共同投资设立的物流公司，公司位于北京市顺义区，注册资金 4.5 亿元。主要从事汽车物流服务及汽车物流相关管理咨询。

公司高度重视企业信息化建设，成功开发和实施整车物流业务运营管理系统（TMS&WMS）、结算系统（LFCS）、电子数据交互系统（EDI）、车辆监控系统（GPS）、在途运输管控系统（APP）及生产物流运营系统（WMS&JIS），以信息化手段和物流新技术应用促进核心物流运管理模式形成和物流服务品质提升。在加强企业信息化的同时，中都物流也大力推进企业管理体系建设：顺利通过 ISO 质量体系认证、北京市安全标准化二级认证、5A 级物流企业评估，使公司管理体系更为系统、完善，为公司持续发展，不断提升，奠定了坚实的基础。

目前，公司下辖 10 个下属公司，其中 2 个合资公司、3 个分公司及 5 个子公司，现有员工1042 人，年总营业额达 30 亿元。

速度见证实力，进取缔造辉煌。放眼未来，中都物流将为汽车厂家、零部件厂家提供专业、优质、高效的物流综合服务。

汽车生产物流

汽车整车物流

汽车售后物流

钢铁物流

国际业务

上海元初国际物流有限公司
Shanghai Origin International Logistics Co .,Ltd

成立时间：2004年

员工人数：233人（截至2015年7月）

主营业务：整车与零配件进出口通关、
商检代理、运输、仓储及其他增值服务

整车
Finished Vehicle

游艇
Yachts

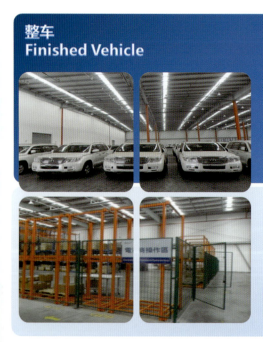

电商
E-commerce

增值服务
Value - added service

品牌增值服务

装配中心

安装车载导航仪

进口整车存储场地

安全　及时　准确

持续满足客户的物流需求
打造一流服务品牌

食品
Food

常温
Normal
temperature

恒温
Constant
temperature

地址：上海市虹口区四川北路525号宇航大厦28楼　28 F Aerospace building, □No.525 Si Chuan Rd (N), Shanghai 200085 China

天津港环球滚装码头有限公司
TPG GLOBAL RO-RO TERMINAL CO., LTD.

天津港是我国北方最大的综合性港口，国家确定的整车进口口岸之一，腹地京津地区汽车工业发达，汽车产量高、消费量大，并且随着滨海新区的开发及腹地外向型经济的快速发展，天津港汽车进出口呈现大幅增长。为了满足未来发展需求，天津港环球滚装码头投资建设多层汽车库。项目用地面积3万平方米，总建筑面积10万平方米，为全封闭结构，共分为5层，一层除用于存放大型车辆外，还将设有商检检测线、PDI检测线、VPC车间以及VDC分拨中心等物流设施，二至五层用于存放小型车辆，预计可停放3480辆，库外停车场可停放55辆。该项目现已开工建设，预计2016年投入使用。

PDI检测线 ◀

▶ VPC车间

地址：中国 天津市塘沽区新港六号路1599号 邮编：300456

TEL.: 022–25701972 FAX: 022–25701942   Http://www.tjroro.com Email:mktg@tjroro.com

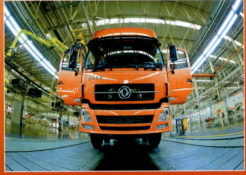

■企业简介

　　东风商用车起源于中国，诞生于1969年。用依赖、专业、全球科技深耕制造工艺，不断开拓市场，赢得客户认可。

　　东风商用车有限公司是东风汽车集团股份有限公司与沃尔沃集团构建的全球最大商用车战略联盟，在中国组建的一家商用合资企业，于2015年1月正式成立运营，公司致力于发展"东风"品牌商用车为全球知名品牌。

　　东风商用车是中国领先的商用车品牌，正逐步建立覆盖全球的销售服务网络。东风商用车在中国拥有独立的研发和生产基地，其年产能达20万台。产品覆盖中重型卡车、客车整车与底盘以及发动机、驾驶室、车架、国桥、变速箱等关键总成。其产品为长途运输、区域配送、城际运输、建筑工程及采矿业服务。东风商用车产品是专业运营商必备工具，满足现代社会及未来运营需求。

　　东风商用车有限公司总部位于湖北省十堰市，拥有近3万名员工，15家工厂、分（子）公司及先进的技术中心。其母公司东风汽车集团股份有限公司以750亿美元的营业收入在2014年《财富》世界500强排名113位。

中国的东风 世界的东风

■中国领先的卡车技术中心

　　东风商用车技术中心是中国最具实力的研发机构，在湖北武汉和十堰均设有实验和研究设施。该技术中心能够模拟卡车面临的各种类型的道路以及天气条件进行实验。在每一辆东风卡车投放市场前，都须经历实验室检验、真实情况模拟等一系列极端严格的测试。例如：正面碰撞和冲击试验的安全测试，噪音分析，CFD模拟，疲劳分析，油耗测试，排放测试，轮胎磨损组装测试，有限元模拟分析，动力系统的性能和可靠性测试，电子和电气测试，物理和化学检验，材料试验和分析。甚至包括从 -40℃~70℃ 极端气候条件的测试。

■公司愿景

　　东风商用车有限公司的事业愿景是：把中国的东风商用车品牌打造成全球化的品牌。为此，我们将致力于为全球公路运输行业提供满足客户期望的价值解决方案；致力于成为备受股东、客户、员工和社会依赖的品牌；致力于打造一支崇尚业绩、主动挑战的全球化团队。

东风商用车有限公司市场销售总部
地址：湖北省十堰市人民南路13号
邮编：442000
阳光服务热线：0719 - 8885555
http://www.dfcv.com.cn

HAROPA Ports
塞纳河流域大巴黎港口联盟

1st French port for new vehicles (including H&H and OOG)
法国领先新车贸易港（包括超长、超重和超大件货物）

100 ha Ro/Ro terminal fenced and secured ISPS standards
100公顷滚装码头安全防护，符合ISPS的安规标准

24/7 port access
24/7港口无潮汐限制，港区全年无间断作业

90 min from 'pilot on board' to berth
90分钟从引航员上船到停靠码头

10 regular Ro/Ro shipping companies calling Le Havre
10家滚装船公司，运营定期航线挂靠勒阿弗尔港

1st European port certified security ISO 28000
首个欧洲港口，获得ISO28000安全认证

130 security officers (armed) on oath
130位武装安保人员在港区执勤

 MEMBER OF ECG Quality manual of good practice
ECG协会成员，质量控制的最佳典范

Le Havre - Rouen - Paris
勒阿弗尔-鲁昂-巴黎

PORTS
HAROPA
Your logistics solution in Europe

Contacts:
联系方式
Christophe Cheyroux / 施琥
ccheyrx@orient-fareast.com
Demi Wang / 王笑晶
demiw@163.com

HAROPA
THE LEADING
FRENCH
PORT
SYSTEM

LE HAVRE
ROUEN
PARIS

THE EUROPEAN GATEWAY
> The fifth largest port system in Northern Europe
> 600 ports of call in the world including around 60 European ports
> High-performance times for customs clearance
> Maritime and river port infrastructure accessible 7/7 24/24
> A multimodal transport offer for a European hinterland

普洛斯
GLP

普洛斯
成就更多汽车物流

Harbin
Changchun
Shenyang
Beijing Langfang Dalian
Tianjin
Greater Jinan Qingdao
Zhenzhou
Xi'an Huai'an
Yangzhou Changzhou
Nanjing Nantong
Hefei Wuxi
Chengdu Suzhou Shanghai
Greater Wuhan Wuhu
Chongqing Greater Hangzhou Ningbo
Changsha Wenzhou
Fuzhou
Xiamen
Greater Guangzhou
Nanning Foshan Dongguan
Shenzhen
zhuhai

中国物业建筑总面积	已进入中国市场	中国物流园
2260万 平方米	**35** 个	**193** 个

汽车客户物业总面积	汽车客户总数	已捐助希望小学
79万 平方米	**67** 个	**13** 个

筑面积指资产组合的总建筑面积. 包括完工物业、在建物业和用于未来开发土地. 不包括潜在土地储备. 数据截止至2015年6月30日

普洛斯北仑物流园, 宁波, 中国

普洛斯是全球领先的现代物流和工业基础设施提供商. 截至2015年6月30日, 普洛斯拥有290亿美元的资产组合, 在中国、日本、巴西和美国总计4200万平方米的物流和工业基础设施.

普洛斯的发展战略核心是在每个业务所及的市场成为最佳的运营商, 通过开发和扩展基金平台创造价值. 普洛斯于为全球最具活力的制造商、零售商和第三方物流公司不断提高供应链效率, 达成战略拓展目标. 国内消费是推普洛斯物流设施需求的主要驱动力.

普洛斯集团于2010年10月18日在新加坡证券交易所主板上市 (股票代码: MC0.SI).

普洛斯中国总部(上海办公室)
中国上海浦东陆家嘴环路1233号汇亚大厦2708室 邮编: 200121
电话: +86(21)6105 3999   传真: +86(21)6105 3900
www.glprop.com

安吉物流
强大的企业实力

安吉汽车物流有限公司成立于2000年8月，是上汽集团旗下专业从事汽车物流的全资子公司。客户范围几乎涵盖了国内所有汽车主机厂，包括上海大众、上汽通用、上海汽车等。2014年，公司汇总营业收入达168亿元。

开辟社会车辆
运输业务的全新蓝海

安吉汽车物流依靠强大的运输实力，可以自行完成汽车托运业务，很好地满足二手车商务物流运输、租赁公司车辆调拨、个人旅游市场开发等需求，开辟一个全新的蓝海市场。

"车好运"App
好运 连接 未来

依托安吉物流强大的公路、铁路、水路物流资源，"车好运"致力于为社会车辆提供高效的车辆托运平台，满足企业及个人的长途整车运输需求，为客户提供线上线下无缝连接的全新优质高效运输服务。

安吉汽车物流有限公司
ANJI AUTOMOTIVE LOGISTICS CO.,LT

客服热线：400-863-57

中国汽车物流发展报告

China Automotive Logistics Development Report

（2015）

中国物流与采购联合会汽车物流分会

China Automotive Logistics Association of CFLP

中国财富出版社

图书在版编目（CIP）数据

中国汽车物流发展报告.2015 / 中国物流与采购联合会汽车物流分会编 . —北京：
中国财富出版社，2015.10
ISBN 978 - 7 - 5047 - 5905 - 4

Ⅰ.①中…　Ⅱ.①中…　Ⅲ.①汽车工业 - 物流 - 产业发展—研究报告 - 中国 - 2015
Ⅳ.①F407.471.6

中国版本图书馆 CIP 数据核字（2015）第 238788 号

策划编辑 惠婳	**责任编辑** 孙会香　惠婳			
责任印制 何崇杭	**责任校对** 梁凡		**责任发行** 斯琴	

出版发行 中国财富出版社（原中国物资出版社）

社　　址	北京市丰台区南四环西路 188 号 5 区 20 楼	**邮政编码** 100070	
电　　话	010 - 52227568（发行部）	010 - 52227588 转 307（总编室）	
	010 - 68589540（读者服务部）	010 - 52227588 转 305（质检部）	
网　　址	http://www.cfpress.com.cn		
经　　销	新华书店		
印　　刷	北京京都六环印刷厂		
书　　号	ISBN 978 - 7 - 5047 - 5905 - 4/F · 2485		
开　　本	787mm×1092mm 1/16	**版　　次**	2015 年 10 月第 1 版
印　　张	23.25　**彩　插** 24 面	**印　　次**	2015 年 10 月第 1 次印刷
字　　数	513 千字	**定　　价**	180.00 元

《中国汽车物流发展报告》
（2015）

编　委　会

王　斌　同方环球（天津）物流有限公司
李延春　吉林省长久实业集团有限公司
汪　洋　重庆长安民生物流股份有限公司
韦　伟　达基物流（中国）有限公司
万　江　集保物流设备（中国）有限公司
陈旭中　捷富凯国际物流（中国）有限公司
张　蔚　法国劳尔工业公司
沈浩扬　乔达国际货运（中国）有限公司
蒋　晖　武汉东本储运有限公司
段恒永　中国重汽集团销售公司
李　刚　中都物流有限公司
黄影明　上海元初国际物流有限公司
王印涛　天津精英供应链管理有限公司
李　平　辽宁联合物流有限公司
张雁飞　安徽江汽物流有限公司
邱红阳　重庆中集汽车物流有限责任公司
刘永杰　北京诚通物流有限公司
朱燕阳　西上海汽车服务股份有限公司

《中国汽车物流发展报告》
（2015）

编　辑　部

主　　　编：左新宇

副　主　编：宋夏虹　张晋姝（执行）

编 辑 人 员：王　萌　冯　拓　恩腾飞　胡　静　董泰乐

联 系 方 式：

中国物流与采购联合会汽车物流分会

汽车物流网：http：//qichewuliu. com

电　　　话：010 - 68392268　010 - 68392285

传　　　真：010 - 68392289

邮　　　箱：songxiahong@ vip. 163. com

地　　　址：北京市西城区月坛北街 25 号 2234 室

前　言

在中国物流与采购联合会汽车物流分会组织下，在行业企业和专家的积极参与下，全景展示年度行业发展情况的《中国汽车物流发展报告》（以下简称《报告》），2015 年首次出版。《报告》全面总结了汽车物流行业总体发展现状，分析了汽车物流细分领域的零部件入厂物流、整车物流、售后服务备件物流等环节的发展情况和特点，展示了年度行业市场拓展、技术产品创新和管理升级等多方面的发展情况和趋势。

2014 年，汽车物流行业总体实现了良好发展态势，横向拓展，纵向延伸。2014 年汽车产销量增速虽有所放缓，但总体保持平稳增长。汽车物流市场总量也随着汽车市场规模的扩大而增长。同时，汽车物流的发展也不断深化、不断完善。汽车物流业务从零部件入厂物流向汽车零部件供应商管理上延，从售后服务备件物流向报废汽车物流以及其他后市场服务下延，汽车物流产业的纵向延伸使汽车物流产业链条更加完整，服务更加完善。铁路设施以及沿江沿海整车进口口岸建设、汽车水运枢纽及配套设施建设，推动国内的公铁水联运以及集装箱汽车运输的深度发展，推动我国汽车物流综合运输体系建设进一步完善。各条"中欧班列"铁路运输产品的相继推出，推动我国汽车产品国际化物流的快速发展。GB 1589 修订工作的推进以及未来公路运输整顿，将会改变我国汽车公路运输的现状，逐步实现规范经营。电子商务、金融等领域的跨界发展，将会为汽车物流开辟新的发展模式。物流技术的创新与应用，将会不断提高汽车物流的价值链。汽车物流与其他大多数物流行业相比，具有产业聚集度较高、技术含量较高、管理水平较高的优势与特点，继续引领着我国物流行业的发展和进步。

本报告共分为5篇：一是综合报告篇，内容涉及我国汽车物流总体发展环境、发展现状以及发展趋势；二是行业统计篇，中物联汽车物流分会作为行业平台，组织发放调查问卷并整理分析，形成零部件入厂物流、整车物流、售后服务备件物流统计调查结果；三是专题报告篇，深入分析行业重点、热点内容，形成专题报告；四是创新成果篇，收录了企业上报的创新成果项目；五是资料汇编篇，包括重要的行业文件、标准。

本报告首次出版，内容难免有疏漏之处，敬请广大读者批评指正。

中国物流与采购联合会副会长　蔡进
2015 年 9 月

目 录
CONTENTS

专题报告篇

创新成果篇

资料汇编篇

综合报告篇

第一章 中国汽车物流发展环境分析

第一节 中国汽车物流发展的外部环境

一、经济环境

改革开放以来，特别是进入 21 世纪以来，我国经济始终保持持续高速发展的态势，并顺利度过了"金融危机"这一困难期。到 2014 年，面对全球经济复苏步伐弱于预期和国内经济较大的下行压力，我国经济保持了稳中求进的基调。同时，经济结构调整出现积极变化，经济发展质量不断提高，民生问题得到持续改善，我国经济发展已进入"新常态"。并且，2015 年中央政府经济工作的总体要求和主要任务仍然强调继续坚持"稳中求进"的总基调，"稳"是要稳住经济运行，"进"是要继续深化改革开放和调整经济结构。由此看来，中国汽车物流业面临着良好的经济环境。

（一）国民经济平稳增长

2010—2014 年，我国国内生产总值（GDP）保持中高速的平稳增长。2014 年，在一季度经济出现明显下行的情况下，经过一系列调控措施的有效实施，全年国内生产总值达到了 63.65 万亿元，按可比价格计算，比去年增长 7.4%，如图 1-1 所示。

2015 年 4 月 15 日，经初步核算，2015 年一季度国内生产总值为 140667 亿元，按可比价格计算，同比 2014 年增长 7.0%。其中，第一产业增加值 7770 亿元，同比 2014 年增长 3.2%；第二产业增加值 60292 亿元，同比 2014 年增长 6.4%；第三产业增加值 72605 亿元，同比 2014 年增长 7.9%。

（二）工业稳步发展

2010—2014 年，国内工业受经济下行压力影响，增加值增速明显放缓，但仍在稳

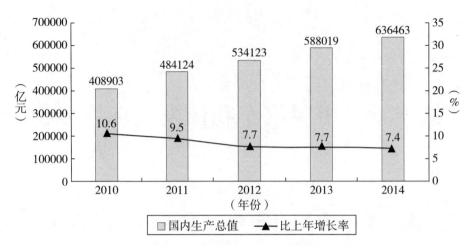

图 1-1　2010—2014 年国内生产总值及其增长速度

步发展。2014 年，全国工业总增加值为 227991 亿元，相比上年增长了 7.0%。规模以上工业增加值增长了 8.3%，如图 1-2 所示。

在规模以上工业中，分门类看，采矿业增长 4.5%，制造业增长 9.4%，电力、热力、燃气及水生产和供应业增长 3.2%。按门类划分，采矿业增长 4.5%，制造业增长 9.4%，电力、热力、燃气及水生产和供应业增长 3.2%。

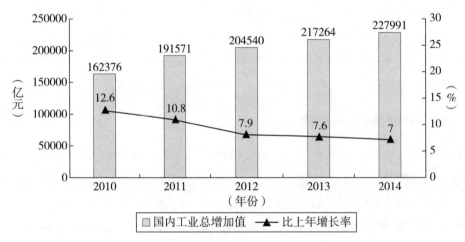

图 1-2　2010—2014 年国内工业总增加值及其增长速度

全年规模以上工业中，农副食品加工业增加值比上年增长 7.7%，纺织业增长 6.7%，通用设备制造业增长 9.1%，专用设备制造业增长 6.9%，汽车制造业增长 11.8%，计算机、通信和其他电子设备制造业增长 12.2%，电气机械和器材制造业增长 9.4%。

二、物流行业总体发展情况

物流行业贯穿产需全过程，是融合运输、仓储、货代和信息等方面的复合型服务行业，是国民经济的重要组成部分。物流行业与宏观经济密切相关，2014 年我国经济经受了不小的发展压力，面对复杂多变的市场形势，我国物流行业顶住压力，积极调整应对，加快转型升级，主动适应经济发展"新常态"，较好地发挥了基础性、战略性作用，总体发展情况良好。

（一）物流需求增速回落

2014 年全社会物流需求继续保持增长，但增速继续回落。2014 年全国社会物流总额 213.5 万亿元，按可比价格计算，同比增长 7.9%，如图 1－3 所示。

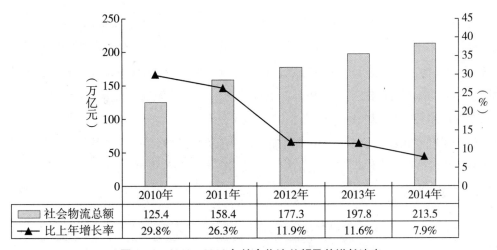

	2010年	2011年	2012年	2013年	2014年
社会物流总额	125.4	158.4	177.3	197.8	213.5
比上年增长率	29.8%	26.3%	11.9%	11.6%	7.9%

图 1－3　2010—2014 年社会物流总额及其增长速度

（二）社会物流总费用增速放缓与 GDP 的比率有所下降

2014 年，全年社会物流总费用为 10.6 万亿元，与上年同期相比增长了 6.9%。其中，运输费用 5.6 万亿元，同比增长 6.6%，占社会物流总费用的比重为 52.8%；保管费用 3.7 万亿元，同比增长 7.0%，占社会物流总费用的比重为 34.9%；管理费用 1.3 万亿元，同比增长 7.9%，占社会物流总费用的比重为 12.3%，如表 1－1所示。

表 1 - 1   **2014 年社会物流总费用构成及其增长速度**

费用类型	绝对值（万亿元）	同比增长（%）	在社会物流总费用中所占比重（%）
运输费用	5.6	6.6	52.8
管理费用	1.3	7.9	12.3
保管费用	3.7	7.0	34.9

2014 年，社会物流总费用与 GDP 的比率为 16.6%，按可比口径计算，比上年下降 0.3 个百分点，物流运行效率有所提升。2014 年我国社会物流总费用与 GDP 比率的变化，一方面是受交通运输部对公路、水路运输量统计口径和推算方案的调整，以及国家统计局根据第三次经济普查对 2013 年全国 GDP 调整的影响；另一方面也是我国经济结构变化，第三产业占比高于第二产业的结果。

（三）物流需求结构持续调整

2014 年，钢铁、煤炭、水泥、有色金属等大宗生产资料物流需求增速进一步放缓。从物流总额构成来看，工业品物流总额为 196.9 万亿元，与上年同期相比增长了 8.3%，增幅比上年回落 1.4 个百分点；进口货物物流总额 12.0 万亿元，与上年同期相比增长了 2.1%，增幅比上年回落 4.3 个百分点；再生资源物流总额 8455 亿元，与上年同期相比增长了 14.1%，增幅比上年回落 6.2 个百分点；农产品物流总额 3.3 万亿元，与上年同期相比增长了 4.1%，增幅比上年提高 0.1 个百分点；单位与居民物品物流总额 3696 亿元，与上年同期相比增长了 32.9%，增幅比上年提高 2.5 个百分点，如表 1 - 2 所示。

表 1 - 2   **2014 年社会物流总额构成及其增长速度**

	绝对值（万亿元）	同比增长（%）	在社会物流总费用中所占比重（%）
工业品物流总额	196.9	8.3	92.3
进口货物物流总额	12.0	2.1	5.6
再生资源物流总额	0.8	14.1	0.4
农产品物流总额	3.3	4.1	1.5
单位与居民物品物流总额	0.4	32.9	0.2

三、汽车行业政策与环境

2014 年，对于我国整个汽车行业来说绝对是不平静的一年，这一年，国家及地方各种有关汽车新政的出台对我国汽车行业的"行规"进行了一次大的洗牌，这些政策在一定程度上改变了我国汽车行业发展的节奏以及方向，将我国汽车领域带入了一个崭新的阶段。

(一) 2014 年整车领域相关政策与法规

1. 新车免检政策出台

2014 年 5 月 16 日，公安部、国家质检总局联合公布了《关于加强和改进机动车检验工作的意见》，根据该政策，自 2014 年 9 月 1 日起，小型私家车 6 年内每 2 年检验 1 次，6～15 年每年检验 1 次，15 年以后每半年检验 1 次。试行 6 年以内的非营运轿车和其他小型、微型载客汽车免检制度，每 2 年需要定期检验。

私家车 6 年免检，显然对车主而言便利了不少，而使用仅 6 年时间内的汽车，其实也属于壮年，确实没有 2 年上线检验的必要，因此对于广大的车主来说的确是个利好的消息。不过值得注意的是，并非所有的车辆都能享受到这一政策，此次公布的免检车型中不包括越野车、小型微型普通载客汽车、重中型货车这几种类型的车辆。一些想要借此免去上牌麻烦的车主也要失望了，目前新车上牌前还是必须到检测场检验外观、拍照、拓号。

2. 公车改革方案实施

每年支出数以千亿计、占到"三公"经费六成以上的公车消费一直是"三公"改革的重头戏，而其中呼声最高的就是关于"车轮上的浪费"，对此，2014 年 7 月 16 日，由中共中央办公厅、国务院办公厅印发了《关于全面推进公务用车制度改革的指导意见》和《中央和国家机关公务用车制度改革方案》（以下简称《改革方案》）向社会公布。此次车改方案制订过程中，较为核心的问题是补贴标准的制定、车辆处置以及司勤人员的妥善安置。根据《改革方案》，在取消一般公务用车后，对参改的司局级及以下工作人员将适度发放公务交通补贴，自行选择公务出行方式，在北京市行政区域内公务出行不再报销公务交通费用。

《改革方案》同时明确，在取消一般公务用车的同时，保留必要的机要通信、应急、特种专业技术用车和符合规定的一线执法执勤岗位车辆及其他车辆。人们一直呼吁领导干部带头使用自主品牌汽车，这项规定抑制了"三公"浪费，也让支持自主品牌逐渐成为行业共识。

3. 停止实施汽车品牌经销商备案

2014 年 8 月 1 日，国家工商行政管理总局发布了《工商总局关于停止实施汽车总经销商和汽车品牌授权经销商备案工作的公告》，宣布自 2014 年 10 月 1 日起，停止实施汽车总经销商和汽车品牌授权经销商备案工作，从事汽车品牌销售的汽车经销商

（含总经销商），按照工商登记管理相关规定办理，其营业执照经营范围统一登记为"汽车销售"，已将营业执照经营范围登记为"××品牌汽车销售"的汽车总经销商和汽车品牌授权经销商，可以申请变更登记为"汽车销售"。

在传统的汽车品牌销售模式下，很容易形成市场资源的垄断，造成经销商的随意加价，这种类似于"汽车大卖场"的形式出现，迫使众汽车品牌"正面交锋"。而竞争者一多，难免会形成市场调节，价格当然也不再是商家一方说了算。这种服务性的规范不仅源自激烈的市场竞争和消费者的不满，同时也得益于卖场的规范化管理，因此，对于消费者来说，这是最喜闻乐见的局面了。

4.《外商投资产业指导目录》修订稿征询

2014年11月4日，国家发展改革委发布了《外商投资产业指导目录》修订稿，公开向社会征求意见。在此次修订稿中，汽车整车制造被划归到了限制外商投资的类别当中，而此前属于限制类的新能源关键零部件则被纳入了鼓励类。

在此次修订稿中，虽然此前一直备受争议的整车合资企业股比仍被列入限制外商投资的类别当中，但是国家在新能源汽车领域的放开，也被一些业内人士认为是国家放开汽车整车制造合资股比的先行尝试。

5. 平行进口或将放开

2014年11月6日，国务院发布《国务院办公厅关于加强进口的若干意见》，明确要进一步优化进口环节管理。其中包括调整汽车品牌销售有关规定，加紧在中国自由贸易试验区率先开展汽车平行进口试点工作。

随着国务院的明确表态，上海自贸区平行进口车试点工作也将加速推进。商务部有关负责人也表示，商务部将积极支持上海自贸区开展平行进口试点，为创新进口汽车销售模式、完善汽车消费管理制度进行有益的探索。随着越来越多的贸易商取得直接从国外进口汽车的资格，国内消费者可能会获得真正的实惠。

（二）2014年零部件及售后备件领域相关政策法规

1. 十部委会签发布《关于促进汽车维修业转型升级提升服务质量的指导意见》

2014年9月，交通部联合质检总局等十部委会签发布的《关于促进汽车维修业转型升级提升服务质量的指导意见》（以下简称《意见》）于2015年1月1日起执行。业内人士认为，汽车后市场反垄断出治本之策，发展迎来实质性利好。该项政策针对维修业出台的措施直击要害，将有效限制主机厂滥用支配地位的行为，打破现有售后零配件价格体系，真正为消费者带来实惠，为汽车维修业的规范有序发展奠定良好基础。

《意见》的发布意味着政府治理汽车反垄断举措的进一步深化。汽车行业反垄断是大势所趋，主机厂力量遭到削弱，原有蛋糕被重新切分，汽车经销和售后领域都将迎来深刻变革。随着维修技术和配件供应垄断打破，主机厂的配件经销、4S 店的维修业务都会受到冲击，独立维修企业、零部件生产和流通企业将会明显受益。

2. 工信部发布《轮胎行业准入条件》

为加快推动轮胎行业产业升级，规范行业生产秩序，引导行业公平竞争，工信部发布《轮胎行业准入条件》，并于 2014 年 10 月 1 日起实施。

企业布局方面，创建环境友好型轮胎企业。由于轮胎是个高污染行业，虽然近几年随着技术的不断提升和厂家积极的改善，污染程度得以降低，但是对附近环境的污染依旧不可避免。《轮胎行业准入条件》强调了新建和扩建轮胎项目必须注重周围环境，坚决避免以损害环境为前提的扩张，也再次为轮胎企业的发展敲响环境保护的警钟。

工艺、质量和装备方面，强调技术的重要性，以不断提升的技术，去带动装备升级，提高产品质量，减少环境污染，特别是新建和扩建的轮胎厂，必须是技术含量高的低污染、低能耗工厂，不能延续以前的只重视规模，不重视装备是否落后、能耗是否过高、环境污染是否严重等，建立以技术为支撑的轮胎企业。

能源和资源消耗方面，创建资源节约型轮胎企业。轮胎是高耗能产业，原料品种繁多，废弃物也相当之多，随着我国轮胎产业的不断发展，轮胎企业规模不断扩张，伴随而来的，就是跟我国能源和资源紧缺的国情间的矛盾愈显尖锐，能源和资源消耗方面的问题，必须加以重视，此次《轮胎行业准入条件》更加详细地规定了相关的指标，把节能降耗进行量化，更容易促使整个轮胎行业的贯彻实施。

相关行业专家认为，该准入条件是一个行业基本标准，其中的指标符合当前轮胎行业转型升级的需求，但是要想真正落实下去，还需要工信部和各地经信委去推动，在项目审批和日常监管上下功夫，才能达到优胜劣汰、规范轮胎行业秩序的目的。准入条件的出台有利于轮胎行业整体竞争力的提高，长远来看，有相当一部分不重视环保，不重视产品质量、不重视技术创新的小企业、落后产能将会被市场慢慢淘汰。

（三）2014 年新能源汽车领域相关政策

据工信部公开数据显示，2014 年中国新能源汽车累计生产 8.39 万辆，同比增长近 4 倍。2015 年 1—5 月，新能源汽车累计生产 5.36 万辆，同比增长近 3 倍。2014 年至 2015 年 5 月新能源汽车累计生产 13.75 万辆。

新能源汽车已成为汽车产业的"新宠"，2014 年汽车行业政策最高频词当属"新能源"。被认为承继可持续发展及环境保护的伟大使命，属于未来的"新能源汽车"当然受到了较多照顾。

1. 免征新能源车购置税

2014 年 7 月 9 日，国务院常务会议决定，自 2014 年 9 月 1 日至 2017 年年底，对获得许可在中国境内销售（包括进口）的纯电动以及符合条件的插电式（含增程式）混合动力、燃料电池三类新能源汽车，免征车辆购置税。

8月29日，工信部、财政部正式发布了第一批《免征车辆购置税的新能源汽车车型目录》，确定了首批符合国家扶植标准的新能源汽车名单。这项政策对新能源汽车销售起到了较大的刺激作用。

2. 多地为新能源汽车开辟"特权"

据不完全统计，截至目前，在39个城市群88个城市中，共有35个城市群49个城市出台新能源汽车相关配套政策，其中武汉、广东、广州、上海、北京、天津、西安、深圳、重庆、江苏、南昌、甘肃、泸州、邢台、昆明、山西、合肥、大连18个省市，除了出台补贴政策外，还专门为新能源汽车开通不限购、不限行、免通行费、可走公交车道等一系列"特权"。

武汉的补贴政策：按国家补贴标准的1∶1给予地方配套补贴（两级补助总额不超过车辆售价60%）。其他政策：第一，免收城市道路桥梁隧道车辆通行费。第二，免费在指定的公共充电设施场所充电。第三，在市内行驶时不受尾号限制。

广东的补贴政策：广州市新能源汽车补贴不退坡，即按照2013年国家新能源补贴标准，对购买新能源汽车的消费者进行1∶1的配套补贴。在申请牌照方面，广州新能源汽车不限制，可以直接申领。其他政策：第一，优先办理新能源汽车的入户、年检等业务，纯电动汽车新入户上牌时不须经排气检测可直接发放机动车污染物排放环保标志。第二，对需要临时上路行驶的用于科研实验的新能源汽车样本，优先发放临时行驶车号牌。第三，广东要求实施牌照额度拍卖、购车配额指标等措施的城市，要对新能源汽车进行区别对待，不作以上限制。第四，研究出台新能源汽车可共享公交车道、不受限号行驶约束等政策。

上海的补贴政策：《上海私人购买新能源汽车资金补贴管理办法》规定，对消费者购买新能源汽车，在中央财政补助基础上，上海市对纯电动乘用车补贴4万元/辆，插电式混合动力乘用车（含增程式）补贴3万元/辆，补贴力度与旧办法一致。其他政策：上海市免费发放专用牌照额度。对使用专用牌照额度的新能源汽车，实行一车一牌制度，不予办理退牌业务，且办理辖区外转移登记、注销登记、失窃手续的，不予发放额度更新凭证。

北京的补贴政策：按照国家和北京市1∶1的比例确定补助标准，但需要注意的是，国家和北京市财政补助总额最高不超过车辆销售价格的60%。其他政策：除了价格补贴，在北京购买符合"条件"的新能源车，还可在专用新能源小客车配置指标中摇号。北京市计划出台免停车费和免过路费的政策。

天津补贴政策：天津市将按照中央财政补贴1∶1比例进行配套补贴。其他政策：

《天津市新能源汽车推广应用实施方案（2013—2015年）》规定，天津市新能源车购置可直接申领号牌，不限购。

西安的补贴政策：按照国家补贴标准1:1的比例给予地方配套补贴，国家和地方补贴总额最高不超过车辆销售价格的60%。对个人购买新能源汽车的，首次机动车交通事故责任强制保险费用给予全额财政补贴。对个人购买新能源汽车给予10000元/辆财政补贴，用于自用充电设施安装和充电费用。对于直接或组织员工一次性购买新能源汽车超过10辆的法人单位，给予2000元/辆的财政补贴，专项用于单位自用充电设施建设。对报废"黄标车""老旧车"的单位和个人，更新购买新能源汽车的，在原享受报废财政补贴（按不同车型2000～6000元/辆不等）的基础上，再给予3000元/辆的财政补贴。其他政策：第一，实行新能源汽车独立分类注册登记。在机动车行驶证上标注新能源汽车类型。在国家新能源汽车专用号牌标准出台前，发放西安市新能源汽车标识。对新能源汽车可实行挂牌销售，对号牌有特殊需要的，可另行申请号牌。第二，设立新能源汽车服务绿色通道，减少程序，缩短办理时间，提供全方位优质服务。设置注册登记、环保标志核发、年审等专用窗口，设置周末及法定节假日咨询服务电话。第三，允许新能源汽车在市内公交专用道行驶。第四，新能源汽车不受限行等交通管制措施的限制。新能源汽车在全市公共停车场、物业管理区域内停车场，停放2小时以内免费。

深圳的补贴政策：按照2013年国家补贴标准，给予1:1配套地方补贴，不退坡。其他政策：第一，实行新能源汽车独立分类注册登记。在机动车行驶证上标注新能源汽车类型。改进道路交通监控系统，通过号牌自动识别系统对新能源汽车予以通行及停车便利。第二，新能源汽车享有当日在路内停车位免首次（首1小时）临时停车费的优惠。第三，对纯电动物流车和环卫平板车（桶装垃圾运输车）给予全天候、全路段通行优惠。第四，对购买纯电动汽车用于线路运营和租赁服务，涉及行业许可管理的，优先发放相关专用运营许可证照。

3. 四部委联合发布《关于新能源汽车充电设施建设奖励的通知》

2014年11月25日，财政部、科技部、工信部、发改委联合下发《关于新能源汽车充电设施建设奖励的通知》，中央财政拟安排资金对新能源汽车推广城市或城市群给予充电设施建设奖励，其中对京津冀、长三角和珠三角地区城市的最低奖励为2000万元，最高奖励达到1.2亿元。

但是，由于该通知对于推广城市进行了一定的推广目标设定，奖励资金直接与新能源汽车推广数量挂钩，且奖励资金由地方政府统筹用于充电设施建设运营、改造升级、充换电服务网络运营监控系统建设等领域，不得用于新能源汽车购置补贴，因此如何让消费者买账，还将是个不小的难题。

（四）互联网企业进军新能源汽车领域

互联网企业已关注汽车行业多时，特斯拉的出现，让众多互联网科技公司看到了在汽车行业运用互联网思维的契机。于是，就在特斯拉在中国市场遭遇销量下滑、人员变动等困境时，国内互联网企业挥斥重金一头扎进了汽车行业。

2014 年 3 月 23 日，北京汽车股份有限公司与乐视控股在香港签订了战略合作协议，共同打造互联网智能汽车，并创立轻资产品牌。与此同时，腾讯与富士康集团及和谐汽车共同签订合作框架协议，将在河南省郑州市展开"互联网＋智能电动车"领域的合作。

在乐视的"超级汽车"计划中，乐视将为北京汽车提供互联网智能汽车的智能系统、EUI（Eco User Interface）操作系统、车联网系统，北京汽车负责汽车研发制造。双方未来的合作理念以"轻资产＋技术驱动"为基础。出席签约仪式的乐视控股副总裁、车联网公司 CEO（首席执行官）何毅介绍说，双方将以"车联网相关的前瞻技术研究、核心产品研发、资源整合集成"为主，全面开展互联网智能汽车的全平台研发设计、整车生产、零部件配套、售后、租赁等一系列业务，致力于智能汽车的创新和极致体验。

同日，富士康科技集团与腾讯及和谐汽车共同签订合作框架协议，将在河南省郑州市展开"互联网＋智能电动车"领域的合作。富士康称，三方将组成联合专业工作团队：腾讯将负责提供互联网开放平台，富士康聚焦在高科技移动终端与智能电动车整合的设计与生产制造技术上，和谐汽车负责高端汽车营销及服务。

实际上，互联网企业早已纷纷把触角伸向汽车产业。乐视去年便透露要造新能源汽车，并命名为超级汽车计划。乐视还与北京汽车共同战略投资曾为特斯拉做设计的美国电动汽车设计公司 Atieva。2015 年 1 月，百度携手奥迪、现代、上海通用三大车企，推出车联网解决方案 CarLife。2 月 3 日，易到用车、奇瑞汽车和博泰集团宣布成立合资公司，计划在未来两年内推出其首款合作产品"互联网智能共享电动汽车"易奇汽车。3 月 12 日，阿里巴巴和上海汽车集团宣布共同出资 10 亿元设立"互联网汽车基金"，并组建合资公司，专注互联网汽车的技术研发。

在互联网巨头们疯狂造车的背后，是汽车互联巨大的市场诱惑。IT（信息技术）行业观察专家唐欣在接受媒体采访时表示，互联网企业进入汽车产业，一方面是因为汽车业本身制造门槛越来越低，另一方面也是由互联网企业本身的特点决定的。对于大型互联网公司，如果暂时不愁生计，必须要开展创新以帮助企业寻找未来的增长点。

第二节　中国汽车物流发展的产业环境分析

一、中国汽车产业总体发展概况

2014 年，我国汽车产业延续着 2013 年的发展态势，保持平稳增长。汽车产销稳中有增，新能源汽车发展取得重大进展，大企业集团产销规模整体提升，汽车产业结构进一步优化。

（一）中国汽车产业产销情况

2009—2013 年，中国汽车产销量已经连续 5 年保持全球第一。2009 年，我国汽车产量达到 1379.10 万辆，与上年同期相比增长了 47.57%，首次成为世界第一大汽车生产国，销量达到 1362.16 万辆，与上年同期相比增长了 45.48%，登顶世界年度汽车销量榜。到 2014 年，我国汽车产业继续保持增长态势，平均每月产销突破 190 万辆，全年累计生产汽车 2372.29 万辆，同比增长 7.3%，销售汽车 2349.19 万辆，同比增长 6.9%，汽车产销量双超 2300 万辆，继续保持世界第一，连续 6 年蝉联榜首，如图 1 - 4 所示。

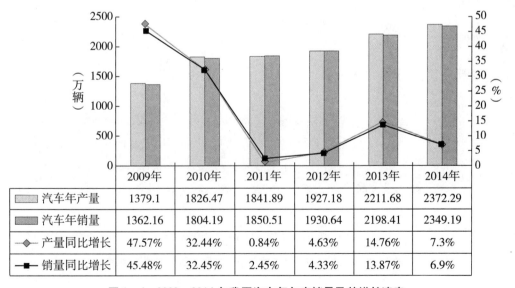

	2009年	2010年	2011年	2012年	2013年	2014年
汽车年产量	1379.1	1826.47	1841.89	1927.18	2211.68	2372.29
汽车年销量	1362.16	1804.19	1850.51	1930.64	2198.41	2349.19
产量同比增长	47.57%	32.44%	0.84%	4.63%	14.76%	7.3%
销量同比增长	45.48%	32.45%	2.45%	4.33%	13.87%	6.9%

图 1 - 4　2009—2014 年我国汽车每年产销量及其增长速度

在 2014 年中国汽车销售总量中排名前十位的企业集团分别是上汽、东风、一汽、长安、北汽、广汽、华晨、长城、奇瑞和江淮，分别销售 558.37 万辆、380.25 万辆、308.61 万辆、254.78 万辆、240.09 万辆、117.23 万辆、80.17 万辆、73.08 万辆、48.61 万辆和 46.47 万辆，销量合计为 2107.7 万辆，比上年同期增长 8.9%，高于全行业增速 2 个百分点，其销量占汽车销售总量的 89.7%，比上年同期提高 1.7 个百分点。值得注意的是，2014 年，受到合资企业生产的外国品牌汽车在新车推出数量的增加和推出速度上的加快、中小型车推出力度的加大以及产品价格下探等因素的影响，中国品牌车市场份额持续下降，但中国品牌 SUV 市场份额上升，成为亮点。

（二）中国汽车市场总体情况

2014 年，中国汽车市场增速由两位数下降到一位数。据统计，2014 年国内汽车总需求达到 2408 万辆，同比增长 8.3%，如图 1-5 所示。从季度走势来看，虽然第四季度略有回升，但我国汽车需求呈现趋势性下滑的态势，2014 年第一季度市场需求增速已从 2013 年第四季度的 20.6% 迅速回落到 11.5%，到第三季度需求增长速度只有 5.3%，第四季度受节能惠民补贴政策和宏观经济趋于稳定的影响，市场销售情况有所好转，但仍保持了低位增长，增速为 6.3%。

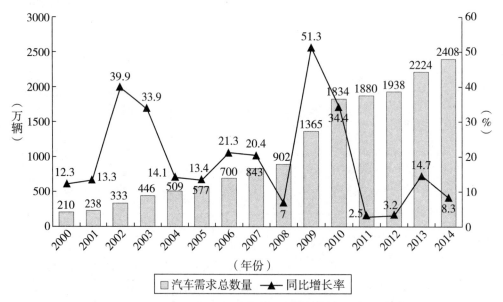

图 1-5　2000—2014 年我国汽车每年需求量及其增长速度

从近四年的情况来看，年均增长速度仅为 7%，汽车市场增长速度与过去 10 年相比已经有了明显下降，2000—2010 年汽车市场年平均增长速度高达 24.2%，如果剔除

2009—2010 年政策刺激下的超常规增长外，2000—2008 年的年平均增长速度也高达 20%。而 2009—2014 年的年平均增长速度仍然比较高，平均增速在 17.8%。因此，可以判断，近 4 年汽车市场需求增长回落，与 2009 年和 2010 年超常规增速有着密切的关系，应该有部分高速增长后的回调因素。当然，宏观经济从高速增长转为中高速增长仍然是影响汽车市场增速回落的关键原因。

（三）中国汽车保有量总体情况

截至 2014 年年底，我国机动车保有量达 2.64 亿辆，其中，汽车 1.54 亿辆，比上年末增长 12.4%。公安部交管局公布的统计报告显示，随着经济社会持续快速发展，群众购车刚性需求旺盛，我国汽车保有量继续呈快速增长趋势。2014 年，新注册汽车 2188 万辆，保有量净增 1707 万辆，两项指标均达历史最高水平。

近 5 年，汽车占机动车的比例迅速提高，从 43.88% 提高到 58.62%，群众机动化出行方式经历了从摩托车到汽车的转变。全国有 35 个城市的汽车保有量超百万辆，北京、成都、深圳、天津、上海、苏州、重庆、广州、杭州、郑州 10 个城市超过 200 万辆。

从各省份来看，2014 年汽车保有量前三的分别是山东、广东、江苏，分别有 1496 万辆、1345.5 万辆和 1132.4 万辆。除了三甲外，汽车保有量过千万辆的省份还有浙江省和河北省。而宁夏、海南和西藏排在倒数三位，海南和西藏汽车保有量均不超过百万辆，其中，西藏以 29.8 万辆垫底。2014 年我国各省市汽车保有量分布情况如图 1 - 6 所示，排名前 15 的省市如图 1 - 7 所示。

从每 10 人拥有汽车的数量看，北京以 2.77 辆排在第一，天津和浙江分列第二、第三，分别是 2.3 辆和 1.97 辆。最低的三个省是江西（0.63 辆）、湖南（0.67 辆）和贵州（0.69 辆），排在第一的北京（2.77 辆）和垫底的江西（0.63 辆），两者相差达 4 倍。

而在 31 个省、市、自治区中，每 10 人拥有汽车的数量超过 1 辆以上的有 16 个省份，占比 51.6%。不过，每 10 人拥有汽车的数量靠后的省份，并非想当然的全是经济欠发达的西部地区，中部的江西、湖南，以及安徽、湖北也入列。

截至 2014 年年底，我国小型载客汽车达 1.17 亿辆，其中，私家车达 1.05 亿辆，占 90.16%，与 2013 年相比增长 19.89%。全国平均每百户家庭拥有 25 辆私家车，其中，北京每百户家庭拥有 63 辆，广州、成都等大城市每百户家庭拥有超过 40 辆。

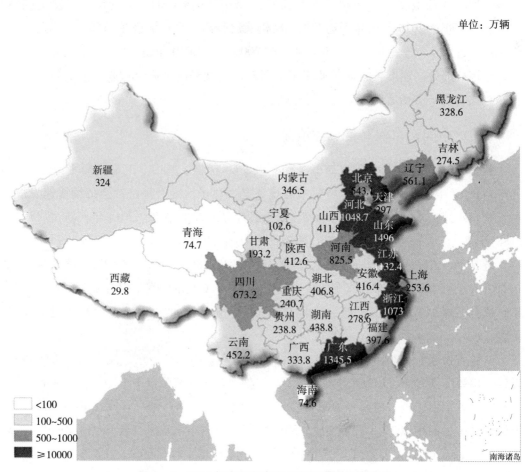

单位：万辆

图例：
- <100
- 100~500
- 500~1000
- ≥10000

南海诸岛

图1-6　2014年我国各省市汽车保有量分布情况

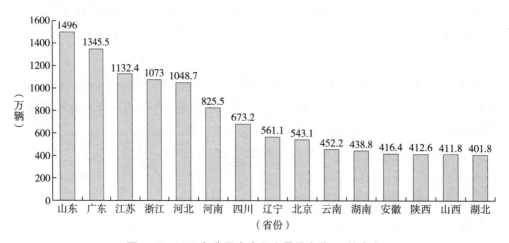

图1-7　2014年我国汽车保有量排名前15的省市

二、乘用车与商用车产业发展概况

（一）中国乘用车产业发展概况

2014 年，中国乘用车市场增长速度明显下降，但仍然保持了两位数的增长，全年狭义乘用车（包括轿车 + MPV + SUV）内需达到 1827 万辆，与上年同期相比增长了12.4%，比 2013 年回落了 5.7 个百分点，如图 1 - 8 所示。乘用车市场经历了 10 年的高速增长期，市场步入稳定增长的态势，近 4 年乘用车市场增长速度已回落至年均11.5%，2014 年增长速度略高于近 4 年的增长速度。

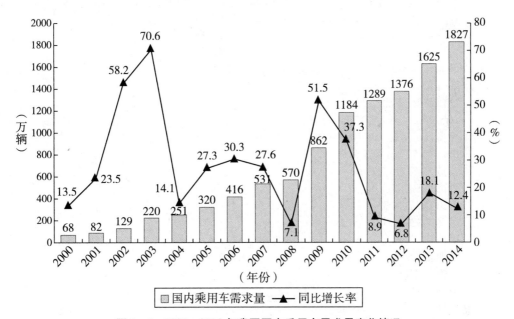

图 1 - 8　2000—2014 年我国国内乘用车需求量变化情况

2014 年影响乘用车市场的另一个关键因素是限购政策，上半年乘用车市场需求增长率达到 14%，主要是因为恐慌购买导致的。上半年深圳、南京、成都等限购传闻城市，市场需求增长非常高，同比增长速度都在 50% 以上。而随着限购传闻的逐渐消散，这些城市的需求逐步回落到 30% 左右。初步测算，上半年限购传闻对乘用车市场需求增速的拉动超过了 3 个百分点。

2014 年，全国共有乘用车企业 74 家，共销售乘用车 1970 万辆，比上年同期增长 9.89%。其中，轿车增速放缓，SUV、MPV 依旧保持高速增长，交叉型乘用车则继续下降。乘用车分车型看：轿车销售 1238 万辆，同比增长 3.1%；SUV 销量为408 万辆，同比增长 36.4%；MPV 销量为 191 万辆，同比增长 46.8%；交叉型乘用车销量为 133 万辆，同比下降 18.1%。市场结构上，轿车占乘用车比重 62.8%，比上年同期下降 4.2 个百分点；SUV 占比 20.7%，比上年同期提高 4 个百分点，MPV 占比 9.7%，比上年同期提高 3 个百分点；交叉型乘用车占比为 6.8%，比上年同期下降 2.4 个百分点。

上海、重庆、长春、广州、烟台、南京、武汉、北京为乘用车企业主要生产基地。2014 年我国部分省市乘用车产量排名，如图 1 - 9 所示。2014 年我国部分乘用车生产企业销售情况，如表 1 - 3 所示。

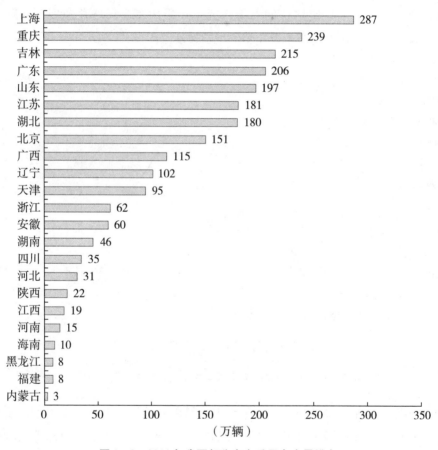

图 1 - 9   2014 年我国部分省市乘用车产量排名

表 1 - 3   2014 年我国乘用车部分企业销售情况

单位：辆

企业名称	2014 年销售量	企业名称	2014 年销售量
乘用车企业总计（74 家）	19700569	海马轿车有限公司	89447
一汽 - 大众汽车有限公司	1780887	重庆力帆乘用车有限公司	88292

企业名称	2014 年销售量	企业名称	2014 年销售量
上海大众汽车有限公司	1725006	一汽海马汽车有限公司	87562
上海通用汽车有限公司	1723939	东风汽车集团股份有限公司乘用车公司	80107
上汽通用五菱汽车股份有限公司	1586384	天津一汽夏利汽车股份有限公司	72059
北京现代汽车有限公司	1120048	广汽菲亚特汽车有限公司	68090
重庆长安汽车股份有限公司	973337	东南（福建）汽车工业有限公司	65611
东风日产乘用车公司	954151	广汽三菱汽车有限公司	63199
长安福特汽车有限公司	805988	贵航青年莲花汽车有限公司	62125
神龙汽车有限公司	704016	重庆力帆汽车有限公司	59555
东风悦达起亚汽车有限公司	646036	江铃控股有限公司	59100
长城汽车股份有限公司	612486	荣城华泰汽车有限公司	54073
一汽丰田销售公司	582177	东风裕隆汽车有限公司	52200
东风汽车公司	497591	中国第二汽车集团公司	35450
广汽本田汽车有限公司	480060	长安标致雪铁龙汽车有限公司	23008
奇瑞汽车股份有限公司	461225	本田汽车（中国）有限公司	22685
比亚迪汽车有限责任公司	437857	广汽吉奥汽车有限公司	14518
浙江吉利控股集团有限公司	425773	北京汽车制造厂有限公司	11310
广汽丰田汽车有限公司	374108	福建奔驰汽车工业有限公司	10439
东风本田汽车有限公司	308215	四川汽车工业股份有限公司	8703
一汽轿车股份有限公司	291033	福建新龙马汽车股份有限公司	8534
华晨宝马汽车有限公司	279258	丹东黄海汽车有限责任公司	7616
金杯汽车股份有限公司	238616	北汽福田汽车股份有限公司	7262
北京汽车股份有限公司	210889	观致汽车有限公司	6967
北汽银翔汽车有限公司	196523	上海汽车商用车有限公司	5065
安徽江淮汽车股份有限公司	195570	海马商务汽车有限公司	3861
上海汽车集团股份有限公司	180018	哈飞汽车股份有限公司	2001
湖南江南汽车制造有限公司	166252	浙江飞碟汽车制造有限公司	1880
重庆长安铃木汽车有限公司	165268	庆铃汽车（集团）有限公司	1287
北京奔驰汽车有限公司	145468	贵州航天成功汽车制造有限公司	1280
广州汽车集团乘用车有限公司	134716	北京汽车集团有限公司越野车分公司	927
江西昌河汽车有限责任公司	127783	河北中兴汽车制造有限公司	439
长安马自达汽车有限公司	95123	陕西汽车集团有限责任公司	115

（二）中国商用车产业发展概况

2014 年，汽车产销 2372.29 万辆和 2349.19 万辆，同比增长 7.26% 和 6.86%。其中商用车产销 380.31 万辆和 379.13 万辆，同比下降 5.69% 和 6.53%。2014 年，商用车 3791324 辆的销量在整个汽车市场仅占 16.14% 的份额，如图 1-10 所示。

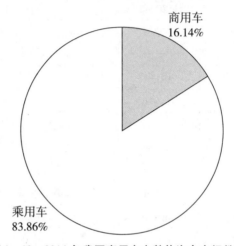

图 1-10　2014 年我国商用车占整体汽车市场份额

其中，按汽车燃料划分，柴油商用车累计销售 2805966 辆，汽油商用车累计销售 899970 辆，其他燃料商用车累计销售 85388 辆，分别占 2014 年商用车总销量的 74.01%、23.74% 和 2.25%，如图 1-11 所示。

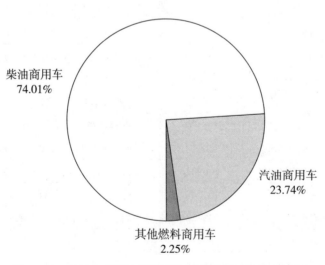

图 1-11　2014 年我国各类商用车市场份额（按燃料划分）

按车型划分，卡车 2014 年累计销售 3184406 辆（整车销售 2436493 辆，非完整车辆销售 468923 辆，半挂牵引车销售 278990 辆）；客车累计销售 606918 辆（整车销售 529548 辆，非完整车辆销售 77370 辆）。各车型商用车的市场份额，如图 1 - 12 所示。

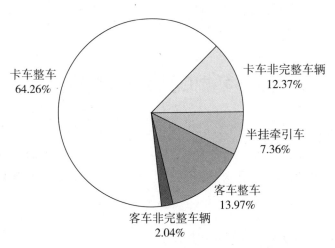

图 1 - 12　2014 年我国各类商用车市场份额（按车型划分）

从销售情况来看，2014 年累计销量排名前 5 的商用车企业依次为：北汽福田、东风汽车公司、金杯汽车、安徽江淮和江铃控股。5 家企业 2014 年共销售 1839342 辆，占 2014 年商用车总销量（3791324 辆）的 48.51%，如图 1 - 13 所示。从 2014 年累计销量看，销量前 5 企业中只有江铃控股一家企业实现正增长，北汽福田、东风汽车公司和安徽江淮 3 家企业的降幅甚至超过了 2014 年商用车市场 -6.53% 的整体降幅。

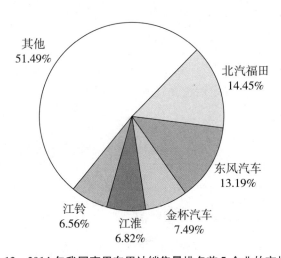

图 1 - 13　2014 年我国商用车累计销售量排名前 5 企业的市场份额

客车方面受到城市公交（含新能源车）、校车增长及轻型客车带动，使客车市场继续保持平稳增长。2014年，国内六大地区客车市场表现依然呈现明显差异，其中东北和华北地区销量同比呈快速增长，分别销售4.70万辆和7.01万辆，同比增长31.16%和11.12%；华东、中南和西南增速略低，分别销售16.19万辆、6.77万辆和4.79万辆，同比增长3.94%、4.10%和0.94%；西北地区销量呈小幅下降，共销售2.96万辆，同比下降5.06%。

三、汽车物流主要环节上的产业发展概况

汽车物流是指汽车产业链上原材料、零部件、整车以及售后配件在各个环节之间的实体流动过程。与汽车产业链相对应，汽车物流包括上游的汽车零部件物流、中游的整车物流、下游的汽车售后备件物流三个主要环节，而广义的汽车物流还包括废旧汽车回收物流环节、二手车物流环节等。

（一）汽车零部件产业发展概况

汽车零部件行业作为汽车整车行业的上游行业，是汽车工业发展的基础，汽车零部件在通常情况下是指除汽车机架以外的所有零件和部件，机架也可以算是部件，不过与零部件不是同一个概念。其中，零件指不能拆分的单个组件；部件指实现某个动作（或功能）的零件组合。部件可以是一个零件，也可以是多个零件的组合体。在这个组合体中，有一个零件是主要的，它实现既定的动作（或功能），其他的零件只起到连接、紧固、导向等辅助作用。

1. 汽车零部件产业主要产品分类

汽车一般由发动机、底盘、车身和电气设备四个基本部分组成，因此汽车零部件都是从这四个部分中出来的。按零部件的性质分类，可分为发动机系统、传动系统、制动系统、行走系统、电器仪表系统及其他（一般用品、装载工具等）。汽车零部件主要产品表，如表1-4所示。

表1-4	汽车零部件主要产品
分类	零部件
发动机系零部件	节气门体、发动机、发动机总成、油泵、油嘴、涨紧轮、汽缸体、轴瓦、水泵、燃油喷射、密封垫、凸轮轴、气门、曲轴、连杆总成、活塞、皮带、消声器、化油器、油箱、水箱风扇、油封、散热器、滤清器等

续表

分类	零部件
传动系零部件	变速器、变速换挡操纵杆总成、减速器、离合器、磁性材料、电子元器件、离合器盘、万向节、万向滚珠、万向球、球笼、分动器、取力器、同步器、差速器、差速器壳、行星齿轮、轮架、齿轮箱、中间轴、齿轮、挡杆拨叉、传动轴总成、传动轴凸缘、同步器环等
制动系零部件	刹车蹄、刹车片、刹车盘、刹车鼓、压缩机、制动器总成、制动总泵、制动分泵、ABS - ECU 控制器、电动液压泵、制动凸轮轴、制动滚轮、制动蹄销、制动调整臂、制动室、真空加力器、手制动总成、驻车制动器总成、驻车制动器操作杆总成等
行走系零部件	后桥、空气悬架系统、平衡块、钢板、轮胎、钢板弹簧、半轴、减震器、钢圈总成、半轴螺栓、桥壳、车架总成、轮台、前桥等
电器仪表系零部件	传感器、汽车灯具、蜂鸣器、火花塞、蓄电池、线束、继电器、音响、报警器、调节器、分电器、起动机（马达）、单向器、汽车仪表、开关、保险片、玻璃升降器、发电机、点火线圈、点火器等
其他零部件	装饰灯、前照灯、探照灯、防雾灯、仪表灯、刹车灯、尾灯、转向灯、排气管、雨刮器、安全带、安全气囊等

2. 汽车零部件产业链分析

汽车零部件产业上游行业主要是钢材、石油、有色金属、天胶、布料及其他材料行业，下游行业主要是整车装配行业和维修服务行业。上游对汽车零部件行业的影响主要在成本方面，原材料的价格的变动直接关系到汽车零部件产品的制造成本。下游对汽车零部件的影响主要在市场需求和市场竞争方面。汽车零部件行业的发展状况主要取决于下游整车市场和服务维修市场的发展，近年来，随着整车消费市场和服务维修市场的迅猛发展，我国的汽车零部件行业发展迅速，且发展趋势良好，不断转型升级，向专业化方向转变。汽车零部件产业链，如图 1 – 14 所示。

3. 汽车零部件产业发展状况分析

在国内，随着汽车工业的快速发展，汽车零部件制造行业也实现了较快发展。在行业稳定增长形势下，国内主流的零部件企业业绩整体大幅上扬。我国 20 家主流零部件企业去年营收合计 2976.00 亿元，同比增长了 13.6%；净利润由 151.35 亿元攀升至 193.72 亿元，同比增长 28%，增幅均高于整车企业。其平均净利率则大幅提升，同比上升 0.7 个百分点至 6.5%。[1] 此外，这也得益于我国汽车零部件在海外销售规模的稳

---

[1] 2014 年汽车零部件上市企业净利润普遍飘红（http://www.caam.org.cn/hangye/20150505/1505157250.html）。

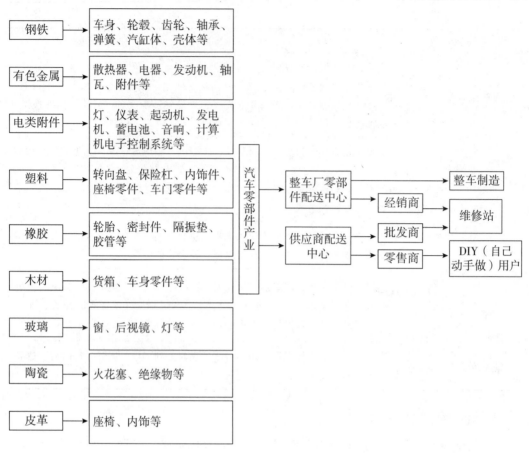

图 1-14　汽车零部件产业链

步提升。2014 年，我国发动机零部件产品累计实现出口金额为 70.16 亿美元，比去年同期增长了 14.14%，主要出口国家有美国、日本、德国、越南、英国等。2014 年，我国传动系统零部件产品累计实现出口金额为 39.51 亿美元，比去年同期增长了 8.20%，主要出口国家有美国、墨西哥、韩国、日本、马来西亚等。2014 年，我国制动系统零部件产品累计实现出口金额为 49.21 亿美元，比去年同期增长了 12.85%，主要出口国家有美国、日本、英国、德国、墨西哥等。

　　但是，目前世界排名前 20 的著名汽车零配件公司大多数已在中国设立合资或独资企业。据不完全统计，外资在中国汽配市场已经占到 60% 以上的市场份额。这些企业仅把中国作为其制造基地，核心技术仍掌握在外方手里，如汽车电子和发动机关键零部件，外资控制的汽车零配件企业占到 70% 以上。

（二）汽车整车制造产业发展概况

　　整车制造产业对应于整车物流，处于整个汽车物流的第二个环节。近年来，随着我国汽车工业的飞速发展和汽车产销量的爆发式增长，我国整车制造产业的规模不断壮大。

1. 整车制造企业布局情况

目前，全国汽车整车制造企业在 130 家左右，主要汽车企业的分布主要集中在东南部地区，产业集聚度比较高。汽车物流企业主要集中在这个区域内，围绕汽车厂提供物流服务。

从汽车制造业省市企业数量的主要分布看，汽车制造业企业主要分布在浙江、江苏、湖北、山东、上海、广东、吉林、天津、辽宁、河北、北京等省市，前十名省市的汽车制造业企业数量几乎占到了 70%。[①]

经过数年的快速发展，我国汽车产业已形成了坚实的发展基础并呈现出六大汽车产业集群的雏形，如图 1 - 15 所示。

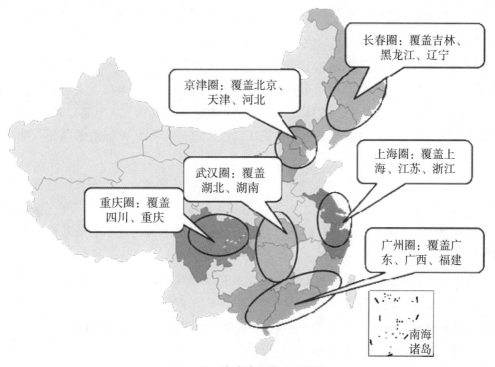

图 1 - 15　汽车产业集群分布圈

第一，长江三角洲（上海圈）。长江三角洲经济圈是我国经济最有活力的部分。扬州—南京—镇江—常州—无锡—上海，这是目前我国汽车工业十分集中的一条走廊。这里有背靠美国通用和德国大众两大跨国公司的全国最大的轿车制造商上汽集团、南京汽车集团和民营企业浙江吉利等汽车公司。而且正在打造一条长江三角洲汽车零部

---

① 中国汽车行业区域分布状况及发展趋势分析（http://www.baogao114.com/free_ report/20091012105746.shtml）。

件产业长廊。

第二，珠江三角洲（广州圈）。以广州为中心的珠江三角洲经济圈具有优越的经济环境，是全国最大的轿车消费市场。在此区域里，有拥有广州本田、广州五十铃、羊城汽车公司、五羊本田、骏威客车等重头企业的广州汽车工业集团，还聚集了日本的三大汽车集团丰田、日产和本田，还有众多的日本汽车零部件配套企业。这里已是日系汽车在我国的大本营。

第三，东北地区（长春圈）。振兴曾经非常辉煌的东北老工业基地是我国目前重大的历史任务。在此区域里有全国汽车的龙头企业一汽集团、有自主开发的哈飞、民营企业的金杯通用和华晨宝马，还有被一汽收购的哈尔滨轻型车厂、吉林通田等汽车公司。

第四，环渤海地区（京津圈）。北京和天津是京津地区的中心城市，其汽车工业在全国占有很重要的地位。在中汽总公司时代就提过组建京津唐汽车工业联营公司。如今这里有联手现代和戴克的北京汽车集团、天津一汽夏利和天津一汽丰田。

第五，华中地区（武汉圈）。该地区是全国三大汽车集团之一的"东风集团"的所在地，有神龙汽车、东风乘用车襄樊工厂、东风本田、昌河等汽车企业。目前，湖北正在打造以东风汽车公司为主体，以军工、地方企业为依托，从十堰、襄阳到武汉，从宜昌、荆州到黄石的两条汽车工业长廊。跨国汽车公司有PSA标志雪铁龙、日产和本田。

第六，西南地区（重庆圈）。重庆市有长安铃木、长安福特、长安汽车股份有限公司、重庆庆铃等汽车企业，还有上百家汽车相关厂家。重庆市要建成与汽车产业链、价值链相关的产业集群和具有国际竞争能力、持续发展能力的汽车制造基地，重庆具备发展汽车产业集群的潜力与现实条件。

我国汽车产业已经显现产业集群雏形，并初步显现出产业集群的竞争优势，这种竞争优势随着时间的推移将逐步加强。结合我国汽车产业的发展现状，借鉴国外汽车强国的发展经验，积极发展汽车产业集群是应对当前国际竞争的战略取向。

2. 我国整车产业的发展趋势

第一，新能源汽车制造成为必争领域。2014年2月8日，财政部等四部委发布了第二批新能源汽车推广应用城市名单，沈阳、长春等12个城市（群）进入名单。同日，四部委发布了《关于进一步做好新能源汽车推广应用工作的通知》，补贴制度由每年减少10%降至5%，加大了补贴力度。补贴力度的加大势必会激发汽车制造企业对于新能源汽车的积极性，再加上随着我国环境污染的加重，民众对于新能源汽车消费需求也在不断加大，从而引导传统汽车制造向新能源汽车制造转型。

第二，本土品牌崛起，减少对外依赖。根据汽车行业"十二五规划"草案，其中特别提到将提高自主品牌国内份额，到2015年中国自主品牌汽车市场比例将进一步扩大，自主品牌乘用车国内市场份额超过50%，其中自主品牌轿车国内份额超过40%。国家已经提出到2020年将我国汽车制造装备的对外依存度降到30%以下。但目前我国汽车制造装备对外依存度依然居高不下，给我国的汽车产业发展带来了较大的影响，根据统计资料，汽车装备进口率每提高1%，装备总投资将增加2%~3%。因此必须加快我国本土汽车制造装备企业的发展。自主品牌汽车厂商未来巨大的发展前景以及我国整车制造装备的本土化趋势将为相关汽车自动化装备厂商提供巨大的发展机遇。

第三，产业链扩张。随着整车制造行业竞争加剧，未来企业扩张将不仅仅是产能产量的扩张，企业将更加注重全产业链的扩张，一方面，通过扩充产品线，为消费者提供更多的选择，也获得更多的赢利点；另一方面，通过纵向扩张，降低成本，提高产品质量的可控性。

（三）汽车售后备件产业发展概况

我国汽车销售市场经历了多年的快速增长后已回归平稳，进入了整车销售的微利期。而随着汽车保有量的持续上涨，汽车售后服务及备件市场的空间不断扩大。以国外整车制造与售后服务市场份额比例约为1:1.5为参照，目前我国汽车售后备件市场还远远不能与整车市场的发展相匹配，但备件业务与汽车用品业务已备受汽车厂家及经销商所关注。

处于汽车产业链下游的汽车售后备件产业的发展深受整车市场和汽车保有量的影响。前文介绍过，2010—2014年，我国汽车产业的产销量和汽车市场的需求量虽然增长速度明显放缓，但始终保持着稳定的发展态势。截至2014年年底，我国民用汽车保有量达到1.54亿辆，预计到2020年年底可达到2.8亿辆，超过美国市场。当前中国市场乘用车平均车龄3年左右，到2020年将达到6年左右，正在步入单车维修费用的高峰期。售后市场的发展潜力开始逐步释放，预计市场规模（含备件和服务）到2020年将达到1.1万亿元，备件业务在整车企业未来发展战略中的地位也随之逐步提升，并将成为未来市场竞争的关键领域之一。

虽然汽车售后备件市场巨大，也备受整车企业关注，但这一市场还存在很多问题和挑战。我们可以将汽车售后备件市场分为备件业务和用品业务两类。对于备件业务而言：

首先，某机构在近期的调研中发现，仅有14.7%的汽车用户在购买备件时把是否原厂备件作为首要考虑因素，多数汽车用户在购买备件时对是否原厂持无所谓的态度。这说明大部分汽车用户对备件品牌的认知度较低，对原厂备件的优势没有充分的了解，意识不到非原厂备件对车辆安全造成的损害，导致用户在选择备件时往往以价格低廉等其他因素作为首要考虑因素，这是现阶段整车厂备件业务所面临的主要问题之一。

其次，备件市场渠道混乱抢占市场份额也是现阶段整车厂备件业务所面临的主要问题。近年来，汽配市场发展迅速，除大量的副厂备件充斥着整个汽配市场外，部分品牌由于渠道管控不力，导致原厂备件也流入汽配市场，直接损害了汽车厂家及经销商的利益。

最后，价格体系不完善导致利润流失也是现阶段整车厂备件业务所面临的主要问题之一。一些品牌经销店原厂备件价格约为外流到汽配商手中的原厂备件价格的 2 倍，约为副厂件价格的 4 倍，巨大的价格差额很大程度上降低了授权经销商的经营优势。

针对以上问题，一方面汽车厂家或经销商应向汽车用户传递原厂备件纯正安全的理念，使用户备件认知度提升；另一方面可通过对自身现有渠道的监察，对外部渠道侵权行为进行调查和打击，进而完善市场渠道；同时通过竞争对手、外部环境、用户心理分析，多角度地研究价格现状，制定合理定价策略，实现利润最大化和用户满意度的双项提升。

汽车用品与备件不同，汽车用品每一类产品的市场特点都不一样，如导航、音响等电子类，市场中这类用品种类较多、功能各异，且大多数都是知名品牌代理商，商家多是销售安装一体的经营模式；而坐垫、脚垫类则品牌杂乱，没有知名品牌，各小品牌的市场占有率没有明显差异，用户选择这部分用品时主要看中质量和价格，同时市场中这类用品真假货难辨，价格混乱，同一个脚垫在批发市场中可能仅售几十块钱，而在高档品牌店里却能卖到上百元甚至上千元的价格。

此外，多数经销商经营汽车用品不受其汽车厂家所管控，导致各经销商销售的汽车用品质量参差不齐，调查发现，超过五成的汽车用户更愿意购买带原厂 LOGO（商标）的汽车用品。可见，汽车厂家可以考虑收编有市场影响力的汽车用品，作为供应商，树立用品品牌形象，扩大汽车用品经营品类，同时汽车厂商可以充分了解用户需求，研发、创新更具个性化的汽车用品，以满足不同用户的需要。

从以上两点来看，汽车厂家或经销商想从此获取利润需要把重点放到产品的性价比和质量上，对于厂家而言，收编有市场影响力的汽车用品制造商，树立自己的品牌形象，将会得到更多用户的认可。

总之，无论备件或是用品，汽车厂家和经销商的目的主要就是提高销量和利润，为了使得汽车厂家备件及用品更具竞争力，汽车厂家应更加关注用户需求，充分了解备件及用品市场现状，这样才能知己知彼，成功提高备件及汽车用品业务水平，实现企业整体利润提升。

第二章　2014—2015 年中国汽车物流发展趋势分析

第一节　2014—2015 年中国汽车物流发展概述

一、市场平稳快速增长

（一）市场规模的横向增大——汽车产销量的中速增长

2014 年面对复杂多变的国际环境和艰巨繁重的国内改革发展稳定任务，汽车行业总体实现了良好发展，行业整体运行平稳。据中国汽车工业协会统计数据显示，2014 年，汽车产销 2372.29 万辆和 2349.19 万辆，增幅与上年相比有所回落，同比增长 7.26% 和 6.86%，总体呈现平稳增长态势，产销增速比上年分别下降 7.5 个和 7 个百分点。进口汽车主要车型为越野车、轿车和小型客车；出口主要车型为轿车、载货车和客车。

（二）市场资源的纵向延展——产业链的上下游市场

现在汽车物流的产业链主要包括零部件入厂物流、整车物流、售后服务备件物流等三个方面业务，汽车物流服务以这三个环节为基础，上游从零部件入厂物流向汽车零部件供应商管理上延，下游从售后服务备件物流向报废汽车物流以及其他后市场服务延长，汽车物流产业的纵向延伸使汽车物流产业链条更加完整，服务更加完善。

1. 汽车零部件企业物流市场

每辆汽车所需零部件种类达 7000 ~ 10000 种，汽车总成本中零部件占到 70% ~ 80%，由于汽车产业市场规模巨大，因而汽车的零部件工业也相应成为工业品中宝贵的物流资源。由于国际企业普遍重视物流业务，国际的零部件企业在物流和供应链管理方面普遍拥有成熟经验，因而成为我国汽车零部件企业物流外包的主流企业，成为汽车零部件物流的新资源。

2. 汽车后市场强大需求为汽车物流发展创造潜力

汽车后市场是从汽车销售以后，围绕汽车使用过程中的各种服务，汽车售后备件是后市场服务中的重要环节之一，也是汽车物流服务的重点环节。从全球情况看，汽车制造和维修用零部件所占比例大体上为80%和20%。截至2014年年底，全国机动车保有量达2.64亿辆，其中汽车1.54亿辆，新注册量和年增量均达历史最高水平。如此庞大的汽车数量，需要的售后备件数量是巨大的，若每辆汽车一年中需要替换一个备件，那全年的售后备件量就可达到上亿件，甚至更多，这对汽车售后备件物流的发展来说是机遇也是挑战，并且每年汽车销量不断增加，保有量也随之不断增长，汽车售后备件物流具有更广阔的发展潜力。

3. 二手车、报废车市场扩大为汽车物流发展提供新的关注领域

从中国汽车流通协会了解到，2014年全国共交易二手车605.29万辆，相比上年同期增长16.33%。二手车的运输与报废汽车的回收都是汽车物流发展的新领域，并且需要关注，近两年，国家相关部门出台了多项关于开展报废汽车回收、整治的办法、通知，并且加大老旧汽车报废更新补贴工作力度，这对报废汽车回收工作的开展起到了至关重要的作用，随之而来的是，物流工作如何与汽车报废回收相适应与匹配，未来在这些领域，汽车物流的发展空间将会越来越大。

总而言之，2014年整个汽车物流市场总量随着汽车市场规模的扩大而增长，但业务链条会延长，总体增速高于汽车工业增速。

二、行业政策和环境

（一）相关政策的出台明确了物流发展方向

在宏观政策方面，2014年9月国务院发布《物流业发展中长期规划（2014—2020年）》。规划要求，到2020年，基本建立布局合理、技术先进、便捷高效、绿色环保、安全有序的现代物流服务体系，明确了中长期发展的战略目标。规划提出三大发展重点、七项主要任务、十二项重点工程和九项保障措施，抓住了制约物流业发展的关键问题，明确了发展方向，是指导我国物流业"新常态"下健康发展的顶层设计蓝图。该规划发布后，全国现代物流工作部际联席会议加强政策协调，积极推进政策落实，《促进物流业发展三年行动计划》正式出台，明确了5个方面、62项重点工作任务的牵头部门以及具体目标和完成时限。国家发改委、交通运输部、商务部、国家铁路局、中国民航局、国家邮政局及国家标准委于11月联合印发《关于我国物流业信用体系建设的指导意见》，提出将建立健全物流业信用体系，有效约束和规范企业的经营行为，营造公平竞争、诚信经营的市场环境，同时提出加强物流信用服务机构培育和监管、

推进信用记录建设和共享、积极推动信用记录应用、开展专业物流领域信用建设试点、加强物流信用体系建设的组织协调等十余项措施。

在涉及物流运输的微观政策方面，交通运输部、公安部、国家安全监管总局公布《道路运输车辆动态监督管理办法》自2014年7月1日起施行。全面系统地规范了道路运输车辆动态监管工作，为做好道路运输车辆动态监管工作提供了基本制度保障，是指导动态监管工作的纲领性文件；交通运输部、公安部、商务部发布了《关于加强城市配送运输与车辆通行管理工作的通知》，解决了"最后一公里"的部分管理问题。

（二）"一带一路"为汽车物流发展提供了国际合作契机

"一带一路"是"丝绸之路经济带"和"21世纪海上丝绸之路"的简称。习近平主席自2013年9月和10月出访中亚四国及印尼、马来西亚期间提出共建"丝绸之路经济带"和"21世纪海上丝绸之路"的宏伟构想。"一带一路"为提高各车型出口、加快海外市场拓展步伐提供内生动力。其中，"渝新欧"铁路是重庆至欧洲的国际铁路大通道，是由沿途6个国家铁路、海关部门共同协调建立的铁路运输通道。

（三）车辆运输车标准问题仍旧制约着行业发展

车辆运输车标准一直以来都是行业关注的焦点问题，被认为是解决行业公路运输问题的第一步，2014年工信部、交通运输部、公安部、国家标准化委员会会同相关研究机构进行了广泛调研和深入研究，基本形成了一致意见，但2014年仍未终稿，解决制约行业发展的老大难问题依旧需要等待。

（四）"治超"工作开展为汽车物流企业敲响了警钟

2015年，四川省高速交警总队发布的《关于分阶段整治商品车运输专用车相关问题的通知》中提到，2014年7月1日前，允许商品车专用运输车辆通过高速公路，并集中运输积压的商品车。2014年7月1日至12月31日，交管部门将开始集中整治商品运输车的超限问题。需整改的商品运输车的高度不得超过4.2米、宽度不得超过2.55米、整车长度不得超过30米，且专用车尾部伸出货箱部分必须切割。若未达到规定标准的运输车、交警将责令车主、驾驶人按规定整改。这对于汽车整车运输企业来说是一个警示，目前，车辆运输车违规车辆较多，特别是俗称"二怪"的车辆运输车，这些车辆基本不符合要求，四川"治超"严重影响了部分汽车物流企业的运营，需要加快行业标准的出台和规范运输车辆。

三、相关国家和行业标准继续完善

《物流标准化中长期发展规划》编制工作启动，截至 2014 年年底，我国已发布的各类物流标准超过 800 项。汽车行业物流标准工作一直得到国家标准管理机构的高度重视，是标准建设和实施的典型和示范。

（一）出台的新标准

由国家标准化管理委员会批准，汽车物流分会牵头组织的《汽车物流服务评价指标》（GB/T 31149—2014）、《汽车零部件物流 塑料周转箱尺寸系列及技术要求》（GB/T 31150—2014）、《汽车整车物流质损风险监控要求》（GB/T 31151—2014）和《汽车物流术语》（GB/T 31152—2014）四项物流国家标准正式发布，已于 2014 年 12 月 1 日开始实施。

（二）即将出台的国家及行业标准

在全国物流标准化技术委员会推动下，分会牵头的《汽车物流统计指标体系》《商用车背车装载技术要求》《汽车零部件物流器具分类及编码》《汽车物流信息系统基础要求》四项国家标准及行业标准通过专家评审，进入报批阶段。《乘用车物流质损判定及处理规范》《乘用车运输服务规范》《乘用车水路运输服务规范》《乘用车仓储服务规范》四项修订的汽车物流行业标准又有新的进展，目前正在完善标准工作组讨论稿，并准备向社会征求意见。《汽车整车出口物流标识规范》（20132702 - T - 469）国家标准已经由国标委批准立项。

（三）标准工作存在的问题

一是汽车物流行业标准体系有待完善。虽然汽车物流标准相继出台，并且针对物流标准体系已经有了一定的研究，但针对行业专业标准并没有完善的体系，标准的完成性还存在一定的问题。另外，由于各个企业借鉴其他的国家标准不同，有欧美的、有日韩的，标准存在一定的差异性，对于行业资源共享和利用存在一定阻碍。通用性标准和专用性标准要有明确的区分，对于跟其他物流行业相一致的标准，应该由主管部门统一制定，对于有汽车物流行业特点的标准，要根据行业特色进行制修订。

二是标准宣传贯彻不尽理想。标准制定后，缺乏系统的宣传，导致企业对于已经出台的行业标准不了解，造成有标准却贯彻不下去的现象。

四、行业统计和研究工作有新突破

中国汽车物流的发展可以借鉴发达国家汽车物流行业成熟的经验以及做法，但是具体到每个细分领域的具体做法和实现路径，都需要结合本国国情得出切实可行、符合实际又为未来发展留出空间的方案，因而行业研究工作确属必要，好的研究成果作为未来行业发展的指导，可以让行业和企业少走弯路，避免重复和浪费，加快汽车物流行业发展。行业研究的基础是大量的现状情况和历年数据变化，2014 年开始汽车物流分会将会每年对汽车物流企业进行年度调研，主要包括整车、零部件、售后服务备件三个方面的调研，调研根据《汽车物流统计指标体系》中指标进行数据采集，共涉及三大类 60 余项指标。调研完成后将对数据进行整理和分析，有利于更好地了解汽车物流行业发展现状，分析行业发展中遇见的问题，进一步优化汽车物流行业发展结构，推动公、铁、水综合运输体系建设，提升零部件、整车至售后服务备件物流的供应链管理水平。

五、综合运输体系建设又有深化

（一）铁路运输

中铁特货运输公司作为国家铁路汽车物流核心企业，在铁路商品车物流领域深耕细作，不断创新。

一是完善全程物流链提效增收。为实现"门到门"全程物流，公司在全国范围内对配送业务进行重新招标；通过优化配送模式，改变了以往由于前后端配送商不统一导致质损多、赔付金额大的状况，实行项目两端由一家配送商负责全程商品汽车质损理赔。经过整合，中铁特货建立规范的商品汽车配送队伍49支，提高了商品汽车全程物流质量，也大大降低了物流成本。

二是建设物流基地"筑巢引凤"。随着铁路小汽车运输市场份额的快速提升，各汽车生产厂家的销售模式开始向规模化的集中区域代理销售方式转变。适应市场需求，依托铁路总公司政策和地方政府支持，中铁特货积极建设大型物流基地。此举不仅帮助商品汽车生产厂家实现了库存前移，也为公司开展商品汽车全程物流运输工作创造了有利条件。

三是量体裁衣做优服务。公司专项投资开发了商品汽车物流管理信息平台。信息化网络平台的建设，有效提升了铁路汽车物流的全过程管理水平，保证了汽车物流的信息畅通，提高了客户的满意度。公司还通过建立客户维护机制，对客户实行分类分级维护，提高决策效率和市场响应灵敏度，保持公司运量稳定增长。

四是积极创新，公司创新制定了《商品汽车铁路装卸作业安全技术管理标准》。在这本 50 页的小册子中，仅汽车启动作业一项就有 20 条要求，细到对简单的开车门的动作都有精确描述。为提高运输时效，公司积极组织整列运输。

目前，商品汽车整列运输比例接近 40%。从柳州开往郑州的"五定"直达班列，从原来的 50 多个小时压缩到 37 个小时。同时，公司加强与铁路总公司、铁路局、站段等的协调，加快重车输送和空车调配，提高车辆周转效率，缩短在途时间。运输装备方面，公司在拥有国内先进的运输车（箱）6000 余辆的基础上，"量体裁衣"，不断研制运输多种汽车的新车型。目前，公司正在研究、设计一种新车型作为铁路汽车物流的专用车型，以"专用 + 通用"为特点，既能运输汽车又能运输常规货物，这种新车型面世后，能够进一步降低汽车企业的物流成本、提升竞争力。同时，中铁特货公司在 2014 年还专门就牵引车等商用车运输专用箱进行研究和开发，并基本确定制造方案。

（二）水运领域

沿江、沿海整车进口口岸及汽车水运枢纽及配套设施建设又有新的发展，代表性的区域有以下几个。

1. 青岛港

在保税港区内，正在建设 2.79 万平方米的汽车物流展示中心，近百家通过平行贸易方式进口的贸易商在这里聚集，类似于进口汽车的大卖场；青岛保税港区汽车整车进口口岸分两期开发建设，其中：一期工程开通 4 号、5 号汽车专用泊位，建设 8 万平方米汽车堆场、1.1 万平方米检测场站、5600 平方米海关查验场地和 2.7 万平方米青岛国际汽车展厅；二期工程规划建设 3 个汽车专用泊位、码头作业区和 1.01 平方千米国际汽车贸易中心，其中，国际汽车贸易中心包括进出口汽车物流检测区、展示体验区、总部商务区、综合服务商业区、创意研发区五大功能业态。

2. 江苏盐城

大丰港滚装码头工程于 2014 年 10 月 19 日正式开工建设，该项目总投资 1.2 亿元，工期一年，码头等级为 7 万吨级。码头建成后，将形成 40 万台车辆的运送能力，对降低悦达起亚及周边车企运输成本、实现南北对流的内贸输运、促进汽车外贸进出口、发展中韩陆海联运都具有重要意义。

3. 江苏南京

由南京港集团和安吉物流共同出资合作的南京港江盛汽车码头有限公司于 2014 年 6 月 25 日正式开业运营，南京港江盛汽车码头有限公司拟建设 3 万吨级和 1 万吨级浮式滚装泊位各 1 座，目标定位为 3 年内达到年中转 30 万辆规模，建设成为长江最重要的汽车物流枢纽之一。

4. 武汉——汉南港项目

2014年5月29日，武汉汉南港正式开港运营。该港已建成投用的是一个3000吨级汽车滚装泊位，年汽车转运能力30万辆，是长江中上游年吞吐量最大的汽车转运港口。汉南港还将配套建设占地700亩的港口物流加工园，形成长江中上游最大的商品车集并、中转、分拨中心。二期项目还将建设3000吨级商品汽车滚装泊位1座、5000吨级通用泊位4座，将具备年运转商品车60万辆、吞吐件杂货640万吨的运作能力。

5. 武汉——江盛项目

2014年7月21日，武汉港务集团（武港集团）与安吉汽车物流有限公司（简称安吉物流）签订协议，合资组建武汉江盛汽车码头公司。该公司将经营沌口滚装码头和金口滚装码头的汽车滚装及汽车物流业务，为汉产汽车提供多式联运物流服务，打造中部汽车物流枢纽。

6. 福州银河国际汽车园

该地区已于2014年9月11日开工建设了江阴港银河国际汽车园主体工程，此次动工的银河国际汽车园3号地块占地813亩，总建筑面积78万平方米，预计总投入30亿元人民币。

7. 舟山兴海汽车滚装码头

2014年12月，交通运输部批复了舟山兴海汽车滚装码头项目，该项目位于宁波—舟山港马岙港区小沙作业区，建设1个7万总吨级商品汽车滚装泊位及相关配套设施，使用岸线490米，泊位长度满足2艘2万总吨级商品汽车滚装船舶同时靠泊作业，设计年通过能力为商品汽车60万辆、零部件19万吨。

8. 天津临港经济区安信物流项目

2014年11月6日，安信联合物流有限公司物流总部项目在临港经济区正式开工建设。该项目总投资6.92亿元，占地面积32万平方米。项目位于黄河道以北、渤海二十八路以东，将涵盖整车仓储、整车物流、进口车贸易、物流金融等业务板块。

此外，集装箱运输作为中国水路运输的一种重要形式，多年来发展速度缓慢，2014年中海集装箱公司等国内领军企业，加大了集装箱在整车物流领域市场开拓的步伐，与滚装运输相比，集装箱运输具有网点数量更多、运输自由度大、班期密度更大的特点，适合小批量，多品种，内陆运输和国际联运需求。

六、领军企业拓展国际市场速度加快

2014年6月4日，一辆崭新的MG6轿车在上汽集团泰国春里府工厂驶下生产线，标志着上汽泰国工厂正式投入运作。这是我国自主品牌轿车在海外建成投产的第一座合资整车厂，其生产的 MG 轿车将以泰国为核心，加入东南亚汽车市场的竞争。应对挑战，安吉物流也在泰国实现了布点，从零部件到售后服务，完成了在当地"全产业链"的初步布局。在泰国等东南亚市场，长期以来日系汽车品牌占据绝对市场份额，中国汽车品牌要进入并非易事。上汽泰国整车工厂建设之初，当地日本品牌零部件供应商采取封锁态度，不跟上汽整车工厂配套；泰国本地汽车零部件基础薄弱，使得项目一度面临巨大挑战。完备的产业链为整车基地后续发展提供保障，也使得国内汽车工业更多高利润的业务环节进入海外市场。

2014 年，长久物流就在德国汉堡注册了子公司，开始实施国际物流业务，打通了一条横跨欧亚国际铁路的新通道，率先启动了目前国家倡导的"一带一路"发展战略。长久物流与 UTI 国际物流于 2015 年年初建立战略合作能够使长久物流汲取国际领先的物流技术和管理水平；将优特埃全球海运、空运网络与长久物流欧亚铁路网络的资源整合，形成海、铁、空立体的国际化物流网络。此举一方面推进中国"一带一路"步伐，同时加快双方业务发展，为长久物流早日成为国际化物流企业打下坚实基础；另一方面利用长久物流在国内的客户资源，将优特埃的技术和管理理念在中国的汽车厂加以推广和应用，这必将加速中国汽车物流产业的发展。双方在战略合作阶段将共同开发三大产品包括欧洲到中国的铁路运输、VMI（供应商管理库存）/生产物流、售后市场零配件配送物流。尤其是欧洲到中国的铁路运输将为中国的客户提供更可靠、高效、低成本的中欧之间门到门铁路运输及海铁联运等多式联运服务。双方的战略合作不仅契合国家"一带一路"战略规划，还能够真正实现资源共享、优势互补、共同发展的目的，这对双方企业的快速增长具有十分重要的战略意义。

七、行业横向跨界融合创新

第一，物流服务和技术服务的融合创新。以往的物流服务与技术装备供应是汽车物流业务的两个环节，近年来呈现一体化融合发展的趋势，部分行业企业取得创新突破。中世国际物流有限公司是由长久物流、奇瑞汽车和大连港组建的合资公司。公司在按照既定目标，打造航运、码头、物流管理为一体的"全供应链一体化服务"的综合性国际物流公司的同时，拓展了汽车企业现场器具和耗材的开发、设计、研制，以及清查、损坏器具维护送修等附加业务，不仅稳定了物流链而且创新了价值链，实现了物流和技术服务的深度融合。

第二，传统物流与电子商务的跨界融合。流通领域的新型物流模式向制造业渗透，在过去几十年的发展中，汽车产业一直处于引领地位。在新一轮信息技术对流通业颠覆发展中，应也不会例外，在已经形成稳定局面的零部件和整车物流领域，除电商技术逐步引入外，在面向大众消费的汽车整车和售后服务备件物流方面，电商发展存在无限商机。各大主机企业无不探讨电商在流通领域的变革，淘宝、京东、顺丰等知名电商和快递公司过去一年在探索汽车产业发展新机遇中表现活跃。

第二节　中国汽车物流发展趋势分析

如果用一个词来判断 2015 年汽车物流行业发展的话，那就是"趋势"。从市场趋势看，"院墙"是汽车产业市场多年来形成的无形文化，但在趋势面前都将会以开始慢随后逐渐加快的方式发生改变，在移动互联网大趋势下，电商和跨界将快速影响整个行业；从环境趋势看，在新一届中央政府全面建成小康社会、全面深化改革、全面推进依法治国、全面从严治党的大背景下，交通运输领域存在的物流顽症将会提到日程上来，多年来形成的制约行业发展的瓶颈问题有望得以逐步解决，作为服务业的汽车物流行业将会转向依靠管理、技术和服务等实力展开新一轮竞争和合作的新局面。本书对汽车物流发展趋势的具体判断有以下几方面。

（1）受经济大环境影响，汽车市场规模增速有放缓趋势，汽车企业间的竞争将会加剧，物流企业将面临更高服务收入、质量和渠道下沉等多方压力，行业将面临多重挑战。

（2）汽车零部件企业和售后服务备件领域物流市场将会是行业最大新增市场，汽车物流格局将会有更多"外来户"进入。

（3）随着公路治超趋紧趋严，车辆运输车新标准即将出台，整车物流公路运输格局将会处在发生巨变的前夕，公铁水综合运输体系的完善和发展将对目前物流格局发生重大影响。

（4）移动互联网时代的汽车流通模式，在 O2O（线下体验，线上购买）、F2C（工厂到消费者）、会员制以及各种新型模式推动下必将发生深层次变革，汽车物流在商流变化下将随之变化，并将深入融合。

（5）市场、技术、资金、人才对行业领军企业来讲，国际化发展已经具备条件。"一带一路"的国家战略，更为企业带来政策层面的积极保障。未来一段时间，我国汽车物流企业跨出国门、走向世界的步伐将会加快。

（6）企业的发展和竞争角度增多，资金、市场、人才等传统企业竞争与合作的考量因素，将会扩展到如移动互联网的理念、跨界融合多方合作的市场观、先进适用的现代物流技术、尊重法规标准的良好习惯、全面系统的管理、激发员工爱岗敬业的文化等多方角度。

（7）规范化、标准化建设在行业发展中将发挥越来越重要的作用，行业协会牵头组织企业对现有汽车物流体系的重新构建，梳理出现有标准在国家标准、行业标准和团体标准等不同角度的重新定位，并推动标准切实解决行业和企业面临的不对称和不一致甚至是市场混乱问题，引导行业走上健康有序发展道路。

（8）小微型承运商作为汽车物流大市场中公路运输的主体，在移动互联网、市场结构、法制建设、安全环保等大环境和背景下，面临更严峻的挑战，因此在广泛的行业活动中，领悟方向，抱团合作，广泛交流，在今后一段时期内尤为关键。

2015年是"十二五"的收官之年，是我国经济领域实现转型发展的关键一年，新一届政府的很多经济新政在这一年都将启动实施，深刻领悟，付诸实施，在未来大变局中处于领先，将影响行业企业未来一段时间的发展，我们期待汽车物流行业作为专业物流领域最为成熟的典型和示范，在新的一年中继续迎接时代的挑战和机遇，引领我国物流行业继续快速发展和进步。

行业统计篇

第三章 我国汽车零部件入厂物流统计调查分析

为了解汽车物流行业发展现状，分析行业发展中遇见的问题，进一步优化汽车物流行业发展结构，推动公路、铁路、水路综合运输体系建设，提升零部件、整车以及售后服务备件物流的供应链管理水平，汽车物流分会特开展一次汽车物流企业统计指标的调查活动。在这次调查活动中，分别从从业人员情况、业务规模情况、业务成本情况、业务效率情况及业务质量情况等方面对相关企业进行问卷调查。

第一节 零部件入厂物流业务从业人员情况

一、员工学历情况

在这些企业的从业人员中，有46%的企业其员工中具有大专以上学历的人员占比为30%~60%；有27%的企业其员工中具有大专以上学历的人员占比小于30%；有18%的企业其员工中具有大专以上学历的人员占比大于80%；有9%的企业其员工中具有大专以上学历的人员占比为60%~80%。如图3-1所示。

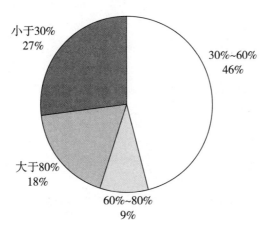

图3-1 零部件入厂物流企业大专以上学历员工比重情况

二、员工职称情况

在中级职称员工方面，有90%的企业其员工中具有中级职称的人员占比小于30%；仅有10%的企业其员工中具有中级职称的人员占比为30%~60%。如图3-2所示。

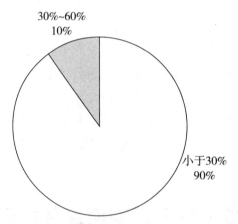

图3-2　零部件入厂物流企业中级职称员工比重情况

三、专业技术人员情况

在专业技术人员方面，约有67%的企业其员工中具有专业技术的人员占比小于30%；约有22%的企业其员工中具有专业技术的人员占比为30%~60%；仅有11%的企业其员工中具有专业技术的人员占比为60%~80%。如图3-3所示。

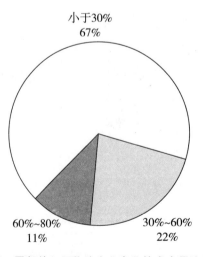

图3-3　零部件入厂物流企业专业技术人员比重情况

四、员工从业资质情况

在从业资质方面，约有 40% 的企业其员工中具有从业资格的人员占比小于 30%；约有 30% 的企业其员工中具有从业资格的人员占比为 30%～60%；约有 20% 的企业其员工中具有从业资格的人员占比为 60%～80%；仅有 10% 的企业其员工中具有从业资格的人员占比大于 80%。如图 3-4 所示。

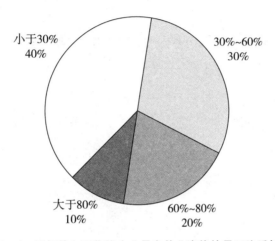

图 3-4　零部件入厂物流企业具有从业资格的员工比重情况

第二节　零部件入厂物流业务规模情况

一、运输业务情况

在零部件入厂物流业务的庞大运输量中，采用公路运输货运量比例大于 90% 的企业占比为 45%；采用公路运输货运量比例小于 50% 的企业占比为 22%；采用公路运输货运量比例为 70%～90% 的企业占比为 33%。如图 3-5 所示。

在铁路运输量方面，采用铁路运输货运量小于 1% 的企业占比为 56%；采用铁路运输货运量大于 10% 的企业占比仅为 11%；采用铁路运输货运量为 1%～5% 的企业占比为 33%。如图 3-6 所示。

在水路运输量方面，采用水路运输货运量小于 5% 的企业占比约为 89%；采用水路运输货运量大于 20% 的企业占比仅为 11%。如图 3-7 所示。

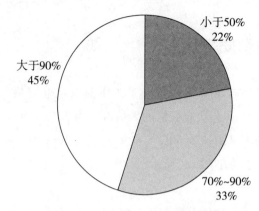

图 3 – 5　零部件入厂物流企业公路货运量比重情况

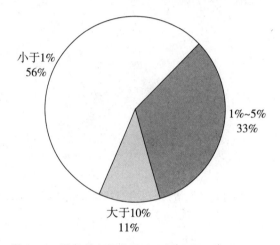

图 3 – 6　零部件入厂物流企业铁路货运量比重情况

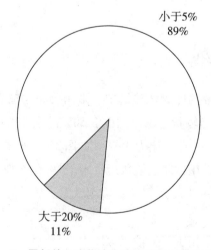

图 3 – 7　零部件入厂物流企业水路货运量比重情况

在航空运输量方面，采用航空运输货运量比重小于5%的企业占比约为78%；采用航空运输货运量比重大于20%、大于5%且小于10%的企业占比均约为11%。如图3-8所示。

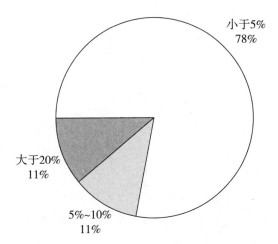

图3-8 零部件入厂物流企业航空货运量比重情况

二、流通加工业务情况

流通加工业务量占零部件入厂物流总量的比重小于5%的企业约有37%，比重大于20%、大于5%且小于10%的企业均约有25%，比重大于10%且小于20%的企业约有13%。如图3-9所示。

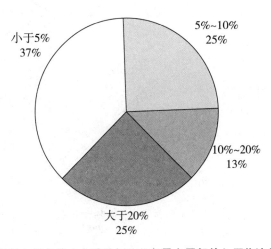

图3-9 零部件入厂物流企业流通加工业务量占零部件入厂物流总量比重情况

三、仓储业务情况

自有仓储方面，约有 40% 的企业，其自有仓储面积比重大于 80%；约有 30% 的企业，其自有仓储面积比重小于 30%；约有 20% 的企业，其自有仓储面积比重为 60% ~ 80%；约有 10% 的企业，其自有仓储面积比重为 30% ~ 60%。如图 3 - 10 所示。

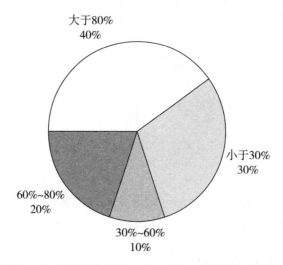

图 3 - 10　零部件入厂物流企业自有仓储面积比重情况

租用仓储方面，约有 50% 的企业，其租用仓储面积比重小于 30%；约有 20% 的企业，其租用仓储面积比重大于 80%；约有 20% 的企业，其租用仓储面积比重为 30% ~ 60%；约有 10% 的企业，其租用仓储面积比重为 60% ~ 80%。如图 3 - 11 所示。

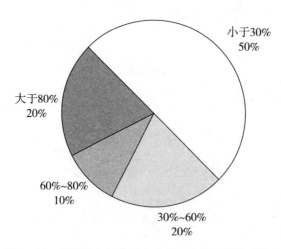

图 3 - 11　零部件入厂物流企业租用仓储面积比重情况

四、区域用车情况

在城际物流用车方面，约有 34% 的企业拥有的城际运输车占总运输车的 30% ~ 60%。拥有的城际运输车占总运输车的比重为大于 80%、小于 30%、60% ~ 80% 的零部件入厂物流企业均约为 22%。如图 3 - 12 所示。

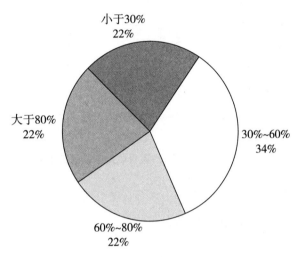

图 3 - 12　零部件入厂物流企业城际运输车比重情况

在城市配送车辆方面，约有 34% 的企业拥有的城市配送车辆占总运输车的比重小于 30%；约有 33% 的企业拥有的城市配送车辆占总运输车的比重为 30% ~ 60%；约有 22% 的企业拥有的城市配送车辆占总运输车的比重大于 80%；约有 11% 的企业拥有的城市配送车辆占总运输车的比重为 60% ~ 80%。如图 3 - 13 所示。

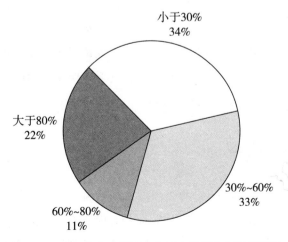

图 3 - 13　零部件入厂物流企业城市配送车辆比重情况

五、信息系统数量情况

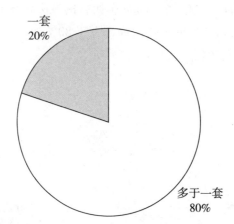

图 3 - 14   零部件入厂物流企业信息系统数量情况

约有80%的零部件入厂物流企业拥有多于一套的信息系统，约有20%的零部件入厂物流企业拥有一套的信息系统。如图 3 - 14 所示。

第三节   零部件入厂物流业务成本情况

一、运输业务成本

运输业务成本方面，约有60%的零部件入厂物流企业其运输成本占总成本的比重大于50%；约有30%的零部件入厂物流企业其运输成本占总成本的比重小于30%；约有10%的零部件入厂物流企业其运输成本占总成本的比重在40% ~50%范围内。如图 3 - 15 所示。

二、仓储业务成本

仓储业务成本方面，约有67%的零部件入厂物流企业其仓储成本占总成本的比重小于30%；约有11%的零部件入厂物流企业其仓储成本占总成本的比重在30% ~40%范围内；约有11%的零部件入厂物流企业其仓储成本占总成本的比重在40% ~50%范

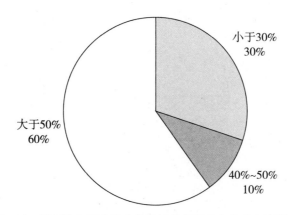

图 3 – 15　零部件入厂物流企业运输业务成本占总成本比重情况

围内；同样约有 11% 的零部件入厂物流企业其仓储成本占总成本的比重大于 50%。如图 3 – 16 所示。

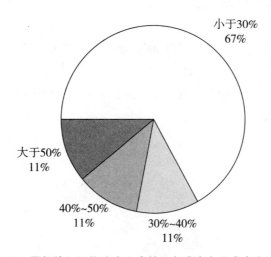

图 3 – 16　零部件入厂物流企业仓储业务成本占总成本比重情况

三、包装业务成本

包装业务成本方面，约有 67% 的零部件入厂物流企业其包装成本占总成本的比重小于 5%；约有 17% 的零部件入厂物流企业其包装成本占总成本的比重在 10% ~ 20% 范围内；约有 16% 的零部件入厂物流企业其包装成本占总成本的比重在 5% ~ 10% 范围内。如图 3 – 17 所示。

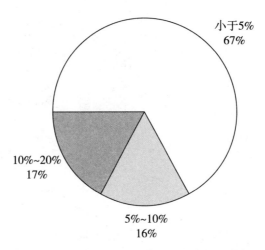

图 3 - 17   零部件入厂物流企业包装业务成本占总成本比重情况

四、装卸搬运业务成本

装卸搬运业务成本方面，约有50%的零部件入厂物流企业其装卸搬运成本占总成本的比重在5%～10%范围内；约有33%的零部件入厂物流企业其装卸搬运成本占总成本的比重小于5%；约有17%的零部件入厂物流企业其装卸搬运成本占总成本的比重在10%～20%范围内。如图3－18所示。

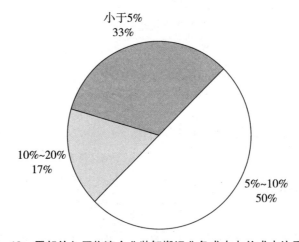

图 3 - 18   零部件入厂物流企业装卸搬运业务成本占总成本比重情况

五、流通加工业务成本

流通加工业务成本方面，约有83%的零部件入厂物流企业其流通加工业务成本占总成本的比重小于5%；约有17%的零部件入厂物流企业其流通加工成本占总成本的比重在5%～10%范围内。如图3－19所示。

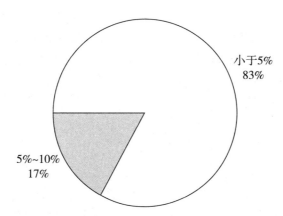

图3－19　零部件入厂物流企业流通加工业务成本占总成本比重情况

六、配送业务成本

配送业务成本方面，约有43%的零部件入厂物流企业其配送成本占总成本的比重大于20%；约有29%的零部件入厂物流企业其配送成本占总成本的比重在10%～20%范围内；约有14%的零部件入厂物流企业其配送成本占总成本的比重在5%～10%范围内；同样约有14%的零部件入厂物流企业其配送成本占总成本的比重小于5%。如图3－20所示。

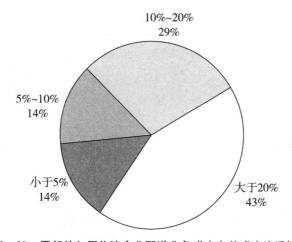

图3－20　零部件入厂物流企业配送业务成本占总成本比重情况

七、货代业务成本

货代业务成本方面，约有57%的零部件入厂物流企业其货代业务成本占总成本的比重小于5%；约有29%的零部件入厂物流企业其货代业务成本占总成本的比重在5%～10%范围内；约有14%的零部件入厂物流企业其货代业务成本占总成本的比重在10%～20%范围内。如图3－21所示。

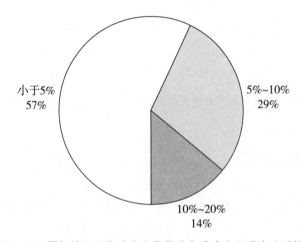

图3－21　零部件入厂物流企业货代业务成本占总成本比重情况

八、信息及相关服务成本

信息及相关服务成本方面，约有57%的零部件入厂物流企业其信息及相关服务成本占总成本的比重小于1%；约有29%的零部件入厂物流企业其信息及相关服务成本占总成本的比重在1%～2%范围内；约有14%的零部件入厂物流企业其信息及相关服务成本占总成本的比重大于5%。如图3－22所示。

九、管理成本

物流管理成本方面，约有37%的零部件入厂物流企业其物流管理成本占总成本的比重在1%～2%范围内；约有13%的零部件入厂物流企业其物流管理成本占总成本的比重大于2%；约有25%的零部件入厂物流企业其物流管理成本占总成本的比重在0.5%～1%范围内；同样约有25%的零部件入厂物流企业其物流管理成本占总成本的比重小于0.5%。如图3－23所示。

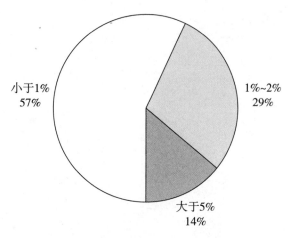

图 3 – 22 零部件入厂物流企业信息及相关服务成本占总成本比重情况

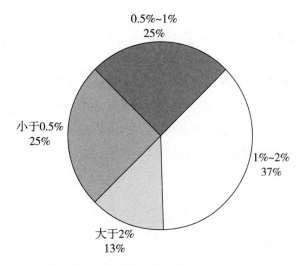

图 3 – 23 零部件入厂物流企业物流管理成本占总成本比重情况

十、利息成本

利息成本方面，约有 62% 的零部件入厂物流企业其利息成本占总成本的比重小于 0.5%；约有 25% 的零部件入厂物流企业其利息成本占总成本的比重在 0.5% ～1% 范围内；约有 13% 的零部件入厂物流企业其利息成本占总成本的比重在 1% ～2% 范围内。如图 3 –24 所示。

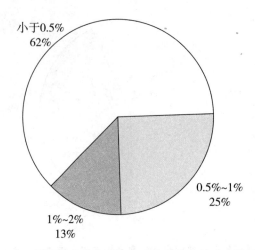

图3-24 零部件入厂物流企业利息成本占总成本比重情况

十一、保险成本

保险成本方面，约有50%的零部件入厂物流企业其保险成本占总成本的比重小于0.5%；约有25%的零部件入厂物流企业其保险成本占总成本的比重在0.5%～1%范围内；约有13%的零部件入厂物流企业其保险成本占总成本的比重大于2%；约有12%的零部件入厂物流企业其保险成本占总成本的比重在1%～2%范围内。如图3-25所示。

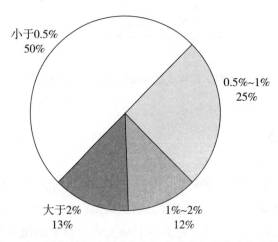

图3-25 零部件入厂物流企业保险成本占总成本比重情况

第四节 零部件入厂物流业务效率情况

一、调度及时率

零部件入厂物流业务调度及时率方面，约有46%的零部件入厂物流企业其调度及时率在99%以上；约有27%的零部件入厂物流企业其调度及时率在98%~99%范围内；同样约有27%的零部件入厂物流企业其调度及时率在95%~98%范围内。如图3-26所示。

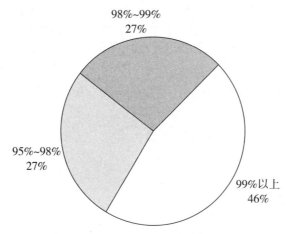

图3-26 零部件入厂物流企业调度及时率情况

二、交付及时率

零部件入厂物流业务交付及时率方面，约有64%的零部件入厂物流企业其交付及时率在99%以上；约有18%的零部件入厂物流企业其交付及时率在98%~99%范围内；同样约有18%的零部件入厂物流企业其交付及时率在95%~98%范围内。如图3-27所示。

三、车船利用率

零部件入厂物流业务车船利用率方面，约有34%的零部件入厂物流企业其车

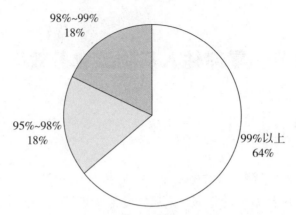

图 3 - 27　零部件入厂物流企业交付及时率情况

船利用率在99％以上；约有22％的零部件入厂物流企业其车船利用率在98％ ~ 99％范围内；约有22％的零部件入厂物流企业其车船利用率在95％ ~98％范围内；同样约有22％的零部件入厂物流企业其车船利用率小于95％。如图 3 - 28 所示。

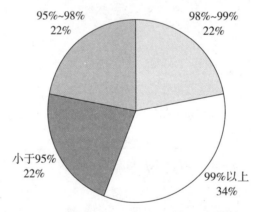

图 3 - 28　零部件入厂物流企业车船利用率情况

四、仓库设备利用率

　　零部件入厂物流业务仓库设备利用率方面，约有37％的零部件入厂物流企业其仓库设备利用率小于95％；约有36％的零部件入厂物流企业其仓库设备利用率在95％ ~98％范围内；约有18％的零部件入厂物流企业其仓库设备利用率在98％ ~99％范围内；仅有9％的零部件入厂物流企业其仓库设备利用率大于99％。如图 3 - 29 所示。

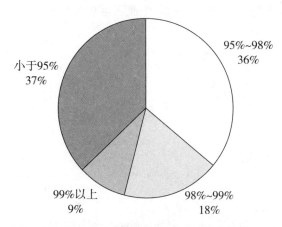

图3-29　零部件入厂物流企业仓库设备利用率情况

五、仓容利用率

零部件入厂物流业务仓容利用率方面，约有50%的零部件入厂物流企业其仓容利用率小于95%；约有40%的零部件入厂物流企业其仓容利用率在95%~98%范围内；约有10%的零部件入厂物流企业其仓容利用率在98%~99%范围内。如图3-30所示。

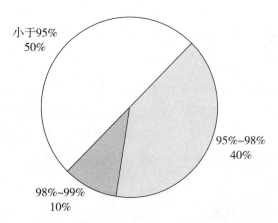

图3-30　零部件入厂物流企业仓容利用率情况

六、运输设备装载率

零部件入厂物流业务运输设备装载率方面，约有50%的零部件入厂物流企业其运输设备装载率小于95%；约有30%的零部件入厂物流企业其运输设备装载率在95%~

98% 范围内；约有20%的零部件入厂物流企业其运输设备装载率在98%～99%范围内。如图3－31所示。

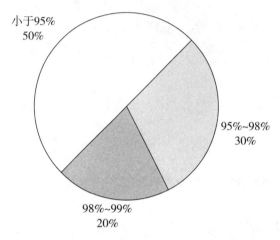

图3－31　零部件入厂物流企业运输设备装载率情况

第五节　零部件入厂物流业务质量情况

一、订单准时率

零部件入厂物流业务订单准时率方面，约有55%的零部件入厂物流企业其订单准时率在99%以上；约有9%的零部件入厂物流企业其订单准时率在98%～99%范围内；约有18%的零部件入厂物流企业其订单准时率在95%～98%范围内；同样约有18%的零部件入厂物流企业其订单准时率小于95%。如图3－32所示。

二、运输货损货差率

零部件入厂物流业务运输货损率方面，约有82%的零部件入厂物流企业其运输货损率小于0.1%；约有9%的零部件入厂物流企业其运输货损率在0.1%～0.2%范围内；同样约有9%的零部件入厂物流企业其运输货损率在0.2%～0.5%范围内。如图3－33所示。

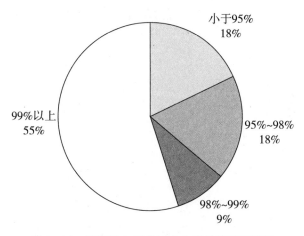

图 3 - 32　零部件入厂物流企业订单准时率情况

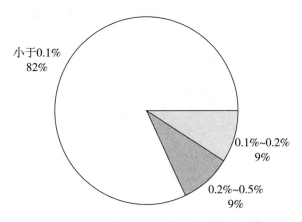

图 3 - 33　零部件入厂物流企业运输货损率情况

　　零部件入厂物流业务运输货差率方面，约有 91% 的零部件入厂物流企业其运输货差率小于 0.1%；约有 9% 的零部件入厂物流企业其运输货差率在 0.1% ~ 0.2% 范围内。如图 3 - 34 所示。

三、仓储货损货差率

　　仓储货损率方面，绝大部分的零部件入厂物流企业其仓储货损率都小于 0.1%。

　　零部件入厂物流业务仓储货差率方面，约有 91% 的零部件入厂物流企业其仓储货差率小于 0.1%；约有 9% 的零部件入厂物流企业其仓储货差率在 0.1% ~ 0.2% 范围内。如图 3 - 35 所示。

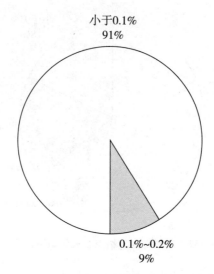

图 3 - 34　零部件入厂物流企业运输货差率情况

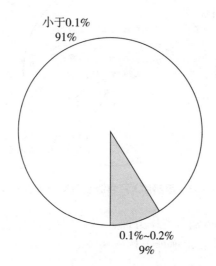

图 3 - 35　零部件入厂物流企业仓储货差率情况

四、包装破损率

零部件入厂物流业务包装破损率方面，约有 56% 的零部件入厂物流企业其包装破损率小于 0.1%；约有 33% 的零部件入厂物流企业其包装破损率在 0.1% ~ 0.2% 范围内；约有 11% 的零部件入厂物流企业其包装破损率在 0.5% 以上。如图 3 - 36 所示。

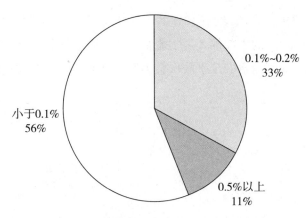

图 3 - 36　零部件入厂物流企业包装破损率情况

五、设备完好率

零部件入厂物流业务设备完好率方面，约有 50% 的零部件入厂物流企业其设备完好率在 99% 以上；约有 40% 的零部件入厂物流企业其设备完好率在 95% ～ 98% 范围内；约有 10% 的零部件入厂物流企业其设备完好率在 98% ～ 99% 范围内。如图 3 - 37 所示。

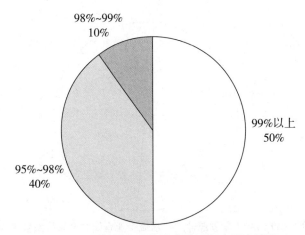

图 3 - 37　零部件入厂物流企业设备完好率情况

六、安全事故次数

2014 年零部件入厂物流业务运输安全事故次数方面，约有 64% 的零部件入厂物流企业其运输安全事故次数为 0；约有 18% 的零部件入厂物流企业其运输安全事故次数在 1～5 次范围内；约有 9% 的零部件入厂物流企业其运输安全事故次数为 1 次；约有 9% 的零部件入厂物流企业其运输安全事故次数为 5 次以上。如图 3－38 所示。

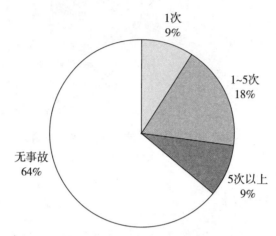

图 3－38　2014 年零部件入厂物流企业运输安全事故次数情况

2014 年零部件入厂物流业务仓储安全事故次数方面，约有 64% 的零部件入厂物流企业其仓储安全事故次数为 0；约有 36% 的零部件入厂物流企业其仓储安全事故次数为 1 次。如图 3－39 所示。

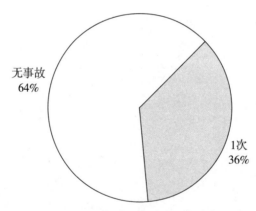

图 3－39　2014 年零部件入厂物流企业仓储安全事故次数情况

七、仓储库位摆放准确率

零部件入厂物流业务仓储库位摆放准确率方面，约有 55% 的零部件入厂物流企业其仓储库位摆放准确率在 99% 以上；约有 27% 的零部件入厂物流企业其仓储库位摆放准确率在98% ~99% 范围内；约有18%的零部件入厂物流企业其仓储库位摆放准确率在95% ~98% 范围内。如图3 –40 所示。

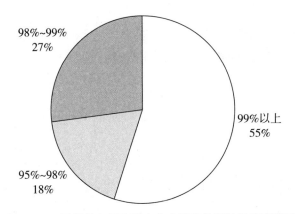

图 3 –40　零部件入厂物流企业仓储库位摆放准确率情况

八、先进先出执行率

零部件入厂物流业务先进先出执行率方面，约有60%的零部件入厂物流企业其先进先出执行率在99%以上；约有20%的零部件入厂物流企业其先进先出执行率在98% ~99% 范围内；约有10%的零部件入厂物流企业其先进先出执行率在95% ~98% 范围内；约有10%的零部件入厂物流企业其先进先出执行率小于95%。如图3 –41 所示。

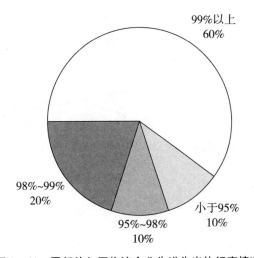

图 3 –41　零部件入厂物流企业先进先出执行率情况

九、账实符合率

零部件入厂物流业务账实符合率方面，约有70%的零部件入厂物流企业其账实符合率在99%以上；约有30%的零部件入厂物流企业其账实符合率在98%～99%范围内。如图3－42所示。

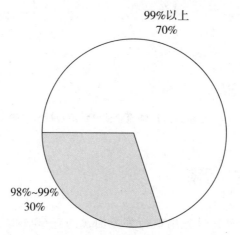

图3－42　零部件入厂物流企业账实符合率情况

十、流通加工完好率

零部件入厂物流业务流通加工完好率方面，约有60%的零部件入厂物流企业其流通加工完好率在99%以上；约有40%的零部件入厂物流企业其流通加工完好率在98%～99%范围内。如图3－43所示。

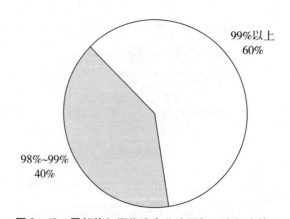

图3－43　零部件入厂物流企业流通加工完好率情况

十一、投诉与索赔次数

2014 年零部件入厂物流业务投诉与索赔次数方面，约有 46% 的零部件入厂物流企业其投诉与索赔次数为 0；约有 36% 的零部件入厂物流企业其投诉与索赔次数在 1~5 次范围内；约有 9% 的零部件入厂物流企业其投诉与索赔次数为 1 次；约有 9% 的零部件入厂物流企业其投诉与索赔次数为 5 次以上。如图 3-44 所示。

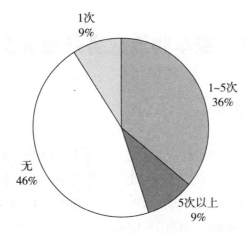

图 3-44　2014 年零部件入厂物流企业投诉与索赔次数情况

十二、物流停线时间

零部件入厂物流业务物流停线时间方面，约有 70% 的零部件入厂物流企业其物流停线时间在 2 小时以内；约有 20% 的零部件入厂物流企业其物流停线时间在 2~5 小时以内；约有 10% 的零部件入厂物流企业其物流停线时间在 10 小时以上。如图 3-45 所示。

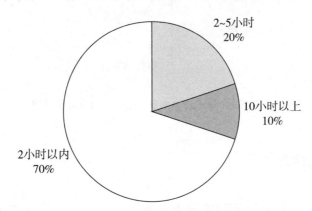

图 3-45　零部件入厂物流企业物流停线时间情况

第四章　我国整车物流统计调查分析

第一节　整车物流业务从业人员情况

一、员工学历情况

企业从业人员中，有42%的企业其员工中具有大专以上学历的人员占比为30%～60%；有25%的企业其员工中具有大专以上学历的人员占比小于30%；有25%的企业其员工中具有大专以上学历的人员占比大于80%；有8%的企业其员工中具有大专以上学历的人员占比为60%～80%。如图4-1所示。

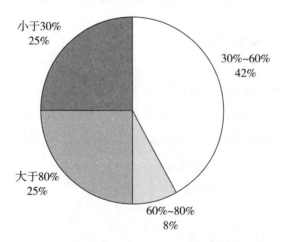

图4-1　整车物流企业大专以上学历员工比重情况

二、员工职称情况

在中级职称员工方面，有70%的企业其员工中具有中级职称的人员占比小于

30%；有 30% 的企业其员工中具有中级职称的人员占比为 30%～60%。如图 4－2 所示。

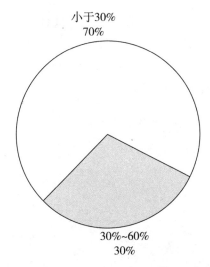

图4－2　整车物流企业中级职称员工比重情况

三、专业技术人员情况

在专业技术人员方面，约有 55% 的企业其员工中具有专业技术的人员占比为 30%～60%；约有 27% 的企业其员工中具有专业技术的人员占比小于 30%；有 9% 的企业员工中具有专业技术的人员占比为 60%～80%；同样有 9% 的企业其员工中具有专业技术的人员占比大于 80%。如图 4－3 所示。

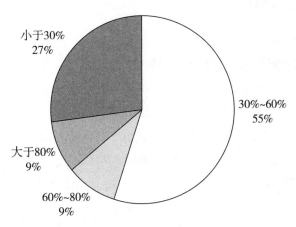

图4－3　整车物流企业专业技术人员比重情况

四、员工从业资质情况

在从业资质方面，约有 50% 的企业其员工中具有从业资格的人员占比为 30% ~ 60%；约有 25% 的企业其员工中具有从业资格的人员占比大于 80%；约有 17% 的企业其员工中具有从业资格的人员占比小于 30%；仅有 8% 的企业其员工中具有从业资格的人员占比为 60% ~ 80%。如图 4 - 4 所示。

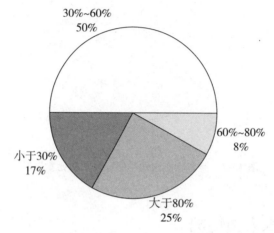

图 4 - 4   整车物流企业具有从业资格员工比重情况

第二节   整车物流业务规模情况

一、运输业务情况

在整车物流业务的庞大运输量中，采用公路运输货运量比重大于 90% 的企业占比为 58%；采用公路运输货运量比重小于 50% 的企业占比为 17%；采用公路运输货运量比重为 70% ~ 90% 的企业占比为 17%；采用公路运输货运量比重为 50% ~ 70% 的企业占比为 8%。如图 4 - 5 所示。

在铁路运输量方面，采用铁路运输货运量比重小于 1% 的企业占比为 55%；采用铁路运输货运量比重大于 10% 的企业占比仅为 9%；采用铁路运输货运量比重为 1% ~ 5% 的企业占比为 27%；采用铁路运输货运量比重为 5% ~ 10% 的企业占比也仅为 9%。如图 4 - 6 所示。

在水路运输量方面，采用水路运输货运量比重小于 5% 的企业占比约为 73%；采用水路运输货运量比重大于 20% 的企业占比为 18%；采用水路运输货运量比重为 10% ~ 20% 的企业占比仅为 9%。如图 4 - 7 所示。

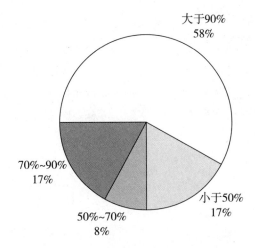

图 4 – 5　整车物流企业公路货运量比重情况

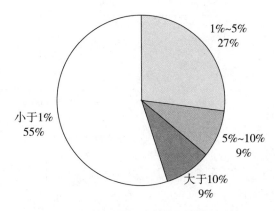

图 4 – 6　整车物流企业铁路货运量比重情况

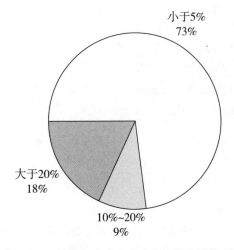

图 4 – 7　整车物流企业水路货运量比重情况

二、仓储业务情况

自有仓储方面，约有 50% 的企业，其自有仓储面积比重比重小于 30%；约有 30% 的企业，其自有仓储面积比重为 30% ～ 60%；约有 20% 的企业，其自有仓储面积比重大于 80%。如图 4 − 8 所示。

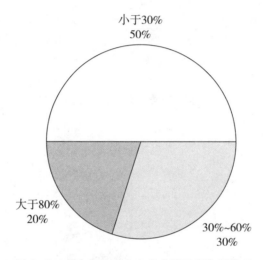

图 4 − 8　整车物流企业自有仓储面积比重情况

租用仓储方面，约有 45% 的企业，其租用仓储面积比重为 60% ～ 80%；约有 33% 的企业，其租用仓储面积比重大于 80%；约有 22% 的企业，其租用仓储面积比重小于 30%。如图 4 − 9 所示。

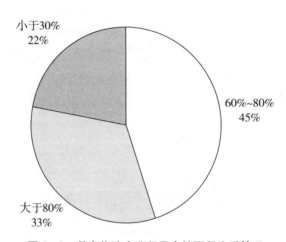

图 4 − 9　整车物流企业租用仓储面积比重情况

三、区域用车情况

在城际物流用车方面，约有67%的企业拥有的城际运输车占总运输车的比重大于80%；约有22%的企业拥有的城际运输车占总运输车的比重为60%~80%；约有11%的企业拥有的城际运输车占总运输车的比重小于30%。如图4-10所示。

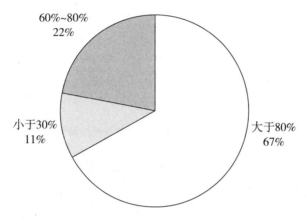

图4-10 整车物流企业城际运输车比重情况

在城市配送车辆方面，约有87%的企业拥有的城市配送车辆占总运输车的比重小于30%；约有13%的企业拥有的城市配送车辆占总运输车的比重为30%~60%。如图4-11所示。

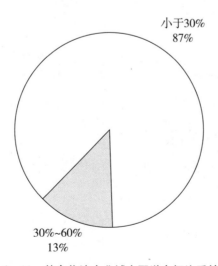

图4-11 整车物流企业城市配送车辆比重情况

四、信息系统数量情况

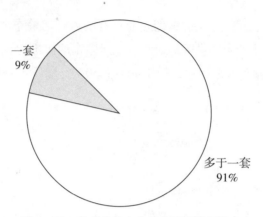

图4－12　整车物流企业信息系统数量情况

　　约有91%的整车物流企业拥有多于一套的信息系统，约有9%的整车物流企业拥有一套的信息系统。如图4－12所示。

第三节　整车物流业务成本情况

一、运输业务成本

　　运输业务成本方面，约有91%的整车物流企业其运输成本占总成本的比重大于50%；约有9%的整车物流企业其运输成本占总成本的比重小于30%。如图4－13所示。

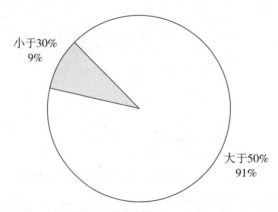

图4－13　整车物流企业运输业务成本占总成本比重情况

二、仓储业务成本

仓储业务成本方面，约有 92% 的整车物流企业其仓储成本占总成本的比重小于 30%；仅有 8% 的整车物流企业其仓储成本占总成本的比重大于 50%。如图 4 - 14 所示。

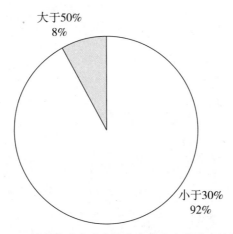

图 4 - 14　整车物流企业仓储业务成本占总成本比重情况

三、包装业务成本

包装业务成本方面，约有 80% 的整车物流企业其包装成本占总成本的比重小于 5%；约有 20% 的整车物流企业其包装成本占总成本的比重在 5% ~10% 范围内。如图 4 - 15 所示。

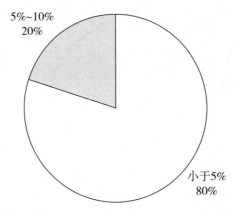

图 4 - 15　整车物流企业包装业务成本占总成本比重情况

四、装卸搬运业务成本

装卸搬运业务成本方面，约有 72% 的整车物流企业其装卸搬运成本占总成本的比重小于 5%；约有 14% 的整车物流企业其装卸搬运成本占总成本的比重在 5%～10% 范围内；约有 14% 的整车物流企业其装卸搬运成本占总成本的比重在 10%～20% 范围内。如图 4－16 所示。

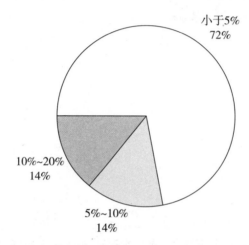

图 4－16　整车物流企业装卸搬运业务成本占总成本比重情况

五、流通加工业务成本

流通加工业务成本方面，约有 80% 的整车物流企业其流通加工成本占总成本的比重小于 5%；约有 20% 的整车物流企业其流通加工成本占总成本的比重在 5%～10% 范围内。如图 4－17 所示。

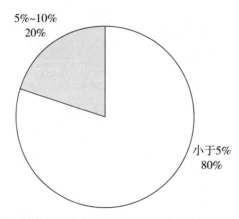

图 4－17　整车物流企业流通加工业务成本占总成本比重情况

六、配送业务成本

配送业务成本方面，约有 50% 的整车物流企业其配送成本占总成本的比重大于 20%；约有 33% 的整车物流企业其配送成本占总成本的比重小于 5%；约有 17% 的整车物流企业其配送成本占总成本的比重在 5% ~ 10% 范围内。如图 4 – 18 所示。

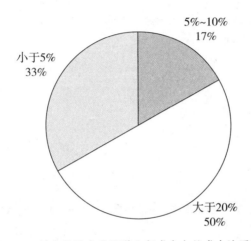

图 4 – 18　整车物流企业配送业务成本占总成本比重情况

七、货代业务成本

货代业务成本方面，约有 80% 的整车物流企业其货代业务成本占总成本的比重小于 5%；约有 20% 的整车物流企业其货代业务成本占总成本的比重在 10% ~ 20% 范围内。如图 4 – 19 所示。

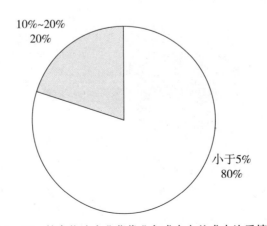

图 4 – 19　整车物流企业货代业务成本占总成本比重情况

八、货物损耗成本

货物损耗成本方面，约75%的整车物流企业其货物损耗成本占总成本的比重小于0.5%；约25%的整车物流企业其货物损耗成本占总成本的比重在0.5%～1%范围内。如图4-20所示。

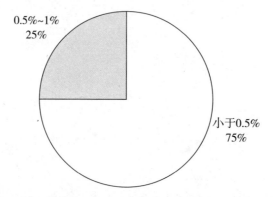

图4-20　整车物流企业货物损耗成本占总成本比重情况

九、信息及相关服务成本

信息及相关服务成本方面，约有37%的整车物流企业其信息及相关服务成本占总成本的比重小于1%；约有37%的整车物流企业其信息及相关服务成本占总成本的比重在1%～2%范围内；约有13%的整车物流企业其信息及相关服务成本占总成本的比重大于5%；同样约有13%的整车物流企业其信息及相关服务成本占总成本的比重在2%～5%范围内。如图4-21所示。

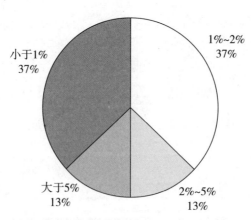

图4-21　整车物流企业信息及相关服务成本占总成本比重情况

十、管理成本

物流管理成本方面，约有 86% 的整车物流企业其物流管理成本占总成本的比重大于 2%；约有 14% 的整车物流企业其物流管理成本占总成本的比重在 1% ~ 2% 范围内。如图 4 - 22 所示。

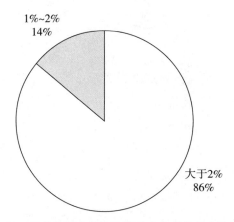

图 4 - 22　整车物流企业物流管理成本占总成本比重情况

十一、利息成本

利息成本方面，约有 57% 的整车物流企业其利息成本占总成本的比重小于 0.5%；约有 29% 的整车物流企业其利息成本占总成本的比重大于 2%；约有 14% 的整车物流企业其利息成本占总成本的比重在 1% ~ 2% 范围内。如图 4 - 23 所示。

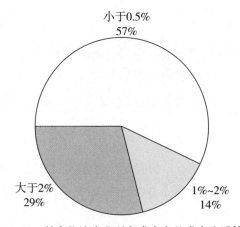

图 4 - 23　整车物流企业利息成本占总成本比重情况

十二、保险成本

保险成本方面，约有50%的整车物流企业其保险成本占总成本的比重大于2%；约有33%的整车物流企业其保险成本占总成本的比重在1%～2%范围内；约有17%的整车物流企业其保险成本占总成本的比重小于0.5%。如图4-24所示。

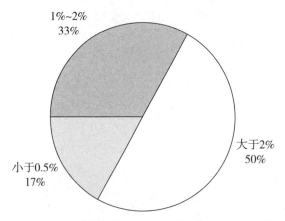

图4-24 整车物流企业保险成本占总成本比重情况

第四节 整车物流业务效率情况

一、调度及时率

整车物流业务调度及时率方面，约有67%的整车物流企业其调度及时率在95%～98%范围内；约有25%的整车物流企业其调度及时率在99%以上；约有8%的整车物流企业其调度及时率在98%～99%范围内。如图4-25所示。

二、订单及时率

整车物流业务订单及时率方面，约有67%的整车物流企业其订单及时率在95%～98%范围内；约有17%的整车物流企业其订单及时率在99%以上；约有16%的整车物流企业其订单及时率小于95%。如图4-26所示。

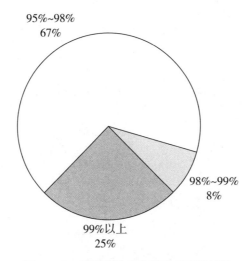

图 4 - 25 整车物流企业调度及时率情况

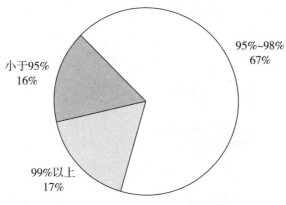

图 4 - 26 整车物流企业订单及时率情况

三、车船利用率

整车物流业务车船利用率方面，约有46%的整车物流企业其车船利用率小于95%；约有27%的整车物流企业其车船利用率在95%～98%范围内；约有18%的整车物流企业其车船利用率在99%以上；约有9%的整车物流企业其车船利用率在98%～99%范围内。如图4-27所示。

四、仓库设备利用率

整车物流业务仓库设备利用率方面，约有37%的整车物流企业其仓库设备利用率

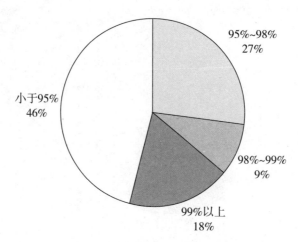

图 4 - 27　整车物流企业车船利用率情况

在 95% ~ 98% 范围内；约有 25% 的整车物流企业其仓库设备利用率小于 95%；约有 25% 的整车物流企业其仓库设备利用率大于 99%；约有 13% 的整车物流企业其仓库设备利用率在 98% ~ 99% 范围内。如图 4 - 28 所示。

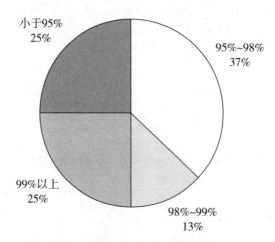

图 4 - 28　整车物流企业仓库设备利用率情况

五、仓容利用率

整车物流业务仓容利用率方面，约有 34% 的整车物流企业其仓容利用率在 98% ~ 99% 范围内；约有 33% 的整车物流企业其仓容利用率大于 99%；约有 22% 的整车物流企业其仓容利用率小于 95%；约有 11% 的整车物流企业其仓容利用率在 95% ~ 98% 范围内。如图 4 - 29 所示。

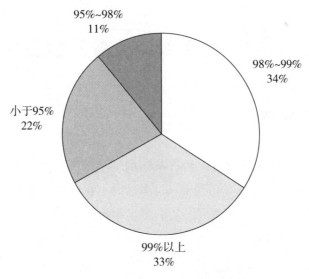

图 4 – 29　整车物流企业仓容利用率情况

六、运输设备装载率

整车物流业务运输设备装载率方面，约有 40% 的整车物流企业其运输设备装载率在 99% 以上；约有 30% 的整车物流企业其运输设备装载率小于 95%；约有 20% 的整车物流企业其运输设备装载率在 95% ～ 98% 范围内；约有 10% 的整车物流企业其运输设备装载率在 98% ～ 99% 范围内。如图 4 – 30 所示。

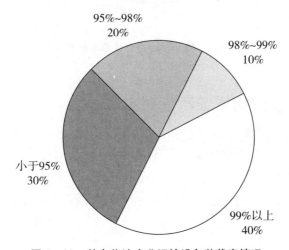

图 4 – 30　整车物流企业运输设备装载率情况

第五节　整车物流业务质量情况

一、订单准时率

整车物流业务订单准时率方面，约有 46% 的整车物流企业其订单准时率在 95% ~ 98% 范围内；约有 27% 的整车物流企业其订单准时率在 99% 以上；约有 18% 的整车物流企业其订单准时率小于 95%；约有 9% 的整车物流企业其订单准时率在 98% ~ 99% 范围内。如图 4 - 31 所示。

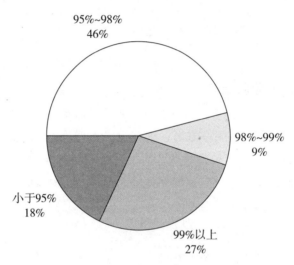

图 4 - 31　整车物流企业订单准时率情况

二、运输、仓储货损率和货差率

整车物流业务运输货损率方面，约有 50% 的整车物流企业其运输货损率小于 0.1%；约有 25% 的整车物流企业其运输货损率在 0.1% ~ 0.2% 范围内；同样约有 25% 的整车物流企业其运输货损率在 0.2% ~ 0.5% 范围内。如图 4 - 32 所示。

整车物流业务运输货差率方面，绝大部分的整车物流企业其运输货差率小于 0.1%。

仓储货损率方面，绝大部分的整车物流企业其仓储货损率都小于 0.1%。

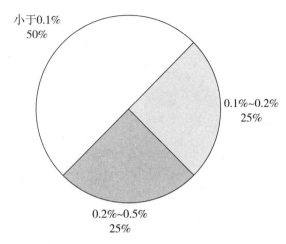

图 4 - 32　整车物流企业运输货损率情况

整车物流业务仓储货差率方面，约有 91% 的整车物流企业其仓储货差率小于 0.1%；约有 9% 的整车物流企业其仓储货差率在 0.1% ~ 0.2% 范围内。如图 4 - 33 所示。

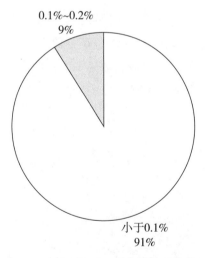

图 4 - 33　整车物流企业仓储货差率情况

三、设备完好率

整车物流业务设备完好率方面，约有 67% 的整车物流企业其设备完好率在 99% 以上；约有 17% 的整车物流企业其设备完好率在 95% ~ 98% 范围内；约有 8% 的整车物流企业其设备完好率在 98% ~ 99% 范围内；同样约有 8% 的整车物流企业其设备完好率小于95%。如图4-34所示。

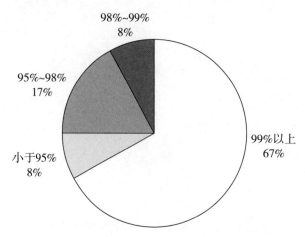

图4-34 整车物流企业设备完好率情况

四、安全事故次数

2014年整车物流业务运输安全事故次数方面，约有50%的整车物流企业其运输安全事故次数在1~5次范围内；约有25%的整车物流企业其运输安全事故次数为0；约有17%的整车物流企业其运输安全事故次数为1次；约有8%的整车物流企业其运输安全事故次数为5次以上。如图4-35所示。

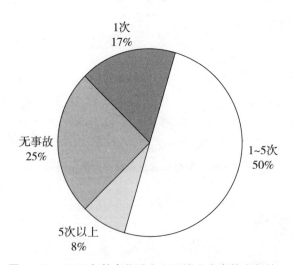

图4-35 2014年整车物流企业运输安全事故次数情况

2014年整车物流业务仓库安全事故次数方面，约有64%的整车物流企业其仓储安全事故次数为 0；约有 18% 的整车物流企业其仓储安全事故次数为 1 次；约有 18% 的整车物流企业其仓储安全事故次数为 1 ~ 5 次。如图 4 – 36 所示。

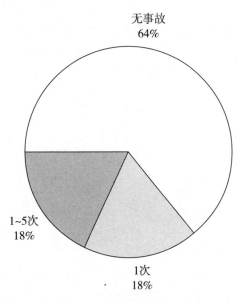

图 4 – 36　2014 年整车物流企业仓储安全事故次数情况

五、仓储库位摆放准确率

整车物流业务仓储库位摆放准确率方面，约有 83% 的整车物流企业其仓储库位摆放准确率在 99% 以上；约有 17% 的整车物流企业其仓储库位摆放准确率在 95% ~ 98% 范围内。如图 4 – 37 所示。

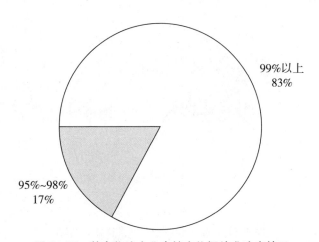

图 4 – 37　整车物流企业仓储库位摆放准确率情况

六、先进先出执行率

整车物流业务先进先出执行率方面，约有 80% 的整车物流企业其先进先出执行率在 99% 以上；约有 20% 的整车物流企业其先进先出执行率在 98%～99% 范围内。如图 4-38 所示。

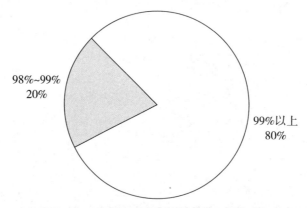

图 4-38　整车物流企业先进先出执行率情况

七、账实符合率

整车物流业务账实符合率方面，约有 80% 的整车物流企业其账实符合率在 99% 以上；约有 10% 的整车物流企业其账实符合率在 95%～98% 范围内；约有 10% 的整车物流企业其账实符合率在 98%～99% 范围内。如图 4-39 所示。

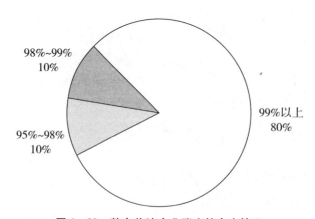

图 4-39　整车物流企业账实符合率情况

八、流通加工完好率

整车物流业务流通加工完好率方面，约有80%的整车物流企业其流通加工完好率在99%以上；约有20%的整车物流企业其流通加工完好率在98%～99%范围内。如图4-40所示。

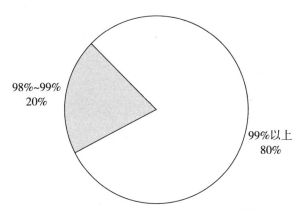

图4-40　整车物流企业流通加工完好率情况

九、投诉与索赔次数

2014年整车物流业务投诉与索赔次数方面，约有70%的整车物流企业其投诉与索赔次数在1～5次范围内；约有30%的整车物流企业其投诉与索赔次数为0。如图4-41所示。

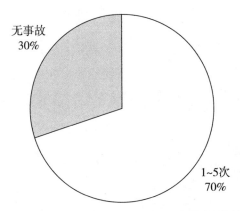

图4-41　2014年整车物流企业投诉与索赔次数情况

十、物流停线时间

　　整车物流业务物流停线时间方面，绝大部分的整车物流企业其物流停线时间在 2 小时以内。

第五章　我国汽车售后备件物流统计调查分析

第一节　售后备件物流业务从业人员情况

一、员工学历情况

调研的汽车售后备件物流企业的从业人员中，约有33%的企业其员工中具有大专以上学历的人员占比大于80%；约有33%的企业其员工中具有大专以上学历的人员占比小于30%；有17%的企业其员工中具有大专以上学历的人员占比为30%～60%；有17%的企业其员工中具有大专以上学历的人员占比为60%～80%。如图5-1所示。

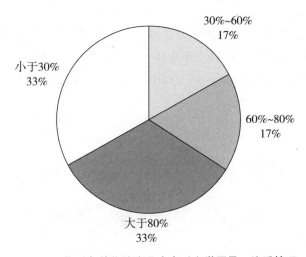

图5-1　售后备件物流企业大专以上学历员工比重情况

二、员工职称情况

在中级职称员工方面，有60%的企业其员工中具有中级职称的人员占比小于30%；

有 20%的企业其员工中具有中级职称的人员占比为 30%～60%；有 20%的企业其员工中具有中级职称的人员占比为 60%～80%。如图 5－2 所示。

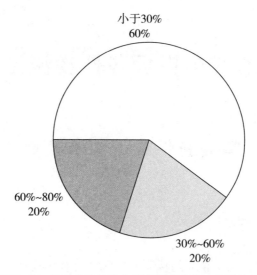

图 5－2 售后备件物流企业中级职称员工比重情况

三、专业技术人员情况

在专业技术人员方面，约有 40%的企业其员工中具有专业技术的人员占比小于 30%；约有 20%的企业其员工中具有专业技术的人员占比为 30%～60%；约有 40%的企业其员工中具有专业技术的人员占比为 60%～80%。如图 5－3 所示。

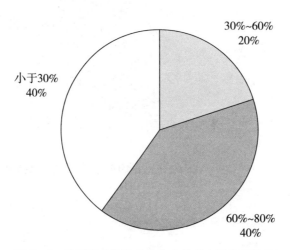

图 5－3 售后备件物流企业专业技术人员比重情况

四、员工从业资质情况

在从业资格方面，约有 34% 的企业其员工中具有从业资格的人员占比为 30% ~ 60%；约有 33% 的企业其员工中具有从业资格的人员占比为 60% ~ 80%；约有 33% 的企业其员工中具有从业资格的人员占比大于 80%。如图 5 - 4 所示。

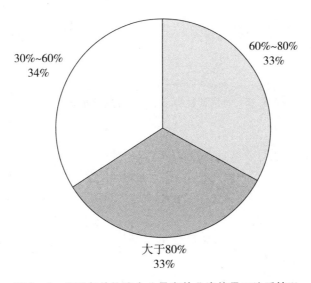

图 5 - 4　售后备件物流企业具有从业资格员工比重情况

第二节　售后备件物流业务规模情况

一、运输业务情况

在售后备件物流业务的庞大运输量中，采用公路运输货运量比重大于 90% 的企业占比为 60%；采用公路运输货运量比重小于 50% 的企业占比为 20%；采用公路运输货运量比重为 70% ~ 90% 的企业占比为 20%。如图 5 - 5 所示。

在铁路运输量方面，采用铁路运输货运量比重小于 1% 的企业占比为 80%；采用铁路运输货运量比重为 5% ~ 10% 的企业占比为 20%。如图 5 - 6 所示。

在水路运输量方面，采用水路运输货运量比重小于 5% 的企业几乎为 100%。

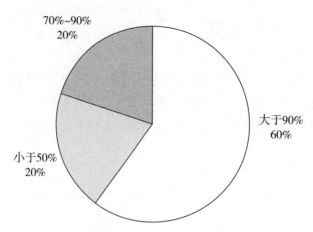

图 5 - 5　售后备件物流企业公路货运量比重情况

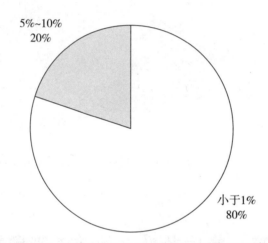

图 5 - 6　售后备件物流企业铁路货运量比重情况

二、仓储业务情况

自有仓储方面，约有 50% 的企业，其自有仓储面积比重大于 80%；约有 25% 的企业，其自有仓储面积比重小于 30%；约有 25% 的企业，其自有仓储面积比重为 30% ～ 60%。如图 5 - 7 所示。

租用仓储方面，约有 50% 的企业，其租用仓储面积比重小于 30%；约有 25% 的企业，其租用仓储面积比重为 30% ～ 60%；约有 25% 的企业，其租用仓储面积比重为 60% ～ 80%。如图 5 - 8 所示。

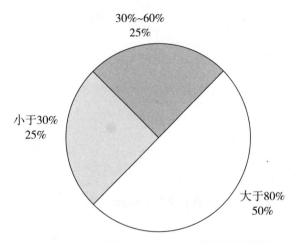

图 5 – 7　售后备件物流企业自有仓储面积比重情况

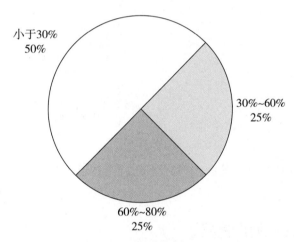

图 5 – 8　售后备件物流企业租用仓储面积比重情况

三、区域用车情况

在城际物流用车方面，约有 50% 的企业拥有的城际运输车占总运输车的比重小于 30%；约有 50% 的企业拥有的城际运输车占总运输车的比重大于 80%。如图 5 – 9 所示。

在城市配送车辆方面，约有 50% 的企业拥有的城市配送车辆占总运输车的比重小于 30%；约有 50% 的企业拥有的城市配送车辆占总运输车的比重为 60% ～80%。如图 5 – 10 所示。

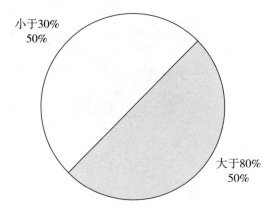

图 5 – 9　售后备件物流企业城际运输车比重情况

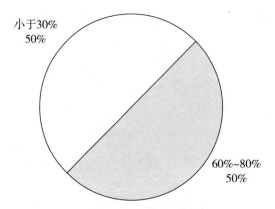

图 5 – 10　售后备件物流企业城市配送车辆比重情况

四、信息系统数量情况

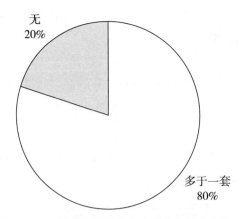

图 5 – 11　售后备件物流企业信息系统数量情况

约有80%的售后备件物流企业拥有多于一套的信息系统，约有20%的售后备件物流企业没有信息系统。如图5－11所示。

第三节　售后备件物流企业成本情况

一、运输业务成本

运输业务成本方面，约有80%的售后备件物流企业其运输成本占总成本的比重大于50%；约有20%的售后备件物流企业其运输成本占总成本的比重在40%～50%范围内。如图5－12所示。

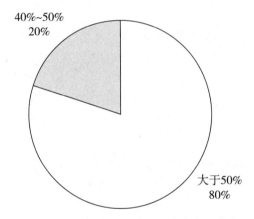

图5－12　售后备件物流企业运输业务成本占总成本比重情况

二、仓储业务成本

仓储业务成本方面，约有50%的售后备件物流企业其仓储成本占总成本的比重小于30%；约有50%的售后备件物流企业其仓储成本占总成本的比重在30%～40%范围内。如图5－13所示。

三、包装业务成本

包装业务成本方面，约有50%的售后备件物流企业其包装成本占总成本的比重在

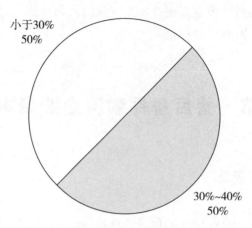

图 5 - 13　售后备件物流企业仓储业务成本占总成本比重情况

5% ~ 10% 范围内；约有 25% 的售后备件物流企业其包装成本占总成本的比重小于 5%；约有 25% 的售后备件物流企业其包装成本占总成本的比重在 10% ~ 20% 范围内。如图 5 - 14 所示。

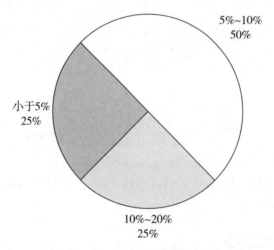

图 5 - 14　售后备件物流企业包装业务成本占总成本比重情况

四、装卸搬运业务成本

装卸搬运业务成本方面，约有 60% 的售后备件物流企业其装卸搬运成本占总成本的比重小于 5%；约有 40% 的售后备件物流企业其装卸搬运成本占总成本的比重在 5% ~ 10% 范围内。如图 5 - 15 所示。

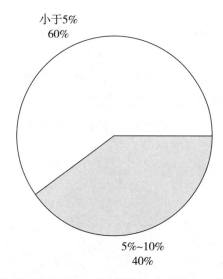

图 5 – 15　售后备件物流企业装卸搬运业务成本占总成本比重情况

五、流通加工业务成本

流通加工业务成本方面，约有 67% 的售后备件物流企业其流通加工成本占总成本的比重小于 5%；约有 33% 的售后备件物流企业其流通加工成本占总成本的比重在 5% ~ 10% 范围内。如图 5 – 16 所示。

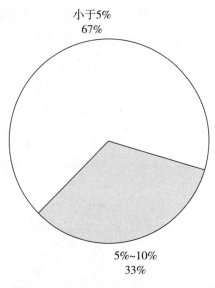

图 5 – 16　售后备件物流企业流通加工业务成本占总成本比重情况

六、配送业务成本

配送业务成本方面，约有50%的售后备件物流企业其配送成本占总成本的比重大于20%；约有25%的售后备件物流企业其配送成本占总成本的比重在10%～20%范围内；约有25%的售后备件物流企业其配送成本占总成本的比重小于5%。如图5-17所示。

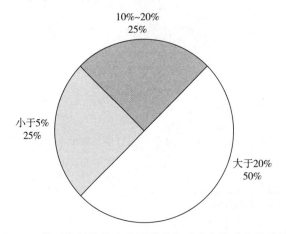

图5-17　售后备件物流企业配送业务成本占总成本比重情况

七、货代业务成本

货代业务成本方面，约有67%的售后备件物流企业其货代业务成本占总成本的比重小于5%；约有33%的售后备件物流企业其货代业务成本占总成本的比重在5%～10%范围内。如图5-18所示。

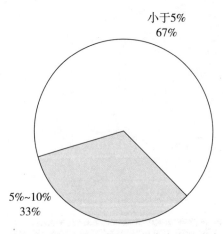

图5-18　售后备件物流企业货代业务成本占总成本比重情况

八、货物损耗成本

货物损耗成本方面，分别约有 25% 的售后备件物流企业其货物损耗成本占总成本的比重小于 0.5%、在 0.5% ~ 1% 范围内、在 1% ~ 2% 范围内、大于 2%。如图 5 - 19 所示。

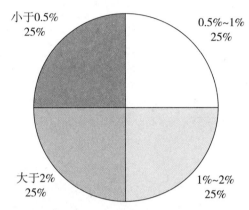

图 5 - 19　售后备件物流企业货物损耗成本占总成本比重情况

九、信息及相关服务成本

信息及相关服务成本方面，约有 75% 的售后备件物流企业其信息及相关服务成本占总成本的比重小于 1%；约有 25% 的售后备件物流企业其信息及相关服务成本占总成本的比重在 1% ~ 2% 范围内。如图 5 - 20 所示。

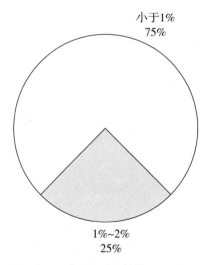

图 5 - 20　售后备件物流企业信息及相关服务成本占总成本比重情况

十、管理成本

物流管理成本方面，约有75%的售后备件物流企业其物流管理成本占总成本的比重小于0.5%；约有25%的售后备件物流企业其物流管理成本占总成本的比重在1%~2%范围内。如图5－21所示。

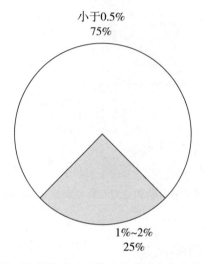

图5－21　售后备件物流企业物流管理成本占总成本比重情况

十一、利息成本

利息成本方面，约有60%的售后备件物流企业其利息成本占总成本的比重小于0.5%；约有40%的售后备件物流企业其利息成本占总成本的比重在0.5%~1%范围内。如图5－22所示。

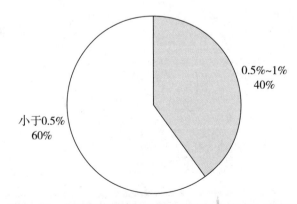

图5－22　售后备件物流企业利息成本占总成本比重情况

十二、保险成本

保险成本方面，约有75%的售后备件物流企业其保险成本占总成本的比重小于0.5%；约有25%的售后备件物流企业其保险成本占总成本的比重在1%～2%范围内。如图5-23所示。

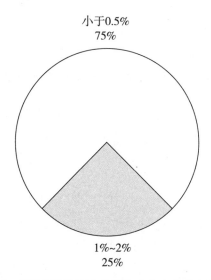

图5-23　售后备件物流企业保险成本占总成本比重情况

第四节　售后备件物流业务效率情况

一、调度及时率

售后备件物流业务调度及时率方面，约有50%的售后备件物流企业其调度及时率在99%以上；约有50%的售后备件物流企业其调度及时率在98%～99%范围内。如图5-24所示。

二、订单及时率

售后备件物流业务订单及时率方面，约有50%的售后备件物流企业其订单及时

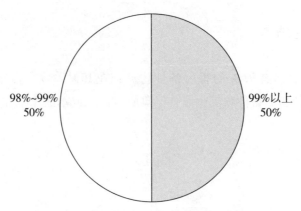

图 5 – 24　售后备件物流企业调度及时率情况

率在 98% ～ 99% 范围内；约有 33% 的售后备件物流企业其订单及时率在 99% 以上；约有 17% 的售后备件物流企业其订单及时率在 95% ～ 98% 范围内。如图 5 – 25 所示。

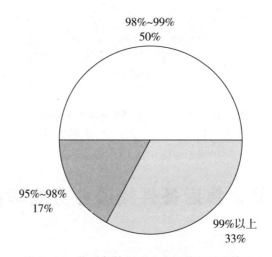

图 5 – 25　售后备件物流企业订单及时率情况

三、车船利用率

售后备件物流业务车船利用率方面，约有 60% 的售后备件物流企业其车船利用率在 95% ～ 98% 范围内；约有 20% 的售后备件物流企业其车船利用率在 99% 以上；约有 20% 的售后备件物流企业其车船利用率在 98% ～ 99% 范围内。如图 5 – 26 所示。

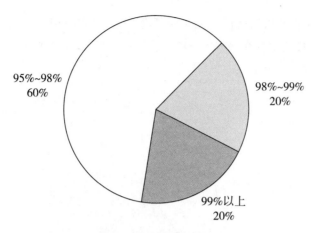

图 5 – 26　售后备件物流企业车船利用率情况

四、仓库设备利用率

售后备件物流业务仓库设备利用率方面，约有 40% 的售后备件物流企业其仓库设备利用率在 98% ~99% 范围内；约有 40% 的售后备件物流企业其仓库设备利用率大于 99%；约有 20% 的售后备件物流企业其仓库设备利用率在 95% ~98% 范围内。如图 5 –27 所示。

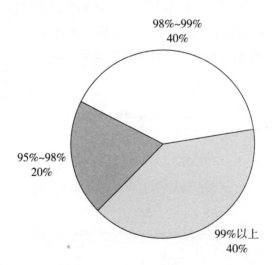

图 5 – 27　售后备件物流企业仓库设备利用率情况

五、仓容利用率

售后备件物流业务仓容利用率方面，约有 40% 的售后备件物流企业其仓容利用率小于95%；约有40%的售后备件物流企业其仓容利用率在99%以上；约有20%的售后备件物流企业其仓容利用率在98%～99%范围内。如图5-28所示。

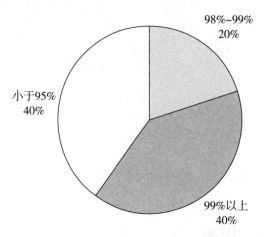

图5-28　售后备件物流企业仓容利用率情况

六、运输设备装载率

售后备件物流业务运输设备装载率方面，约有50%的售后备件物流企业其运输设备装载率在95%～98%范围内；约有33%的售后备件物流企业其运输设备装载率在98%～99%范围内；约有17%的售后备件物流企业其运输设备装载率小于95%。如图5-29所示。

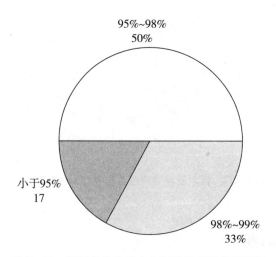

图5-29　售后备件物流企业运输设备装载率情况

第五节 售后备件物流业务质量情况

一、订单准时率

售后备件物流业务订单准时率方面，约有50%的售后备件物流企业其订单准时率在98%~99%范围内；约有33%的售后备件物流企业其订单准时率在99%以上；约有17%的售后备件物流企业其订单准时率在95%~98%范围内。如图5-30所示。

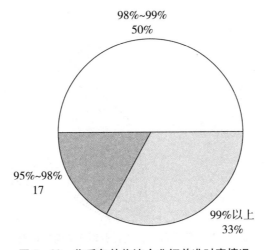

图5-30 售后备件物流企业订单准时率情况

二、运输仓储货损货差率

售后备件物流业务运输货损率方面，约有50%的售后备件物流企业其运输货损率小于0.1%；约有33%的售后备件物流企业其运输货损率在0.1%~0.2%范围内；约有17%的售后备件物流企业其运输货损率在0.2%~0.5%范围内。如图5-31所示。

售后备件物流业务运输货差率方面，约有60%的售后备件物流企业其运输货差率小于0.1%；约有40%的售后备件物流企业其运输货差率在0.2%~0.5%范围内。如图5-32所示。

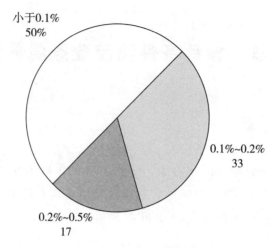

小于0.1%
50%

0.1%~0.2%
33

0.2%~0.5%
17

图 5 – 31　售后备件物流企业运输货损率情况

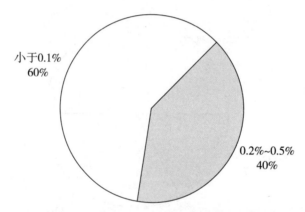

小于0.1%
60%

0.2%~0.5%
40%

图 5 – 32　售后备件物流企业运输货差率情况

　　仓储货损率方面，绝大部分的售后备件物流企业其仓储货损率都小于 0.1%。

　　售后备件物流业务仓储货差率方面，约有 50% 的售后备件物流企业其仓储货差率小于 0.1%；约有 25% 的售后备件物流企业其仓储货差率在 0.1%～0.2% 范围内；约有 25% 的售后备件物流企业其仓储货差率在 0.2%～0.5% 范围内。如图 5 – 33 所示。

　　售后备件物流业务包装破损率方面，绝大部分的售后备件物流企业其包装破损率都在 0.1%～0.2% 范围内。

三、设备完好率

　　售后备件物流业务设备完好率方面，约有 50% 的售后备件物流企业其设备完好率在 99% 以上；约有 17% 的售后备件物流企业其设备完好率在 95%～98% 范围内；约有

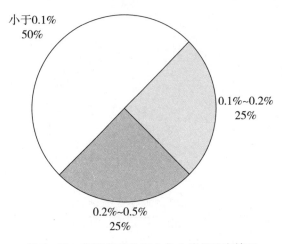

图 5 - 33 售后备件物流企业仓储货差率情况

17% 的售后备件物流企业其设备完好率在 98% ~ 99% 范围内；约有 16% 的售后备件物流企业其设备完好率小于 95%。如图 5 - 34 所示。

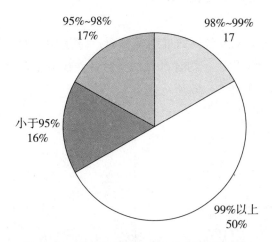

图 5 - 34 售后备件物流企业设备完好率情况

四、安全事故次数

2014 年售后备件物流业务运输安全事故次数方面，绝大部分的售后备件物流企业其运输安全事故次数为 0。

2014 年售后备件物流业务仓储安全事故次数方面，约有 83% 的售后备件物流企业其仓储安全事故次数为 0；约有 17% 的售后备件物流企业其仓储安全事故次数为 1 ~ 5 次。如图 5 - 35 所示。

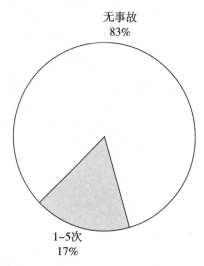

图 5 – 35　2014 年售后备件物流企业仓储安全事故次数情况

五、仓储库位摆放准确率

售后备件物流业务仓储库位摆放准确率方面，约有 50% 的售后备件物流企业其仓储库位摆放准确率在 99% 以上；约有 50% 的售后备件物流企业其仓储库位摆放准确率在 98% ~99% 范围内。如图 5 – 36 所示。

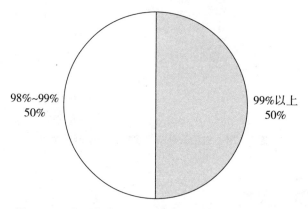

图 5 – 36　售后备件物流企业仓储库位摆放准确率情况

六、先进先出执行率

售后备件物流业务先进先出执行率方面，约有 40% 的售后备件物流企业其先进先出执行率在 99% 以上；约有 40% 的售后备件物流企业其先进先出执行率在 98% ~99% 范围内；

约有20%的售后备件物流企业其先进先出执行率在95%～98%范围内。如图5-37所示。

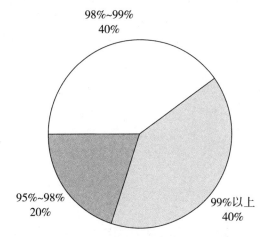

图5-37 售后备件物流企业先进先出执行率情况

七、账实符合率

售后备件物流业务账实符合率方面，约有40%的售后备件物流企业其账实符合率在99%以上；约有40%的售后备件物流企业其账实符合率小于95%；约有20%的售后备件物流企业其账实符合率在98%～99%范围内。如图5-38所示。

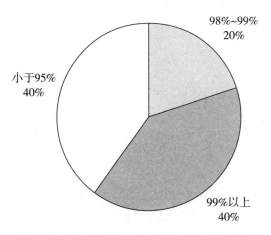

图5-38 售后备件物流企业账实符合率情况

八、流通加工完好率

售后备件物流业务流通加工完好率方面，约有50%的售后备件物流企业其流通加工完好率在98%～99%范围内；约有25%的售后备件物流企业其流通加工完好率在99%以上；约有25%的售后备件物流企业其流通加工完好率在95%～98%范围内。如图5-39所示。

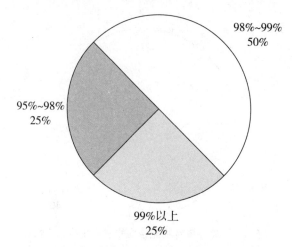

图5-39　售后备件物流企业流通加工完好率情况

九、投诉与索赔次数

2014年售后备件物流业务投诉与索赔次数方面，约有50%的售后备件物流企业其投诉与索赔次数在1～5次范围内；约有16%的售后备件物流企业其投诉与索赔次数为0；约有17%的售后备件物流企业其投诉与索赔次数为1次；约有17%的售后备件物流企业其投诉与索赔次数为5次以上。如图5-40所示。

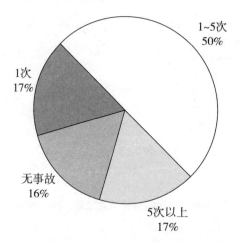

图5-40　2014年售后备件物流企业投诉与索赔次数情况

售后备件物流业务物流停线时间方面，绝大部分的售后备件物流企业其物流停线时间都在2小时以内。

专题报告篇

第六章　我国汽车零部件入厂物流发展情况

第一节　我国汽车零部件市场分析

一、市场概况

(一) 汽车零部件物流简介

汽车零部件物流是指为迎合汽车制造企业的需求将零部件及相关信息从供应商运送到汽车生产厂家，为了高效率、低成本流动和储存而进行的规划、实施和控制的过程，是集现代运输、存储、分拣排序、包装、产品流通及相关信息流、资金流于一体的综合管理。由于汽车制造企业所采取的是外协零部件、装配生产的模式，即一个整车或一个总成是由几个或几千个零部件组成，这些零部件大部分来自于国内零部件生产企业供应的国产件和国外进口的散装（CKD）件，因此汽车零部件物流体系是一个以汽车生产企业为主导，原材料厂商、零部件生产企业为供应商的供应链系统。

(二) 汽车行业、汽车物流行业的发展概况

党的"十八大"以来，我国经济发展的条件和环境已发生诸多转变，经济增速有所放缓，增长结构由中低端制造业转向中高端制造业和信息服务业，增长动力由投资驱动转向创新驱动，我国经济发展进入了一个不同以往、相对稳定的"新常态"，2015年我国 GDP 将在新常态下平稳运行，增长目标预计为 7% 左右。

汽车产销方面，2014 年我国累计生产汽车 2372.29 万辆，同比增长 7.3%，销售汽车 2349.19 万辆，同比增长 6.9%，产销量保持世界第一，但汽车销量增幅比上一年下降 7 个百分点，增速明显下滑，汽车产销量转入了中速增长的稳定时期。汽车物流是物流领域的重要组成部分，包括汽车供应链上原材料、零部件、整车以及售后配件在各个环节之间的实体流动过程。随着世界经济的快速发展和现代科学技术的进步，各

大汽车制造企业在技术上的优势已经越来越不明显。对于企业而言，物流已成为企业的"第三利润源"。汽车物流已经成为现代物流业的一个重要组成部分，汽车物流占我国 GDP 比重平均 1% 以上，其市场规模也在继续扩大。

（三）零部件物流在汽车行业里的地位、影响和市场前景

零部件物流对应于"投入"过程，包括零部件、原材料等生产物资的采购、进货运输、仓储、库存管理和供应商管理几个环节，是沟通零部件供应商与整车制造企业的桥梁。汽车零部件物流可以说是国际上公认的最复杂、最具专业性的物流门类，也是汽车物流系统良性运作及持续优化的关键环节。

近年来，全球汽车行业面临着利润率下降、库存水平增长的不利局面，各大跨国汽车制造企业采取了增加全球采购、模块化生产、基于订单生产等应对措施，对于汽车零部件物流领域降低物流成本，提高服务水平提出了更高的要求。

随着汽车市场的竞争日趋激烈，汽车制造企业为适应最终用户的个性化需求，必须不断地提高产品质量并降低价格，持续地降低物流成本、缩短供货提前期，在实践中提高汽车零部件物流的效率和效益。这给零部件物流带来了挑战，同时也带来了机遇和发展前景。在未来供应链一体化服务的带动下，将以物流系统为核心，实现由生产企业、物流企业、销售企业、消费者构成的供应链的整体化、系统化，增强汽车制造企业的生产弹性，提高对市场的反应速度，并简化物流作业环节，规范物流作业标准，进一步降低物流成本；那么，零部件物流势必可以顺应潮流，在供应链一体化的浪潮中发挥重要作用，进一步拓展自身的发展前景。

二、国家政策及热点

（一）《物流业发展中长期规划（2014—2020 年)》指明方向

2014 年 10 月 4 日，国务院正式印发的物流行业政策纲领性文件，不仅对中国物流业提供了一个政策性的利好环境，更让物流业的地位提升到一个新的战略地位。面对中国经济新的发展态势和环境，该规划总结了中国物流业发展现状与面临的形势、要求及指导思想，发展任务及重点工程，推动了物流业的改革升级和发展，积极应对经济新常态下的挑战，对汽车物流体系的指导体现在两方面。

第一，虚拟平台和实体平台相辅相成。物流园区等实体平台迅速扩张，与车货匹配、物流金融服务监管等虚拟平台相继涌现。具有竞争优势的平台型物流细分领域将占据主导优势，如汽车物流。一些具有车辆匹配平台的物流企业也受到风险投资基金的青睐，新的经营模式受到资金的追捧。

第二，汽车物流装备的现代化研发。规划鼓励物流企业采用先进适用的技术和装备，提升物流装备的专业化水平，积极发展标准化、厢式化、专业化的公路货运车辆，逐步淘汰栏板式货车。同时，推广铁路重载运输技术装备，积极发展铁路特种、专用货车以及高铁快件等运输技术装备。

（二）"一带一路"推动汽车物流发展国际化

"一带一路"在2013年提出后得到重视，经过一年多的酝酿，正从构想走向现实。在"一带一路"大背景之下，物流体系的完善速度可能会增速，细化的态势将出现。首先，伴随着"一带一路"战略的推进，我国的基础设施建设投资大增，将带来铁路、公路、港口基建投资项目。伴随着项目的陆续开工，将会给沿线各国带来庞大的商用车需求。对于目前正处在销量增速有所下滑的汽车行业来说，将会是一个重大的利好，同时，现代化交通体系有利于提高运输效率，降低运输成本。其次，"一带一路"加快了对海外市场的拓展，提高沿线各国间的车辆进出口额，铁路运输通道的开通更为汽车物流的国际化发展创造了良好的环境。

三、国内区域汽车物流发展现状

中国汽车物流行业整体发展时间较晚，2005—2008年成立的企业占该行业企业总量的50%以上，为了跟上中国汽车产业快速发展的步伐，过去10年国内大型汽车物流企业多以合资合作方式，吸取国外成熟的物流管理体系与运作体系，实现了较快发展。

从区域维度上看，中国汽车物流行业呈现明显"东强西弱"的总体态势。在网络建设和市场保有方面，不均衡现象十分明显。具体数字上可以体现为北京、上海、广州、长春、武汉、重庆、成都几大汽车产业集群的汽车物流市场总量占全国市场总量的80%以上。中东部地区占据5个席位，而西部地区只占2个席位。

各区域的中心城市和发展特点，如表6-1所示。

表6-1 各区域的中心城市和发展特点

产业集群	中心城市	发展特点
东北汽车产业集群	长春	发展时间相对较久，周边的零部件制造商布局也相对完整，伴随着一汽下属整车制造板块的扩张，最有希望打造成为全国最大整车及零部件物流服务集散基地
京津冀汽车产业集群	北京	汽车物流企业众多，集中度相对薄弱，仍需要进一步提高集中程度，通过资源整合及港口区位优势，有望成为整车及零部件进口的重要分拨中心

续表

产业集群	中心城市	发展特点
华东汽车产业集群	上海	具备最佳的地理区位及公铁水网络优势，已经形成了以汽车运输内贸、滚装码头外贸、汽车物流信息平台及解决方案为主的竞争格局，其汽车物流服务在管理水平、技术水平均走在行业前列，且未来将逐步形成国内外汽车商品信息中心、交易中心和服务中心，相配套的汽车物流也将逐步形成国际化的服务能力，参与到国际竞争中
华南汽车产业集群	广州	汽车总产量位居全国首位，且是较早导入第三方物流服务的区位之一，在汽车物流信息化建设、网络建设、规模发展上均位于国内领先地位，未来最有望形成社会化、信息化、专业化、海陆空联运的汽车物流服务体系
华中、西南汽车产业集群	武汉　重庆	发展较中东部地区时间较晚，汽车物流服务网络、技术等相对落后，因其汽车产量提升空间仍具潜力，该区位的汽车物流产业发展空间巨大，逐步走向成熟

四、国内外宏观环境

（一）国内环境

我国经济发展进入了一个不同以往、相对稳定的"新常态"，处于增长速度换挡期，经济下行是普遍预期。虽然利好政策等外部条件刺激汽车行业，给车市带来一定的刺激，但是汽车市场与宏观经济仍将基本保持一致。汽车物流，尤其是汽车零部件物流的发展与汽车产销量密切相关，增幅也将整体趋于平稳。

汽车零部件产销量与汽车的产销量有明显的正相关性。2007—2014 年间，我国汽车零部件物流的年销量和产销量也逐年稳步上升，年均增长率达到 20% 以上，其中 2010 年增速达到峰值，产销增速均大于 50%，近几年增速有所放缓，但仍保持年均 10% 以上的增速。如图 6-1 所示。

（二）国外环境

近几年，由于全球经济持续下滑，对汽车产业的发展也产生了重大的影响。一方面，国外发达国家汽车产销量呈下降趋势；另一方面，国外发达国家汽车产业开始进行结构调整，压缩一般汽车的产量，向高档次汽车发展。而将一般汽车的生产设备和生产基地转移到发展中国家进行生产并不断扩大产量，我国是一般汽车生产大国，相

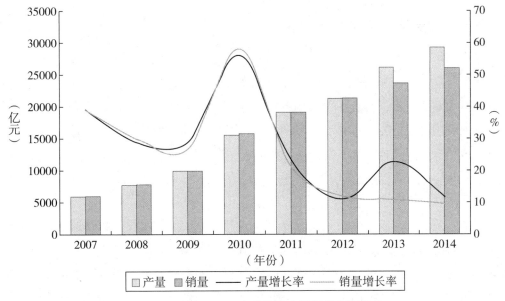

图 6 - 1 2007—2014 年我国汽车零部件产销情况

关零部件产量和物流业务将有所增加。

2015 年,全球经济可望有 3% 的增幅,主要得益于美、日、欧盟等主要发达经济体的复苏增长,新兴经济体将保持平稳发展。中国汽车整车出口主要面向新兴经济体,增速将会受到一定限制。

第二节 2014 年我国汽车零部件物流发展概况

一、概况及环境

(一) 供应链特点

汽车物流供应链的管理领域较为复杂,而零部件物流又被认为是物流系统良性运作且不断优化的关键环节,就零部件供应而言,主机厂配套的供应商多达数百家,如此庞大的零配件供应群体和相应的运输、配送环节,构成了层次繁多、结构复杂的供应物流体系。汽车零部件物流领域的复杂性表现在两方面:一是现场操作和现场管理的难度,现场较为容易出现操作混乱无序的情况;二是体现在现场作业管理环境要求准确快速的反应,这与目前信息不对称相背离。

（二）主要企业及其发展动态

随着车市的迅速发展，汽车供应链的各个环节的业务也逐步增加，其中汽车零部件工业生产总值占汽车工业总产值的比例在逐年增加，近年零部件汽车企业不仅在国内逐步扩大业务规模，而且加深与国外的合作，加快对新兴经济体的投资，同时吸引发达国家到国内投资零部件项目。目前，国内从事零部件物流的大型物流企业中，处于领先地位有广州风神物流、安吉天地和长春一汽国际物流等企业。

（三）现状分析及最新发展动态

目前，我国汽车零部件物流运输市场的企业规模性、集约性都比较低。一方面，存在信息系统不够完善导致管理难度大、物流环节资源配置效率低下、物流成本上升等问题。另一方面，汽车零部件物流在运输过程中的安全性和可靠性也需要关注。不恰当的运输设备、运输装卸不合理等操作都会导致被运输汽车零部件的丢失或损坏。

汽车工业的不断发展，促使汽车生产商改进生产模式以适应激烈的市场竞争，一些更先进的生产方式被应用到了生产中，如订单式、JIT（Just In Time）模式等。汽车零部件物流企业间更关注共同进步。作为不同主机厂的采购和入厂物流服务企业，汽车零部件物流企业希望能够形成经常性信息交互机制，而交互语言的一致性和标准化至关重要。

（四）本土化采购

我国制造业在全球具有明显的优势，中国正在成为世界重要的汽车及零部件生产基地和国际汽车零部件供应中心，全球超过七成汽车业公司都想到中国来采购。近年来，中国主流零部件企业的制造水平已达到国际20世纪90年代末期水平，基本满足了国内引进车型的配套要求，在部分零部件生产领域具有竞争优势，一部分零部件已被跨国公司所认可。

二、模式分析

对于汽车零部件物流模式的分类，一般情况下可以划分为"主机厂中心型"物流模式和第三方物流模式两大类别。

（一）"主机厂中心型"物流模式分析

所谓"主机厂中心型"物流模式，顾名思义就是指由汽车主机厂为主导，以主机厂作为中心来设定零部件的物流模式。在我国的汽车零部件物流行业，一般是以"送货制"的物流模式来体现。

"送货制"物流模式，即供方将需方所需的物品，送货到需方指定的地方。在这种模式下，零部件费用包括制造费用（材料费、加工费）、管理费，在管理费中包含了运输费用；这种方式使价格无法透明化，主机厂难以清晰地分别管控零部件成本和物流成本。传统物流是由零部件供应商委托物流商，而调达物流是由主机厂委托物流商。"送货制"物流模式，是由主机厂向供应商提出改善提案，供应商再向物流商进行信息反馈，主机厂无法直接管控，相互间没有信息共享。

表 6 - 2　　　　　　　　　　　　送货制物流模式的技术特点

序号	类别	技术特点
1	零部件包装	一次性，纸质（非标准）
2	运输车辆	无条件要求
3	仓库集配场所	要求低
4	空容器管理规则	不规范
5	订单/计划管理	随意变更，无约束
6	物流信息管理	环节管控，信息孤岛
7	交货期管理	预测到日或周

通过如表 6 - 2 所示的技术特点分析，可以得出：送货制物流模式对物流过程无法实施一元化管理，不利于构筑最合理的运输网络及物流改善提升，阻碍了整体供应链成本的进一步优化。

（二）第三方物流模式及实施分析

第三方物流模式可在制造商、销售商、批发商、零售商的价值链运转中，实现信息的实时可视化。它与实际的仓库数量、位置、配送、运输路线没有关系。其基础建立在信息系统之上，作为一个"虚网"被管理着。进而，以所有的信息为基础，进行需求管理、计划、追踪、指示，实现全部过程的最优化。传统物流是"供给方"向"需求方"供给关系，也就是说，"供给方"把"需求方"所需货物"送"到"需求方"处。而调达物流是"供给方"与"需求方"委托第三方物流公司，实施到"供给方"取货，和向"需求方"交货，并与"需求方"形成契约关系。与传统的送货制相比，除了运输担当主题发生了转移外，其他变化还体现在以下几个方面。

（1）运输费用从零件单价中分离；

（2）运输网络由各供应商分散孤立的物流网络转变成主机工厂与物流商统一规划

的网络，优化运输路线；

（3）在供应商到主机工厂的运输线路中，导入集配中心有效配载，提高运输效率；

（4）零部件包装功能化、标准化、合理化，采用可折叠的包装，提高返程容器积载率。

这种由"送货制"向"取货制"的转变，有利于充分利用社会资源，最大限度地降低物流成本，从而实现供给方、需求方、物流公司三方受益的多赢局面。第三方物流模式的优势包括：

（1）需求导向：在合适的时间把合适的零部件送达合适的地点，快速准确地满足主机厂的需求；

（2）低成本：确认需要、再行制造，不仅使主机厂的零部件库存尽量减少，也使供应商的库存尽量减少，最大限度地降低了库存成本；

（3）三方共赢：由于将采购、取货、运输、交货、空容器回收等所有环节纳入交货管控，生产和运输组织从容有序，采购供应链更加顺畅，节省了大量的人力物力和资金占用，改善了供应链各环节的收益，使主机厂、供应商和第三方物流商同时盈利。

（三）国外汽车零部件物流模式分析

在国外，汽车零部件物流的运作模式普遍采用以下 7 种运作模式：供应商送货、制造商集货、靠近主机厂建立配送中心、链式物流、供应商园区、组件配送、模块化配送（如表 6 - 3 所示）。

表 6 - 3 　　　　　　　　　　国外零部件物流运作模式

模式	特征	案例
供应商送货	产品的采购价格中包含产品成本、运输、保险等费用	
制造商集货	整车厂自营（或外包）从多个供应商处集货至配送中心，并根据生产线要求送到多个工厂的厂内缓冲区	福特位于伯明翰的配送中心，负责英国境内的供应商集货，并送达福特在欧洲的 22 间主机厂
靠近主机厂建立配送中心	配送中心邻近主机厂，第三方物流负责集货，管理配送中心，执行 JIT 配送，可减少入厂物流环节的车辆拥堵，并可执行生产线排序等增值作业	宝马位于英国考利的集配中心
链式物流	适用于长途运输、多式联运，可提高货物周转的速度，减少渠道内库存及容器的使用量	丰田位于英国博纳斯顿的工厂，来自西班牙的零部件的入厂频率提高到每四小时一次

续表

模式	特征	案例
供应商园区	在主机厂周边建厂或设置仓库实行供应商管理库存	大众—西亚特位于西班牙马托瑞尔的供应商园区，由 Excel 管理并提供信息系统的支持
组件配送	供应商不提供单件产品，而是按主机厂要求进行简单的预装配	大众—西亚特，可以减少在制品库存，减小主机厂工作量，并通过延迟差异化，满足客户的多样性要求
模块化配送	组件配送的进一步发展	大众位于巴西的巴士组装车间，将整车分为 7 个主要模块，各由一个供应商负责装配，装配工人的工资由大众支付

　　各种运作模式在合作程度、物流能力等方面存在演进关系，对于零部件物流技术水平的要求也逐渐提高。其中，供应商送货、制造商集货所处理的对象主要为零部件，为了发挥运输的规模效应以实现准时化配送；配送中心集货、链式物流则可以执行诸如顺序集配上线等物流作业，配合拉动式生产，且相比于前两种模式，其适用的经济运输距离也大大增加；供应商园区、组件配送、模块化配送三种模式对于零部件供应商、物流服务商、主机厂的协作能力具有更高的要求。

三、汽车零部件物流的成果和问题

（一）取得的成果

1. 零部件物流自动化、信息化水平进一步提升

　　现阶段，整体物流行业仍属于劳动密集型产业。2014 年，国内主要物流企业及主机厂纷纷在自动化、信息化上展开尝试。为提高一次物流工作效率，降低物流成本，东风日产乘用车公司联合物流商在一次物流中导入 AGV（自动导引运输车）实现自动投送零部件，同时，开发新型乘用车轮胎搬运及存储小车，开创轮胎存储、集配、装车新模式。在零部件物流信息系统建设方面，上海安吉通汇物流有限公司开发的"汽车零部件循环取货管理系统移动客户端软件"（简称 MR－APP）在 2014 年成功应用，该项目行业内仍属国内首次应用，实现了对在途零部件状态的精准掌控与高效反馈。同时，武汉东本储运在入厂车辆排队优化系统的开发应用，南京长安民生住久物流有限公司在汽车零部件物流周转箱管理系统的开发应用都能说明汽车零部件物流在信息化建设的阶段进展。

2. 汽车零部件物流水陆联运模式

　　伴随着汽车物流行业发展，水运、铁路运输正逐步扩大运输比例，多式联运在全

价值链的物流环节中正一步步壮大。零部件物流领域，广州风神物流、一汽物流储运均在水陆联运领域大胆尝试，并投入运营。随着东风日产大连工厂的建设准备，海陆联运的配送方式便已同步规划，2014 年 10 月上海一大连海运正式投入运营，对于风神物流来说，这是创新发展的一步。几乎与此同时，一汽物流海陆联运项目也于 2014 年 10 月试运行，2015 年初实现正式运营。

3. 包装标准化

2014 年 9 月 3 日，由国家标准化管理委员会批准，全国物流标准化技术委员会提出并归口的六项物流国家标准正式发布，这些标准于 2014 年 12 月 1 日开始实施。六项物流国家标准包括：《联运通用平托盘性能要求和试验选择》《联运通用平托盘木质平托盘》《汽车零部件物流塑料周转箱尺寸系列及技术要求》《汽车物流服务评价指标》《汽车整车物流质损风险监控要求》和《汽车物流术语》。标准的发布对于推行托盘的循环使用，实现托盘共用，更好引导企业设计与生产符合共用要求的优质托盘，降低用户的采购成本，减少资源消耗具有积极的意义。其中，《汽车零部件物流塑料周转箱尺寸系列及技术要求》更是有针对性地促进了零部件物流器具标准化工作，更有利于零部件物流在不同汽车品牌、物流商之间的融合与合作。

4. 第四方物流再添成功案例

2014 年，在大部分汽车物流企业还在从 2PL（第二方物流）向 3PL（第三方物流）转变的同时，国内一些优秀的汽车物流企业已经在探索 4PL（第四方物流）的发展模式，积极与主机厂寻求合作模式的变革，通过技术的沉淀和积累，成功在主机厂物流一体化规划领域取得成果。在同方环球、安吉物流、长安民生这些集团化物流公司 4PL 能力被行业广泛认同后，风神物流凭借多年的丰富经验与技术积累，保障了东风雷诺汽车物流规划咨询项目的成功实践，使其在 4PL 转型过程中实现了成功转变。该项目核心在于零部件取货物流模式，包括仓库选址、路线规划、包装规划等调达物流技术及高水平自动化工厂物流技术应用。

（二）存在的问题

2014 年，在汽车零部件物流的持续发展中，虽然取得了不少骄人的成果，但是仍然不可避免地存在一些问题，需要在未来进行改善和解决。结合我国汽车零部件物流的发展情况，其发展过程中存在的问题主要包括以下三个方面。

（1）要提高汽车零部件物流的效率和效益，有以下几个问题需要重点解决。

①产销柔性连接。目前整车装配普遍采用大规模定制生产模式，汽车行业供应链依据客户订单及市场预测为依据安排生产，在理论上要求生产与需求同步，以保证生产时有充足的零部件供应，又避免了大量的库存占用资金和仓储面积。因此，零部件物

流需要适时做好生产资源准备，保证零部件的准时交付，同时还需要保证足够的柔性及敏捷性，以应对生产计划的调整和波动。

②交付及时性。以乘用车生产厂为例，每种车型的装配零部件约3000种，并采用混线生产。而生产线旁的零部件暂存区面积有限，因此需要连续不断地按照生产指令向生产线准时供货，供货的及时性是生产的先决条件。

③资源调度准确性。汽车供应链上的节点企业，在生产准备时，对资源状况的准确把握和对资源的准确调度，都对企业内外部的管理和基础设施提出了极高的要求。客观上我国汽车零部件物流行业起步较晚，大部分零部件生产企业的物流基础设施和管理水平仍处于初级阶段，使得零部件物流的成本居高不下，并为资源的准确调度增加了难度。

④信息化管理。汽车供应链上的所有企业均不同程度的装备了信息化设施，实现了一定水平的信息化管理。然而，各类管理软件相对简单，大部分停留在企业内部事务管理阶段，而企业之间形成了信息孤岛。

⑤质量保证体系。整车的质量需要通过零部件的质量、物流运输的质量、保管配送的质量和装配的质量来保证。因此，零部件制造企业、汽车物流企业、整车制造企业需要协同配合才能确保最终的产品质量合格。

⑥贯彻标准化。汽车零部件的品种多，尺寸和物理特性差异大。为优化汽车物流体系，实现包装、运输、储存和装配线供应的一体化，汽车物流行业通常会采用标准化和专业化的物料容器具，零部件物流行业的标准化工作主要包括：汽车运输工具标准化、物流企业管理标准和物流企业服务规范标准化等。我国的物流标准化工作尚在起步阶段，各大整车制造企业之间的标准不统一，使得汽车零部件企业向不同的整车厂供货时需要采用不同标准的容器具，造成了大量的浪费。

（2）在汽车物流行业中，各大主机厂的"壁垒"问题一直存在，并在短期内难以改变。

在国内各大汽车主机厂中，包括一汽、二汽、上汽、广汽等汽车制造企业，其旗下的汽车零部件物流业务在外包过程中，对于物流商的选择基本上是固定在关联的企业，要么是直属子公司，要么是属于同一个派系的企业。比如东风日产的物流商，主要集中在东风公司旗下的子公司或事业单位，以及日系物流企业；神龙汽车公司的物流商主要选择还是东风体系内的主要物流企业；广汽丰田的物流商则在广汽和日系企业进行选择。诸如此类，各大主机厂在物流商的选择上已经筑起了坚厚的"壁垒"，其他物流企业想要进入这个体系中则是非常的困难。这种格局下，将直接影响汽车零部件物流的发展，难以最大限度地融合和整合应有的资源，对于市场化的竞争机制也无法充分体现。

（3）我国道路运输的政策与法规对汽车零部件物流的限制也在发展过程中体现得较为明显。

由于国家道路交通及运输政策和法规的限制，在物流企业组织主要的零部件运输作业中，不得不充分考虑车辆的投入是否符合标准，货物的配载是否超出法规标准等主要因素，进而在道路运输上受到了较为明显的限制。因此，在实际物流活动中，部分中小型物流企业不得不铤而走险，违反交通法规进行运输业务运作，使得整体物流行业呈现不和谐的局面。要解决这一问题，需要国家在政策的制定上，进行充分的调研和分析，兼顾物流企业的切身利益，从而制定符合中国国情的道路运输法规，以促进汽车零部件物流的健康和有序发展。

第三节　2015年我国汽车零部件物流发展趋势

一、协作物流

协作物流概念源于日本的协同配送概念。按日本运输省流通对策本部的定义，物流协作配送是使物流配送合理化，在几个有配送需求的货主合作下，由一个卡车运输业者，使用一个运输系统进行的配送。物流协作配送就是把过去按不同客户不同货物分别进行的配送，改为不分客户和货物集中送货的协作配送形式。也就是把不同客户的货物都装在同一条线路运行的车上，用同一台车为更多的客户送货。将这一方式推广成由一家物流商或一个物流商联盟对多个主机厂客户的零部件进行取货和交付，也就是汽车物流领域的协作物流。

协作物流的首要目的是整合客户资源。在中国，汽车销售的大区主要分布在华东、华南、东北、华北、华中、西南六大区域，这种格局非常有利于区域间物流对流的形成。此外，如上所述，各品牌汽车集团相互之间竞争激烈，区域保护政策、招标不透明等引发的业务壁垒使得各物流商的客户资源在各大区直接分布更加不均匀。如果各家物流商进行客户资源的共享，利用区域间的物流对流，提高车辆的积载率，以更低的成本达成更高的服务质量，达到各方面都满意的多赢局面。

协作物流的另一个目的是整合物流资源。资源稀缺是现代化经济的一个共同特征，任何一个企业的资源都是有限的，各物流商在人力、车辆等资源方面的分布都是不均匀的。若各家物流商在物流资源进行共享，将发挥各物流商在各自的优势区域的资源、成本优势，以更低的成本达成更高的服务质量，达到各方面都满意的多赢局面。

迫于价格竞争的压力，个别具有现代物流意识的汽车物流企业已进行了尝试，与同行进行了初期的合作，如安吉物流与华航物流的合作，并取得了丰厚的利润。因此，中国汽车物流企业可以加强企业间的沟通与交流，统一协调政府与企业、企业与消费者等多方面的关系，形成汽车物流行业可持续发展的有利环境，推动"协作物流"的进程。进而，在做协作物流的基础上，构建一个运力资源整合交易平台，将各个区域的运力资源共享，实现优化配置资源。这将会最大限度地提高回程业务的稳定性，提高运输效率，从而通过优化整条供应链实现降低成本的目的。

二、多式联运

目前，我国汽车物流运输形式单一，以公路为主。其主要原因可以归结为以下几点：一是公路里程数远大于铁路与水路里程数——铁路约 9.8 万公里，水路约 12 万公里，而公路超过 400 万公里，公路网在运输能力上要远大于另外两种形式；二是公路超载现象扩大了公路运输原有的运力，在一定程度上淡化了其成本劣势；三是公路运输可实现门到门的服务，即便在未来多式联运占据主导，短途的物流服务依然需要公路运输来完成。

相比而言，国外铁路运输在汽车物流中的占比要比我国高出不少。以欧洲最大的汽车物流公司捷富凯为例，在其全球网络 400 万辆的汽车运输量中，50% 通过公路运输，30% 通过海运，20% 通过铁路运输。而我国的铁路货运系统过去习惯于运送煤炭、焦炭、钢铁和矿石等大宗商品，这占了整个铁路货运量的 98%，垄断的体系根本无法根据客户的不同需求灵活地安排运输计划，自然也无法满足汽车行业物流需求。

不过，2015 年我国已经启动铁路货运改革，这为汽车物流通过铁路运输开辟了潜在的机会，也为未来我国汽车物流朝多式联运发展打开了局面。中国物流与采购联合会汽车物流分会秘书长马增荣也表示，未来公路运输、铁路运输、水路运输实现综合运输体系应该是最合理的运输方式，即多式联运。因为铁路实现了站到站的物流服务后，短途物流服务仍需要通过公路运输来完成。不过由于我国水运只能局限于长江与沿海一带，相比而言，铁路的发展机会更大。

"多式联运是多种运输方式的联合协调运输"，强调的是公路、铁路、海运、河运等多种方式的无缝衔接和紧密协调（如图 6－2 所示）。由于集装化运输在装卸和换装方面的突出优势，集装箱成为了多式联运的一种主要形式。

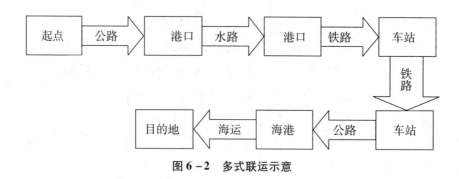

图 6 - 2　多式联运示意

多式联运的形式可以分为多种形式，但就其组织方式来说，基本可分为协作式多式联运和衔接式多式联运。

1. 协作式多式联运

协作式多式联运是指 2 种或 2 种以上运输方式的运输企业，按照统一的规章或商定的协议，共同将货物从接管货物的地点运到指定交付货物的地点的运输。协作式多式联运是目前国内货物联运的基本形式。

2. 衔接式多式联运

衔接式多式联运是指由一个多式联运企业承担 2 种或 2 种以上运输方式的运输，将货物从接管的地点运到指定交付地点的运输。目前，衔接式多式联运是多式联运的主要形式，不仅在国际货物运输中广泛采用，而且在国内货物运输中采用的比例也渐渐扩大。

三、规模化，重组和整合

与国外先进的汽车物流公司相比，我国的物流公司在规模化、网络化、信息服务一体化、标准化等方面还存在较大的差距，未来可能会进一步的整合和重组。汽车物流市场主体变化，新的观念、新的思维、新的管理给中国汽车物流业注入了新的活力，尤其是随着外部竞争压力的加剧，汽车厂商对企业物流管理的重视，物流企业自身内部对现代物流运作的渴望与迫切，这一切均使目前中国的汽车物流企业无论从物流运作的规模化、网络化还是服务功能和范围、综合实力上都得到了质的提升。随着汽车业竞争日趋激烈，汽车企业将加大降本增效的力度。未来降低物流成本是大势所趋。在这一背景下，小型的物流企业将慢慢被合并，在我国从事汽车物流的公司将展开大规模的重组。

2013 年发布的《关于加快推进重点行业企业兼并重组的指导意见》指出，要推动整车企业横向兼并重组。鼓励汽车企业通过兼并重组方式整合要素资源，优化产品系列，降低经营成本，提高产能利用率，大力推动自主品牌发展，培育企业核心竞争力，实现规模化、集约化发展。同时，在汽车零部件方面，将推动零部件企业兼并重组。支持零部件骨干企业通过兼并重组扩大规模，与整车企业建立长期战略合作关系，发展战略联盟，实现专业化分工和协作化生产。预计到 2015 年，前 10 家整车企业产业集中度达到 90%，形成 3～5 家具有核心竞争力的大型汽车企业集团。

四、中国零部件（出口）和全球采购体系融合

汽车零部件全球化采购是一种必然的趋势，也是当今世界各大汽车制造商广泛采用的一个做法。然而，相对于国外企业，国内汽车零部件企业普遍存在的规模小、行业集中度低、研发能力弱、产品缺乏竞争力的问题，已成为企业参与国际竞争的软肋。

2015 年，随着汽车零部件采购全球化，我国汽车零部件企业在国际市场中的地位日益突出。同时，全球经济复苏乏力、发达国家的就业压力及国际贸易保护主义的抬头，将给我国汽车零部件企业国际化发展带来挑战。我国汽车零部件出口业务集中在轮胎、车轮、内外饰件等领域，产品附加值较低，而在动力总成、汽车电子等领域，能与国际零部件物流企业巨头同台竞技的企业依然较少。值得注意的是，大部分企业已经认识到汽车零部件采购全球化给企业带来的机遇和挑战，并努力实现产品出口、配套国际企业，通过海外收购或合资合作来提升企业的核心技术。同时，全球采购的特性决定了国际海上运输的运输交付周期十分漫长，对于用户汽车制造商而言，如何降低零部件的运输成本是一重大课题。首先，因为汽车零部件的包装外形按每个可回收料箱框的规格尺寸进行模块化，所以包装外形设计是直接关系到降低运输成本的关键点。其次，交货期管理是提高集装箱装箱率的重点。如果已订购的零部件未能按期生产，未能完成集货，就无法进行装箱，所以应将每个供应商的交货遵守率记录在实际业务报表内。为了防止因供应商未按时交付导致集装箱装箱率大幅下降，可以研究最适合的装箱方案重组。

五、包装标准化工程

在汽车零部件物流中，通过包装容器的标准化，使其具有高度的通用性和循环使用的特性，这样一来，能够有利于物流作业中的设备搬运，从整体上降低整个物流环节的运作成本。在汽车零部件物流的迅猛发展推动下，包装标准化工程势必受到越来越多的关注与重视，也将成为 2015 年的发展趋势重点工程之一。

当然，包装标准化工程不是一个短期的工程，也不是某一方单独可完成的，它需

要涉及零部件物流中的各关联方积极参与到该工程中，才能真正有效推动该项工程的建设和实施，从而促进汽车零部件物流更好更快地发展。

（风神物流有限公司）

第七章　我国整车物流公路运输发展情况

第一节　我国汽车轿运车公路运输发展情况

如今在高速、国道，甚至在市区外环路上，我们经常能见到一种以轿车为运输对象的超大车型轿运车。越来越多的轿运车身影进入我们的视野并不是偶然，而是基于整个商品车物流市场容量扩充的结果。

商品车物流是伴随着汽车产业的发展而逐渐壮大起来的。20世纪90年代前，商品车运输基本以人工驾驶为主：即商品车出厂后，由厂家的驾驶员将商品车直接驾驶至经销店或终端用户处。90年代初，随着用户对商品车品质要求的提升，商品车物流行业提出了"零公里运输"的概念，即由拖挂式集装运输车辆，把商品车从汽车厂家生产厂运输至经销店或终端用户。各物流公司逐步导入此类拖挂式轿运车后，汽车生产厂商也逐渐改变了方式。经历了十多年的发展后，由拖挂式轿运车辆运输商品车，已经成为了各汽车厂商的主要物流方式。此后商品车物流行业在2001年起正式进入实质性的发展期，特别是最近几年，随着我国汽车消费水平的显著提高，尤其是乘用车，商品车物流行业也随之水涨船高，快速发展。

据资料统计，截至2014年年底，全国机动车保有量达2.64亿辆，其中，汽车1.54亿辆。从中国汽车工业协会获悉，2014年我国乘用车产销分别实现1992万辆和1970万辆，近几年随着对绿色物流的提倡和大力发展，水路、铁路运输也在不断发展，发运占比在逐年提高，但由于水路铁路的特性无法做到"门到门"，前端集港和末端配送仍需要公路运输。目前，90%以上的商品车运输仍是依赖公路运输，而轿运车则是目前公路运输最主要的工具，按目前平均板载量18台进行测算，全年使用轿运车公路运输的商品车达到98.5万板次。

一、商品车物流行业目前存在的问题

随着商品车物流市场的不断壮大，国际很多物流公司已经盯上了中国商品车物流市场这块蛋糕，如 NKY、捷富凯等，但目前国内的商品车物流企业大多都存在"多、小、少、弱、散、慢"的问题。

（1）多：全国在册运营的轿运车约11000台，隶属于数百家物流企业。其中，民营企业占据很大一部分份额，主要业务集中在几家大公司中，但也有很多中小型运输战队，自有几台或十几台轿运车，依托大型物流公司生存，也活跃在商品车物流的第一线。

（2）小：轿运车公路运输企业大部分是中小型运输战队，自有几台或十几台轿运车，经营规模小，综合化程度较低。

（3）少：市场份额少、服务功能少、运作经验少、高素质人才少。大多数企业还只是被动地按照用户的指令和要求，从事单一功能的运输和仓储。

（4）弱：管理能力弱、信息能力弱、融资能力弱、竞争能力弱。很多企业没有建立起较为完善的现代企业制度，大多数物流企业技术装备和管理手段仍比较落后，服务和信息系统不健全，大大影响了物流服务的准确性与及时性。

（5）散：货源不稳定且结构单一、网络分散、经营秩序不规范。虽然国内企业占有土地、仓库、车辆等物流资源，网点布局较广且基本合理，但这些资源实际上都处于分散的结点状态，没有得到有效整合利用，形不成网络，不能构成企业的核心竞争力。

（6）慢：响应速度慢。传统储运是静态运作，不适应现代物流追求快速响应的要求。这些问题造成商品车物流企业成本居高不下，难以通过自身成本的降低来优化客户的物流成本，运作管理水平低，难以形成特色、打出品牌。

二、汽车轿运车公路运输发展现状

（一）平均运距不断下降，单板拼载城市越来越多

随着汽车主机厂的布局以及中转库、前置库的利用、客户对订单响应速度的提高、铁路水运利用率的不断提高等方面因素的影响，导致汽车轿运车的平均运距在逐年下降，已经从前几年的1600公里左右下降至现在的不足1500公里。公路运输的短途资源占比越来越大，干线长途运输资源越来越少。

随着汽车市场的下沉，越来越多的4S店开到了三四级城市甚至乡镇，尤其是国产

品牌（如五菱、奇瑞等），并且订单越来越散，单板同一4S店的情况越来越少，部分单板拼载都达到了五六地。订单越来越散对汽车轿运车公路运输提出了更高的要求，即在不影响客户交车、成本尽量降低的情况下进行计划拼载。

（二）轿运车的异型化已经成为潮流

随着汽车生产厂家为提高产品竞争力，不断以招标等形式压缩整车物流成本，整车物流公司或轿运车车队为保证其利润，不得不对轿运车进行改型，从原来的18米以内加长至25米、30米甚至35米。目前市场上的轿运车有如下几个类型。

1. 标准轿运车

这类轿运车在目前的市场上算是比较稀有的车型，挂车长度14米，最多只能装8台轿车，标准轿运车型只能在下面的超限车型夹击下苟延残喘，目前主要用于短距离倒运或城市配送等。

2. 超长轿运车

市场的膨胀与恶性竞争让越来越多的变异车型加入了轿运车市场，首先是车长增加，原本公告上14米的挂车被硬生生地拉到了20米甚至更长，有些挂车厂家甚至以能生产出超长的轿运车为荣，于是近年来我们在路上能见到的轿运车长度也在不断刷新，目前国内最长的轿运车已经在35米左右。

3. 飞机板轿运车

随后是飞机板的出现，所谓的"飞机板"，就是轿运挂车上层可以并排运输两排轿车的挂板。这类车也必定是超长的挂车，一般车长已超过30米。相比于上面提到的超长的挂车，这类飞机板更具杀伤力，一般的飞机板可一次性装载22台左右商品车。

4. 双排轿运车

目前最为危险的是上下两层并排的轿运车，这也是目前国内高速上的霸主，车宽超过4米，这类车在一些比较狭窄的高速公路上会让人心惊胆战。由于超宽，后车超车变得困难，而到了晚上，不齐全的超宽警示灯具更是对后车造成巨大的安全隐患。

三、汽车轿运车公路运输目前存在的问题

（1）国家标准未根据实际情况修订，以罚代管的形式导致轿运车公路运输市场处于混乱状态，且各地罚款标准不统一，轿运车运输成本不确定。

根据GB 1589《道路车辆外廓尺寸、轴荷及质量限值》的标准，挂车列车最大长

度为 16.5 米，但市场上运行的轿运车大部分都是超长、超宽、超高和超载的不合规车辆。目前，欧美等国的轿运车市场大部分已经使用 24.5 米长的中置轴挂车（可装载 10 台商品车），但根据国家现行规定，将中置轴挂车列为全挂车系列，不允许上高速。目前，国内公路对于超限超载车辆的处理办法是以罚代管，以至于越来越多的企业为追求利润，以降低服务质量、降低安全及超限为代价对轿运车不断进行改装，从长度到宽度，从单排变上双排、变上下双排等。

自 2011 年 7 月 1 日《公路安全保护条例》实施以来，越来越多的省市对运输车（含轿运车）的超载超限行为进行整治，但是目前各地主要是以罚代管，即对超载超限车辆进行罚款后放行，车辆超限超载问题未得到根本改变，只是增加了物流公司或司机的成本。由于超限超载的罚款各地无统一标准，导致新生了一种职业——"带路"，进入辖区后给带路人一定费用，由带路人安全将轿运车带出辖区，此种无标准的罚款或带路费增加了轿运车的运输成本。

2015 年 1 月 1 日起四川省对其过境商品车运输车（即轿运车）进行专项整治，在四川省境内从事商品车运输的商品车运输专用车，凡未按照规定装载的商品车运输车一律禁止驶入高速公路。商品车运输专用车装载标准为：上层、下层装载商品车各一列，尾部用于装卸商品车的液压装置必须收起，严禁"拖尾"运行。对未按规定装载的商品车运输专用车辆，要求车主、驾驶人按规定进行整改，超出标准部分装载的商品车，一律卸载转运。执行 4 个月来，在四川省内运行的轿运车已大部分合规，对于不按规定装载的轿运车采取的是不允许上高速的措施，改变了前期大部分省份的以罚代管的管理模式，对轿运车公路运输市场的规范有一定的指导意义。

（2）改装轿运车安全隐患多。

物流公司或司机为了提高利润和收入，不断将轿运车进行改装，导致目前轿运车改装加长现象严重。轿运车改装导致车辆的可控性、司机的视野受到很大影响，很容易发生碰撞、翻车事故。车身加长、加宽甚至加高，也容易使商品车碰撞路旁物体或者是桥洞等造成损失。

因为轿运车改装加长不符合规定，属于超限车辆，轿运车公路运输经常会受到处罚，为了躲避罚款，很多司机选择赶夜路，有时候为了争取在某个节点驶过收费站，在高速上长时间驾驶，疲劳驾驶导致了事故发生频率大大提高，追尾、侧翻、碰撞非常常见。

另外，汽车厂商为了增强竞争力，不断压缩下游成本，为了节省开支，部分物流公司或司机对轿运车的保养不符合规范，导致车辆老化，潜在风险上升，很容易发生刹车失灵或者火灾等重大事故。

四、汽车轿车公路运输未来发展方向

在国家政策不明朗、上游价格不断压缩、各种问题并存的情况下，轿运车公路运输发展的路在何方呢？

（一）重点发展轿运车的短途配送能力

随着铁路、水路的利用率不断提高，以及主机厂对生产厂和中转库、前置库的布局，短途配送资源占比将越来越大。由于铁路水路目前无法做到门到门的服务，末端配送仍需要轿运车的公路运输来完成，即直接与4S店对接的仍为轿运车。这也就要求轿运车对短途配送能力不断加强和提高，并对轿运车公路运输提出了更高的要求，客户要求响应时间缩短，服务质量提高。

目前短途配送主要有三种方式：城市配送、重去空回的短途运输、小循环模式的短途运输。

（1）城市配送主要是使用符合当地城市要求的绿标车将商品车由城市边缘运送至4S店。由于城市一般对货运车辆进出有时间限制，此类运输一般在晚上进行，根据各地要求不同，使用救援拖车或轿运车进行配送。

（2）重去空回的短途运输是传统短途运输的一种方式，由中转库或主机厂所在地始发，将商品车运送至距始发地较近距离（如500千米以内）的城市。因目的地城市距离较近且一般无回程资源，装载商品车运送至目的地后空驶回始发地。此类运输主要靠效率取胜，一般的重去空回短途运输一台轿运车单月可达到10板次以上。

（3）随着各地中转库的建立及主机厂的增加，短途资源越来越多，区域内不同方向的短途资源可采用类似Milk - Run的模式进行配送。如哈尔滨发吉林资源—入库长春—长春发辽宁资源—入库沈阳—沈阳发黑龙江资源—入库哈尔滨，此种方式可使原来50%的空驶率大大降低，减少轿运车运输成本。

（二）随着国家法规的不断健全，合规车占比将越来越大

目前，国家规定半挂列车的标准是16.5米，已经不符合现有业务的需求。随着国家法规的不断健全，尤其是近期交通运输部主导的对GB1589《道路车辆外廓尺寸、轴荷及质量限值》进行的修订，加入了欧美一直使用的中置轴挂车。中置轴挂车满足现有标准关于车辆通道圆要求，中置轴挂车在高速运行应该是没有问题的，现在商品车物流行业的主要承运商安吉、长久建议中置轴挂车的长度限定在22米，可在车架内装载8台4.8米的商品车。22米长中置轴挂车可保证8台商品车均在车架内，这对车辆

安全标示、防护能力、行车安全及驾驶员的作业管理均有利，并有利于降低商品车质损和事故率。

随着各地出台对运输车或者专门对商品车专用运输车的专项整治，如2015年的四川、青海及前期就开始的福建。各地对政策法规的严格执行及轿运车市场的规范，对汽车轿运车公路运输市场恢复有序竞争有很大的决定作用，合规车的使用越来越多，超限超载也将逐步减少或消失。

（三）通过技术手段的应用降低安全事故率

（1）通过使用GPS（全球定位系统）、行车记录仪，司机连续行驶超过3~4小时进行报警，提醒司机要休息一次。为了逃避罚款司机疲劳驾驶，那样往往因小失大，通过可以配置GPS或者行车记录仪，实时监控司机的工作状态，避免事故的发生。

（2）通过GPS实时监控司机行驶速度，在司机超速时及时提醒司机，运输车事故有80%以上出在超速的时候，尤其是目前改装过的轿运车都超长、超宽、超高，超速行驶更加危险，通过GPS监控车辆实时行驶速度，在超速时及时提醒司机，减少事故发生概率。

（3）使用胎压监测仪，对轿运车的轮胎胎压实时监测，防治轮胎温度过高引起的火灾。

通过以上技术手段应用于轿运车，可提高司机行车注意力，防止司机超速，降低火灾发生隐患，有利于轿运车降低事故率。

五、总结

随着汽车市场的不断扩大，商品车物流市场也随之扩大。汽车轿运车公路运输若停滞不前，将影响商品车物流的发展。通过对汽车轿运车公路运输模式的不断优化调整，由原来的专注于干线运力，逐渐向短途配送转移，大的物流公司通过对网络资源的规划及运输模式的合理设计，降低轿运车的空驶率和运输成本，提高轿运车的周转率，最终达到提高物流公司及轿运车运输战队的收入和利润总额。利用各种科技手段，控制轿运车运输途中的风险，减少轿运车事故的发生和商品车的质损。

随着国家法规和标准的不断健全和完善，轿运车市场也将逐渐规范化，轿运车的市场竞争也将逐渐有序。商品车物流公司应该根据政策的规范化程度及时对轿运车类型进行调整，并对轿运车公路运输模式进行重新规划设计，逐步改变传统轿运车公路运输模式。随着国家政策法规的调整，以及汽车市场和商品车物流市场的发展，不断对运输模式进行调整，使轿运车公路运输在商品车物流中发挥最大的作用。

（北京长久物流股份有限公司　张芳）

第二节 我国汽车商用车公路运输发展情况

一、商用车物流市场需求

（一）商用车市场总量

自 2000 年以来，伴随经济全球化和基础设施的完善，我国汽车工业发生了翻天覆地的快速发展，从 2000 年到 2014 年 14 年间，全国汽车市场规模由 209 万辆增至 2349 万辆，扩大 11 倍，稳居世界第一大汽车生产国和世界最大的汽车消费市场。

在乘用车快速发展的同时，商用车的发展同样令世人瞩目。从 2000 年到 2014 年，全国商用车销量从 106 万辆增加到 400 万辆左右。作为国民经济最主要的交通运输工具，商用车的需求量与全社会货运量和客运量密切相关。受固定资产投资放缓的影响，2010 年以来商用车出现了负增长和微增长。2014 年，全国商用车销量 379 万辆，商用车占整个汽车市场的比重降至 16%。如图 7-1 所示。

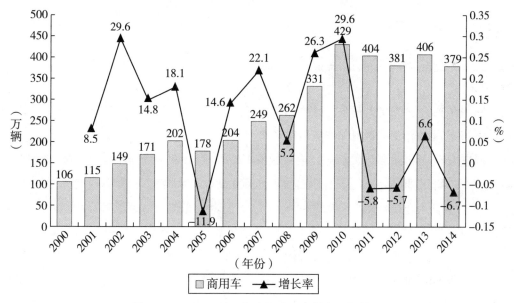

图 7-1 2000—2014 年我国商用车销售增长情况

（二）商用车市场结构

2014 年，全国卡车销量 318 万辆，客车销量 61 万辆，卡车、客车占商用车市场的比重分别为 84% 和 16%。如图 7 – 2（a）所示。

卡车销量及结构情况：重卡、中卡、轻卡、微卡销量分别为 74 万辆、25 万辆、166 万辆和 53 万辆，占卡车市场的比重分别为 23%、8%、52% 和 17%。如图 7 – 2（b）所示。

客车销量及结构情况：大客、中客、轻客销量分别为 9 万辆、8 万辆和 44 万辆，占客车市场的比重分别为 14%、13%、73%。

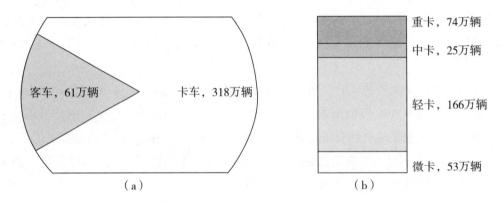

（a）　　　　　　　　　　　　　　　（b）

图 7 – 2　我国商用车销售构成情况

二、商用车物流发展政策环境

商用车物流发展逐步有序，已经出台了一些行业规范和行业标准。GB 1589 标准修订案将一定程度上改善商用车物流运输环境。

回顾 GB 1589 标准历次修订，第一版 GB 1589 是 1989 年制定的，当时标准的名称是《汽车外廓尺寸限界》，只是笼统限定了长宽高。车长方面，单车 12 米、半挂列车 16.5 米、全挂列车 20 米；车宽方面统一为 2.5 米，车高统一为空载 4 米。由于 GB 1589—1989 没有对载荷和总质量的限值要求，运输行业和载货车行业出现了加长货箱、接大梁、加轴距等现象，掀起了轰轰烈烈的大跨跃。

第二版 GB 1589 是 2004 年制定的，全名是《道路车辆外廓尺寸、轴荷及质量限值》，增加了对挂车的外廓尺寸限值要求，全挂车、中置轴（旅居）挂车长度限值为 8 米，半挂车长度限值一轴为 8.6 米、二轴为 10 米、三轴为 13 米；增加了汽车、挂车和汽车列车的轴荷及总质量的限值要求。标准刺激了单车多轴化，并带动了牵引车和半挂列车的发展。

GB 1589—2004 出台后，到现在已经 11 年，对载货车制造和运输行业起到一定的规范作用。从 2012 年开始，工信部等多部门开始借鉴国际经验并征求实际使用情况，对 GB 1589 进行微调。目前，GB 1589 修订案的征求意见稿已经面世，对外廓尺寸、轴荷和质量限值都有一定的变化，半挂车长度限值由 13 米增加到 13.7 米；新增中置轴（车辆运输）挂车，其长度限值 12 米，相应的中置轴（车辆运输）列车总长度限值是 22 米。对铰接列车长度也进行调整，把平头 4×2 牵引车列车的总长放宽为 16.62 米，把平头 6×2 和 6×4 牵引车列车的总长放宽到 17.22 米，长头铰接列车的车长最大限值放宽到 18.1 米，可以看出鼓励长头牵引车的发展。车宽方面，征求意见稿规定的最大车宽由 2.5 米调整为 2.55 米。总的来说，GB 1589 修订意见稿为满足实际运输的需求，各种限值放宽的多，收紧的少，总体上是刺激物流发展。

目前，执行的治超标准中，各地执行国家标准的宽严和地方标准还不太一致，路政、交警执法不一，这些情况造成了目前的货运秩序存在一些乱罚款现象，出现了"多法难依"的情况。

三、商用车物流运输方式

（一）商用车物流运输特点

商用车作为"物流装备"和"资本品"，对物流服务质量、响应和效率有着特殊要求。商用车车型繁多，外形和外廓尺寸差异大，通常不可拆卸，其独特的物理属性，决定了商用车物流产生了不同于乘用车物流、普货运输和大件运输的多种配载方式（如图 7-3 所示）。

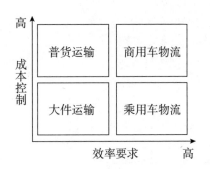

图 7-3 商用车与乘用车物流运输特点

（二）商用车物流的运输方式

目前，公路运输仍然是整车物流行业的最主要运输方式，铁路和水路由于无法提供门到门服务，对公路运输的替代作用有限。如图7-4所示。

在整车公路运输中，乘用车物流主要采取零公里（平装）运输方式，而商用车物流，基于商品车自身的运输功能、外形尺寸、发运批量、运输距离等属性，广泛采取人工驾送和零公里两类运输方式，其中，人工驾送分化为单开、背车等方式，零公里分化为平装、爬装等方式。在我国，商用车公路物流主要是单开、背车、爬装、平装四种配载方式，能够为汽车制造商、经销商、服务商提供多种物流产品，并推动节能减排，实现汽车物流企业的社会责任。如图7-5所示。

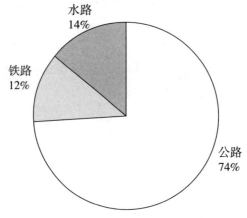

图7-4　商用车整车物流运输方式

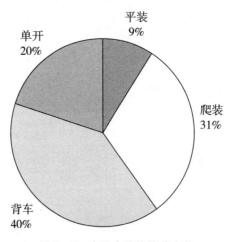

图7-5　商用车物流配载方式

（三）商用车物流运输方式适用车型

商品车公路运输方式中，单开、背车、爬装、平装四种配载方式分别适用于不同车型。中重卡、大中客以人工驾送为主，轻微卡、轻客以零公里运输为主。如表7-1所示。

表7-1　　　　　　　　　　　　　商用车物流适用车型

运输方式	配载方式	适用车型	图片
人工驾送	单开	中重卡、大中客、轻客	
	背车	中重卡、轻卡、微卡	
零公里	爬装	轻卡、微卡	
	平装	轻客、皮卡	

四、商用车物流发展现状和存在问题

（一）现状

1. 商用车物流与车企的联动发展

目前商用车物流市场规模已经较大，但市场集中度较低。车企与物流公司的关系以外包为主。大部分车企将商品车的发运总包给自己独资或合资成立的物流公司。

这种关系的优势是对于车企的需求响应速度快，质量可靠且车企自己的信息不易泄露，但弊端是造成行业运输、仓储资源的浪费，回程过程中需求与运输信息不匹配，车辆空载率高，导致效率低下，也不符合现在国家对环境的发展要求。

2. 供应链流程优化

目前商用车物流车企已形成比较成熟的接单、发运、在途监控、收车、结算等流程管理，根据车企订单到交付（OTD）的要求，制定相应的运输规则和方案设计。通过搭建运输网络，实现客户需求的快速响应。

在装载质量管控方面，物流装载工艺技术标准持续优化改进，减少质量衰减，通过对运输流程与节点的识别，加强对物流运输过程中关键节点的控制，实现对运输完好性及运输及时性的管控。以成立呼叫中心的方式，建立面向客户的统一服务窗口，实现客户服务前台与后台业务系统的一体化集成，加强对物流服务质量的管控。对承运商资源业务层级差异化管理，通过有重点的培训，提升资源整体业务运营能力。

3. 商用车物流信息化应用

由于商用车物流涉及的环节较多且链条较长，目前已将 TMS（运输管理系统）、GPS/GPRS 等信息手段应用到商用车物流过程中，加快信息的传递，减少信息孤岛情况，且通过信息化手段实现过程监控、可视化管理，有助于服务和实物质量的提升。

4. 商用车物流标准的推行与实施

在中物联及各组成机构的努力下，商用车物流在管理、作业、技术方面都已出台一些标准，使商用车物流发展趋于规范化、专业化。2014 年 9 月，全国物流标准化技术委员会正式发布六项物流国家标准，包括《联运通用平托盘性能要求和试验选择》（GB/T 4995—2014）、《联运通用平托盘木质平托盘》（GB/T 31148—2014）、《汽车物流服务评价指标》（GB/T 31149—2014）、《汽车零部件物流塑料周转箱尺寸系列及技术要求》（GB/T 31150—2014）、《汽车整车物流质损风险监控要求》（GB/T 31151—2014）和《汽车物流术语》（GB/T 31152—2014）。六项标准中，四项涉及汽车物流，其中与整车物流直接相关的有两项，即汽车整车物流质损风险监控要求、汽车物流服务评价指标。上述标准的发布，对于统一物流术语，规范服务流程及指标具有重要作用。

在中物联汽车物流分会的领导下，由福田智科物流、东风襄阳物流、江汽物流联合参与起草的《商用车背车装载技术要求》行业标准，经过多次专家论证，已经进入征集意见阶段，相信它的出台将会促使商用车物流运行更加规范、效率提升。

（二）存在的问题

目前商用车物流在协会、物流企业的大力推动下，已取得较快发展，但行业运行和企业运营过程中也存在一定问题。

首先，商用车物流市场整合程度较低，仅实现了物流企业内部的网络化，导致资源和运力利用率较低。汽车集团之间的竞争激烈，多数汽车企业将物流业务外包给自营或合资成立的物流公司，价格难以经得起市场考验，缺少市场化。并且，受信息保密等约束影响，物流企业之间的合作较少。

其次，车企和物流企业的联动有待进一步深化，以推动运输成本、管理成本的降低，提高终端客户体验。近年来物流企业的收入随整车销量同步变化，但成本上升幅度多快于收入增长幅度，上下游运费变动机制难以建立，上游定价强势，下游承运商议价能力弱，造成物流行业整体利润率下降。

最后，标准建设及推动方面还需要加快修订和完善，信息技术应用和推广范围和力度有待加深。商用车物流标准出台较早但修订较少，难以满足快速发展的形式，与商用车发展速度和汽车物流的发展相比，商用车物流标准化工作还有待进一步推进。

效率与质量问题难以平衡。总体来说，商用车物流运输比较传统粗放，虽然已经利用信息系统进行监测管理，但为满足发运需求和效率要求，质量和安全问题往往放在第二位。

五、商用车物流发展趋势

受两业联动大环境和电商、公路货运物流的快速发展影响，物流商用车需求将保持稳定增长，商用车与物流相互之间的影响力加深，市场总体发展趋势是维稳，行业运行趋于整合，合作、互联成为关键发展思路。

（一）渠道下沉，发展商用车物流"最后一公里"

互联网经济下，公司发展关键是用户。电商物流"最后一公里"的建设为商用车物流创新发展提供了思路。渠道下沉，提升服务能力是增强客户黏性的方法之一。未来商用车物流二级、三级物流分拨中心将增多，以提高经销商和消费者的响应能力，增强客户体验。

（二）资源网络的共享合作，行业发展趋于整合，市场集中度提升

物流企业之间的战略合作将加快，将提高回程运力和仓储设施的利用率，促进运

力资源、人力资源整体效率的提升，是企业降本增效的发展要求，更是在经济新常态的发展要求。

（三）由网络化向平台化发展（App 的应用）

互联网技术、大数据、云计算的发展，为商用车物流向平台化发展提供了技术支持。公路货运 App（应用程序）市场已风起云涌，商用车物流平台化也将是大势所趋。平台化可以解决资源浪费、信息不对称、效率低下等问题，更重要的是推动商用车物流行业的变革，即商业模式将由单一向多元发展，不断涌现的业务市场机会将是主要增长点；服务的客户领域将扩大；缩短中间环节，大大提升交易效率。

（四）行业运行更加标准化，甩挂运输的推广

国家道路治理、环境的政策出台，也将促使行业规范运营，督促新技术和新运输方式的应用。综合考虑中国道路运输等政策法规的实情，借鉴国外商用车物流运输方式改革的先进经验，物流企业之间要加快标准和新模式的探讨、上会及实施，推进行业健康发展。

六、商用车物流面临的挑战

（一）商用车发展趋于成熟，商用车物流要寻求内生增长

商用车发展进入整合增长期，传统产品增长空间不大，将直接影响商用车物流的发展，所以面临着从传统运输、仓储作业模式向业务链的专业化、平台化、社会化发展，提升物流企业内生增长能力。

（二）道路和环保等政策环境影响，商用车物流在运输、过程控制等方面寻求技术变革

受道路和政策等环境约束，目前甩挂运输等先进的运输方式在中国推进缓慢，影响作业效率提升。法规制度约束难题和技术难题需要同步商讨、同步解决。

（三）"最后一公里"的网点布局

在目前汽车产业链体系下，"最后一公里"客户体验的实现首先需要解决车企和物流企业在供应链协同优化方面的问题，其次是信息技术升级要求，对分拨运输等指令实现快速和及时的响应，同时又要保证资源的匹配到位。

（四）资源平台的搭建

商用车物流社会化的平台还没有搭建，需要物流企业之间、合作商之间共同对信息资源。

（北京福田智科物流有限公司　杨天清　田媛）

第三节　国内外中置轴挂车列车的发展情况

一、中置轴挂车列车介绍

车辆运输中置轴挂车及列车是用来运输包括乘用车和商用车在内的各种车辆的运输车。它的主要结构包括主车和挂车或列车（车轴在中间位置而得名）两个部分，由车钩连挂成一辆整车。

整个车体由车辆运输车和低底盘中置轴车辆运输挂车组成，并通过由主钩和从钩组成的连接装置连接，主钩与车辆运输车连接，从钩与挂车连接；车辆运输车的车身为由左侧立架、右侧立架和上、下两层台板组成的可拼装的框架式结构；上层台板可分为前、后两段，前段的后端通过销轴与车架为可旋转连接，后段的两端均连接有可使其升降的举升装置；低底盘中置轴车辆运输挂车由左侧立架、右侧立架和上、下层台板组成拼装式的框架式车身；下层台板通过焊接连接左侧立架和右侧立架，下层台板的前横梁、中横梁和后横梁与左右侧立架连接，其底部与悬挂系统连接；悬挂系统由前板簧、后板簧、前支架、中支架、平衡梁、后支架和紧固部件组成；前支架与前横梁连接，前支架与前板簧连接，中横梁与中支架连接，中支架与平衡梁连接，平衡梁与前后板簧连接，后支架与后横梁连接，后支架与后板簧连接，前后板簧通过紧固部件安装在车轴上；该车轴采用凹形车轴，轮毂与车轴采用偏心结构；上层台板的两端均连接有可使其升降的举升装置；该挂车的下层台板上通过销轴连接可旋转的翻板的一侧，该翻板的另一侧通过液压油缸举升装置与台板连接。如图 7-6 所示。

二、我国中置轴挂车列车发展情况

目前，我国中置轴挂车列车在汽车物流行业还没有全面投入使用，目前国家规定

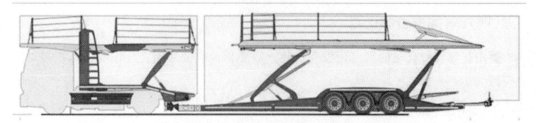

图7-6　中置轴挂车列车示意

半挂车的长度和宽度分别为16.5米（全封闭式为18.1米）和2.5米，而目前在运营的车辆几乎都超限，长度都大于25米（如图7-7所示）。

不合规车辆
超限，长≈25~30米，宽≈3.7米，装载14~20辆

合规车辆
长=16.5米，宽=2.5米，装载6辆车

图7-7　目前国内合规车辆与不合规车辆对比

　　2015年7月，由工业和信息化部会同交通运输部、公安部、质检总局、国家标准委、认监委等单位，组织全国汽车标准化技术委员会、行业机构和汽车企业共同制定的强制性国家标准《道路车辆外廓尺寸、轴荷及质量限值》完成征求意见稿，面向全社会征求意见。此次修订稿为了解决目前车辆运输市场的不规范和违规现象，引入了中置轴车辆运输车产品。确定了中置轴车辆运输挂车12000毫米和列车22000毫米的长度限值。在该限值长度下，可装载轿车8（大中型车）~10（中小型车）台，相比于原本的半挂车辆运输车，运力最多可增加67%，极大提高了运输效率，这对于汽车物流整车运输行业整顿、合规经营提出了方向。

三、国外中置轴挂车列车发展情况

　　中置轴挂车作为国外成熟车型，已普遍用于汽车物流行业。各个国家对这种车辆的长宽高限制也各不相同，普遍采用的是长20米、宽2.55米，高4米。欧洲对于运输车长度、高度的限制如表7-2所示，其中有一半以上的国家针对汽车运输有明确的要求。欧洲普通国家对于车辆运输车的最大空载长度是18.75米，但针对装载后车辆的长度会有一定的加长，多数在20米以上，美国满载总长不超过24.99米，澳大利亚满载总长不超过23米。在车辆满载最大高度，欧洲一般国家为4米，印度是4.8米。国外中置轴挂车列车运输示例，如图7-8所示。

图7-8　国外中置轴挂车列车运输示例

（法国劳尔工业公司　张蔚）

表7-2

欧洲国家重卡运输车型尺寸

国家	是否有针对汽车运输车的要求	最大空载长度（米）	最大满载长度（米）	最大满载高度（米）	最大前悬（米）	最大后悬（米）
 Austria 奥地利	是	A 18.75	B 19.75	H 4.00	D	E 1.00
 Belgium 比利时	是	A 18.75	C 20.75	H 4.00	D 0.50	E 1.50
 Bulgaria 保加利亚		A 18.75	C **18.75**	H **4.00**		
 Cyprus 塞浦路斯		A 18.75				
 Germany 德国	是	A 18.75	C **20.75**	H	D	E
 Denmark 丹麦	否	A 18.75	C 20.75	H 4.00	D	E
 Spain 西班牙	是	A 18.75	B 20.55	H 4.50	D	E 1.80
 Estonia 爱沙尼亚	是	A 18.75	C 20.75	H 4.00	D 0.50	E 1.50
 France 法兰西	是	A 18.75	B 20.35	H	D	E 3.00

续表

国家	是否有针对汽车运输的要求	最大空载长度（米）	最大满载长度（米）	最大满载高度（米）	最大前悬（米）	最大后悬（米）
Finland 芬兰	是	A 25.25	A 25.25	H 4.40	D	E
United Kingdom 大不列颠及北爱尔兰联合王国	是	A 18.75	C 20.75	H	D 2.00	E 2.00
Greece 希腊	否	A 18.75	A 18.75	H 4.00	D	E
Hungary 匈牙利		A 18.75	**18.75**	**H 4.00**	D	E
Italy 意大利	是	A 18.75	C 21.00	H 4.20	D	E
Ireland 爱尔兰	否	A 18.75	B 21.75	H	D 2.25	E 2.25
Luxembourg 卢森堡	否	A 18.75		H 4.00	D	E 3.00
Lithuania 立陶宛	是	A 18.75	A **20.75**	**H 4.00**	D	E
Latvia 拉脱维亚		A 18.75	A **18.75**	**H 4.00**		

续表

国家	是否有针对汽车运输的要求	最大空载长度（米）		最大满载长度（米）		最大满载高度（米）		最大前悬（米）		最大后悬（米）	
Malta 马耳他		A	18.75		**18.75**	**H**	**4.00**				
Netherlands 荷兰	是	A	18.75	C	20.75	H	4.00	D	0.50	E	2.00
Portugal 葡萄牙	是	A	18.75	B	20.00	H	4.50	D	0.50	E	1.25
Poland 波兰	是	A	18.75	C	20.75	H	4.00	D	0.50	E	2.00
Romania 罗马尼亚		A	18.75		**20.75**	**H**	**4.00**				
Sweden 瑞典	否	A	25.25	A	25.25	H	4.50	D		E	
Slovenia 斯洛文尼亚		A	18.75	B	**22.00**	**H**	**4.20**	D		E	**2.25**
Slovakia 斯洛伐克		A	18.75		**18.75**	**H**	**4.00**				
Switzerland 瑞士	是	A	18.75	C	20.35	H	4.00	F / I	3.00 / 0.50	G / J	5.00 / 1.10

续表

国家	是否有针对汽车运输的要求	最大空载长度（米）	最大满载长度（米）	最大满载高度（米）	最大前悬（米）	最大后悬（米）
		A	C	H	D	E
Svalbard 斯瓦尔巴群岛（挪威）	是	18.75	20.50	4.50	1.00	1.00

注：1. 表中加黑数字为非官方数据；

2. 数据为 2013 年统计数据；

3. 表中 A、B、C、D、E、F、G、H、I、J 代表范围如下图所示。

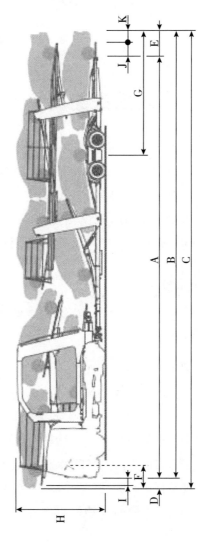

第八章　我国整车物流铁路运输发展情况

第一节　我国铁路商品车运输基本情况

改革开放以来，随着我国汽车产业的快速发展和人民群众生活水平不断提高，汽车产销规模呈现出了强劲的发展势头，同时也带动了公路、铁路、水运汽车物流业的快速发展。铁路具备安全性高、时效快、全天候、全覆盖、大批量、长距离、节能环保等明显优势，铁路运输必将成为国内商品车物流行业发展的趋势。

一、铁路运输现状及模式

（一）铁路运输量

中铁特货运输有限责任公司（以下简称中铁特货）是全国铁路专业从事汽车物流业务的主体，对全国铁路汽车运输物流业务实行统一管理、统一组织、统一运作。中铁特货是中国铁路总公司（原铁道部）直属专业运输企业，具备小汽车铁路运输唯一承运权，铁路运输业务由中铁特货负责，具备年运输汽车 200 万台的能力，拥有上海、广州、北京等 17 个具有装卸、仓储功能的专业汽车物流基地和货场，所属分公司拥有从事两端配送物流专业队伍，可实现门到门的汽车全程物流业务运作。

自 2006 年铁路运输进入商品车物流领域以来，从初期年运输乘用车 5 万台，到 2011 年运输 81 万台，2012 年实现历史突破，运输 102 万台，2014 年运输 140 万台，2015 年预计运输商品车 180 万台。如图 8-1 所示。

（二）铁路运输网络

截止到 2013 年年底，我国铁路里程为 10.13 万公里，中铁特货在全国拥有 21 个分公司和子公司，具有完整的、覆盖路网的组织机构、运输线路和信息网络。在全国共

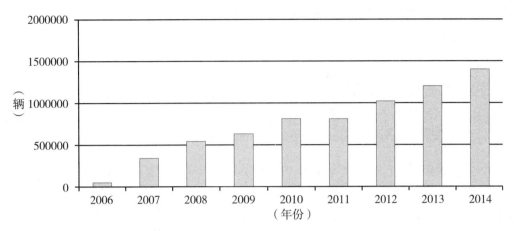

图 8 – 1　铁路 2006—2014 年商品车运输量

有 91 个办理商品车运输业务的装卸站点，在既有的 17 个汽车物流基地和货场的基础上，加快汽车专业办理站的建设。后续中铁特货将陆续新增 85 个小汽车发到中心站，将大大提高中铁特货整体运输能力和市场竞争力，为实现 2020 年运输 500 万台提供有力保障。

（三）铁路运输模式

铁路运输模式多种多样，主要有站到站、站到店、站到库、厂到店，可根据客户要求具体选择。目前，铁路商品车"库前移"模式可以说是中铁特货公司和各主机厂、物流公司合作中最成功的一种物流运作模式，在整体物流运作上将双方的优势发挥到了极致。如图 8 – 2 所示。

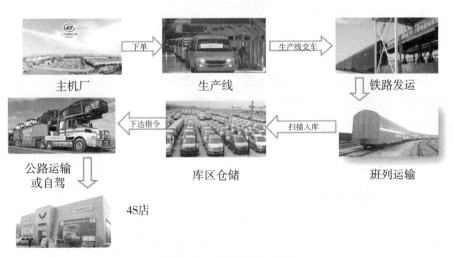

图 8 – 2　"库前移"模式

"库前移"模式带来了主机厂销售反应速度提高、产品调拨快捷、物流运输灵活、物流成本降低等诸多优势。

二、铁路运输设备

（一）铁路运输设备总体情况

目前，铁路拥有运输汽车专用车7516辆、运输汽车专用集装箱1400只。铁路运输设备一共可以分为两类：第一类是双层运输汽车专用车，其型号包括JSQ1K型、JSQ2K型、JSQ4K型、JSQ3K型、J5（6）SQ型、JSQ5型、JSQ6型、JSQ7型等；第二类是板架箱，包括25英尺板架箱和50英尺板架箱。

小汽车运输专用车示例，如图8-3所示。

图8-3　小汽车运输专用车示例

铁路总公司非常重视小汽车运输业务，自2012年开始，平均每年投资新造1500辆专用运输车辆，为铁路提高运输能力提供有力保障。同时，正在研发的新型铁路汽车运输车辆——工程机械运输专业车辆NA1型及三联型车JSQ8型也已经进入试验阶段。

（二）铁路运输装备

1. 乘用车铁路运输装备

中铁特货运输有限责任公司目前在乘用车运输装备上面主要有JSQ1K型、JSQ2K型、JSQ3K型、JSQ4K型、J5（6）SQ型、JSQ5型、JSQ6型、JSQ7型。其中，JSQ5型、JSQ6型两种车型经过多年验证，很好地适应了市场，更充分证明了铁路在汽车物流运输行业中具备强大的竞争力。

乘用车铁路运输装备部分车型技术指标，如下表所示。

乘用车铁路运输装备部分车型技术指标

项目＼车型	JSQ1K型 JSQ2K型	JSQ3K型	JSQ4K型	J5（6）SQ型	JSQ5型	JSQ6型	JSQ7型
载重（吨）	16.8	17	12下层均布40t	13	20	22	25/50
车辆长度（毫米）	21738	21738	18138	17938	26030	26066	26066
车辆宽度（毫米）	3195	3197	3201	3065	3066	3086	3306
车辆高度（毫米）	4734	4723	4720	4772	4723	4723	4760
底架长度（毫米）	20800	20800	17200	17000	25100	25100	25100
底架宽度（毫米）	3040	3020	3020	2890	2860	2880	2970
上层净空高（毫米）	1719（有效1500）	1752（有效1530）	上层最大净空高3118	1591	1760　1710　1750	中部2070	1700（门框/1756）
下层净空高（毫米）	1690	1694		1700	1770　1820　1790	端部1590 中部2270	1860（门框/1880）
下层地板面距轨面高空（毫米）	1101	1083	1075	1080	1080	1080	1027

2. 商用车铁路运输装备

中铁特货目前在商用车运输装备上面主要有 J5SQ 型、JSQ7 型（如图 8-4 所示）等，可运输皮卡、轻型客车、中型客车及轻型货车等。车体主要分为上下两层，在运输商用车时，上层活动地板可收起。

中铁特货现有 D70 型装备（如图 8-5 所示），可满足部分重型货车、轻型货车及部分工程机械的运输需求。上半年已成功试运了徐工集团的工程机械。

中铁特货为适应市场需求，加大了新装备的研发力度，现正重点研究重卡及其他工程机械的运输设备，目前已有了初步方案，运输车辆暂命名为 NA1 型。NA1 型在国铁线路上可装载商用重型、中型和轻型卡车，重型卡车包括牵引车以及载货车、自卸车和搅拌车的二类底盘，中型和轻型卡车的二类底盘，也可装载自行轮式工程机械，NA1 型采用典型装载方式。如图 8-6 所示。

项目	J5SQ型	JSQ7型
载重（顿）	13	50
车辆长度（毫米）	17938	26066
车辆宽度（毫米）	3065	3306
车辆高度（毫米）	4772	4760
上层净空高（毫米）	1591	1700
下层净空高（毫米）	1700	1860

图 8 − 4　J5SQ 型、JSQ7 型

项目	D70型
载重（顿）	70
车辆长度（毫米）	20400
车辆宽度（毫米）	3000

图 8 − 5　D70 型

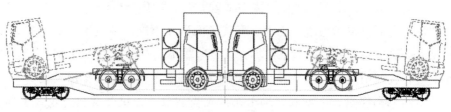

图 8 − 6　新研发车型

第二节　我国铁路汽车国际运输发展情况

　　目前，我国汽车国际进出口相对发达国家有很大差距，配套设施的建设仍有待完善，受资质及其他相关方面的影响，铁路在汽车国际运输方面主要负责内陆运输。为了更好地发展铁路汽车国际运输业务，提供专业化、组织化管理，中铁特货根据市场需求，已要求中铁特货公司全资子公司中铁特货汽车物流有限责任公司全权负责铁路汽车进出口业务。

　　进入2015年以来，受国际经济继续下滑的影响，中国汽车出口业务同比2014年上半年出现负增长，其中乘用车出口降低幅度尤为明显。同时，相比2013年，2015年1—6月也出现连续走低的现象。如图8－7、图8－8所示。

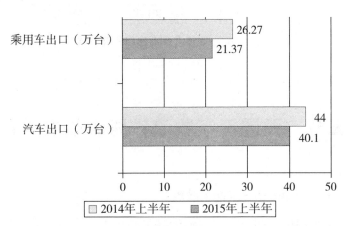

图8－7　2014年上半年与2015年上半年汽车出口数据对比

　　中铁特货汽车物流有限责任公司紧密联系市场，加强市场开发力度，目前已成功开通长城出口至哈萨克斯坦项目，并已成功试运。同时，中铁特货通过与铁路内部单位强强联合，计划适时开通一汽发往欧洲的固定班列。

　　中国铁路通过不断加强自身建设以更好地适应市场，铁路汽车出口项目从无到有、从有到强的过程见证了中国铁路的发展历程。中铁特货公司将继续全面贯彻国家"一带一路"的战略规划，深入开展汽车国际运输业务，继续为推动国家经济发展贡献力量。

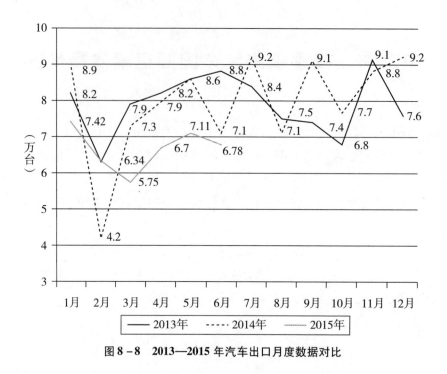

图 8 - 8　2013—2015 年汽车出口月度数据对比

第三节　我国汽车物流铁路运输发展趋势

随着我国汽车生产和消费水平的不断提高，汽车物流业务也将继续保持高速增长，但随着汽车物流业务的增长和各生产企业的整车利润不断下滑，行业内各物流运输企业的竞争将同时加剧，行业内各运输企业也要面临新一轮的"洗牌"。

对于铁路，班列运输是最能体现铁路安全性高、时效快、全天候、全覆盖、大批量、长距离、节能环保等优势的运输形式，但相对而言，班列集单时间较长，在市场反应方面相比公路仍有所差距。同时，铁路运输成本相比公路并不具备明显优势也是当前困扰铁路的头等问题。

对于公路，"点对点"的运输方式虽然为企业和经销商提供了较大的便利，但随着汽车生产企业的不断扩能，"点对点"运输已经开始凸现瓶颈，即无法对市场形成快速反应能力。同时，近年来随着板车公路事故频发的影响，安全成为了当下政府迫切需要解决的问题。在后续的政府政策中，"治超"仍然是重中之重，随着"治超"力度的不断加强，公路运输成本将不断提高，将同时制约汽车生产企业和公路运输企业。

对于水运，受限于自身条件，水运在未来汽车物流行业中虽仍会保持增长，但不会占据主导地位。

在未来汽车物流发展过程中，单一运输方式已不适合市场的快速发展，由此引发的对于各运输方式在新环境下定位的思考将越来越重要。对于铁路而言，铁公联运、铁水联运将是打破制约铁路、公路以及水运继续发展的重要手段。以中铁特货目前取得的经验来看，铁路"库前移"运输模式是十分适合汽车生产企业需求的一种运输方式，"库前移"也是铁路、公路联手发展的有力证明。在"库前移"全程运输过程中，既解决了汽车生产企业整车仓储问题，又通过铁路、公路的联合运输对汽车销售市场形成了快速反应，适应了市场，满足了消费者需求。

在以后汽车物流运输发展中，多种方式联运必将成为汽车物流运输的一大特色，同时多种方式联运也将继续推动汽车物流运输业务的发展。铁路作为其中一种运输方式将继续发挥着应有的作用，为推动国家经济发展继续肩负起应有的责任。

（中铁特货运输有限责任公司　左光宇）

第九章 我国整车物流水路运输发展情况

第一节 我国汽车滚装运输发展情况

国际汽车滚装发展从 20 世纪 60 年代起步，80 年代随日本汽车大量出口蓬勃兴起，经过 90 年代的调整，在 2000 年进入快速发展阶段，2010 年前后随全球金融危机进入了新调整阶段。与国际汽车滚装运输业相比，国内汽车滚装起步落后 30 年时间，但借鉴国际滚装发展经验，发展进程有压缩和加快的趋势。

一、缘起 1992—2002 年

1992 年，我国汽车市场还处于"老三样"前期阶段。1991 年，第一辆捷达（捷达 A2）在一汽大众轿车厂组装下线；1987 年，桑塔纳从德国大众引进，成为公务用车的代表；1992 年，富康被引入中国，首推中国两厢家用轿车。该段时期我国轿车市场处于起始阶段，车价高、销量低，但运输问题却很严峻。铁路没有运力，只能靠公路"自驾"方式解决，但 1992 年我国第一条高速公路沈大高速才刚开通，国道"自驾"周期长、效率低、成本高且安全性差。

刚投产的捷达车铺满长春，客户着急要车。一汽集团领导紧急求援工业部、铁道部、交通部帮助解决运输问题。交通部另辟蹊径，协调中国长江航运集团下属企业（原深圳长航前身）从日本买进国内第一艘汽车滚装船 250 车位"长吉"轮，于 1992 年 8 月满载一汽大众捷达车开通营口—深圳、珠海、广州水运航线，开创我国汽车滚装运输业务先河。

在一汽采用水运示范作用下，1994 年成立的上海安盛公司同深圳长航合作购进了"长祥"轮，开始为上汽提供水运服务；1996 年长航利用客班船"江汉 62 号"轮首次承运五辆神龙富康车抵达重庆；1999 年重庆民生轮船开始利用驳船捎带为长安提供江

运服务。

本阶段呈现"三少一没有"特征。①从业公司少。仅深圳长航、上海安盛和重庆民生3家公司涉足；②船舶运力较少，船舶载量小，大都在150～500车位之间。到2002年年末，仅有江海滚装船12艘，不足3000车位；③客户及运量较少。2002年，整个汽车滚装行业运量仅5万辆，但个别汽车厂水运比例较高，如2000年长航承运一汽大众10136辆，占其总销量的18.4%；④没有专业汽车码头，车辆装卸利用杂货或汽车轮渡码头。

双层轿运车运输方式开始导入我国并快速扩张。2000年，我国汽车销量突破200万辆大关，达到208万辆，其中乘用车销量60.5万辆。随着乘用车销售火爆，商品车运输方式由自驾、水运方式被更快、更灵活的公路双层轿运车运输方式替代；2002年底，一汽大众基本停止了水运方式。

二、初兴2003—2008年

进入21世纪我国汽车市场开始"井喷"增长，2002和2003年分别增长37%和35%，接连跨越300万和400万辆大关，达到440万辆。在此背景下，丰田开始谋求进入中国。2002年8月，一汽与丰田签署战略合作协议；2004年9月，广汽丰田成立；2006年5月，首款凯美瑞下线；2008年，丰田在中国产销量达到55万辆，我国汽车总体产量达到了938万辆高度，较2002年325万辆增加了188%。

受丰田推动，我国最大的航运央企纷纷结伴国际领先的汽车船公司进军我国滚装行业。2003年1月，中远与NYK合作成立中远日邮汽车船公司；2003年9月，深圳长航与TOYOFUJI成立深圳长航丰海汽车物流公司；2004年3月，中外运与MOL成立中外运—商船三井航运公司；2004年5月中海与Kline成立中海川崎汽车船公司。通过国际合作伙伴，大量引入国际滚装管理理念及运作经验，较快地促进我国汽车滚装运输的发展。

进入中国的丰田不仅带来了新产品和精益生产，还推进了汽车水运及班轮化模式。为达成"交期稳定、品质良好、成本可控"目标，丰田大力倡导水运及班轮化运作方式。2005年9月，以丰田车辆为主的滚装班轮航线天津—东莞航线开通，后续又开通了天津—上海航线以及扩充南北班轮航线为天津—东莞—南沙—上海—天津航线，该航线由深圳长航、中远、中海、上海安盛4家公司共同投入6艘滚装船，实现每周二、周四、周六共三航次定班发船。

地处海南岛的独特地理位置使海马汽车也成为推动我国汽车滚装运输的积极力量。2003年以来，海马福美来以"新三样"之首受到消费者追捧而旺销，而车辆出岛运输却受制于琼州海峡过海能力瓶颈。深圳长航与海马汽车合作，提出利用汽车滚装运输方式解决海马汽车出岛问题的方案；2003 年 3 月深圳长航相继开通了海口—东莞钟摆航线、海口—天津航线，2003 年海马水运量超过了 3 万辆。

国内汽车开始出口为我国汽车滚装运输提供了新机会。自主品牌汽车如奇瑞开始尝试出口，2002 年出口了 100 台，2008 年达到 13 万辆；国内汽车出口总量亦从 2002 年的 2.2 万辆跃升到 68 万辆，几乎每年增长 100%。受惠汽车出口大幅增长，中远日邮相继开展了波湾、地中海及中南美汽车滚装航线业务。

滚装船运力供给方面，一批专业滚装船从国外购入。沿海滚装船以向日本合作滚装船公司购买旧船为主，其中深圳长航购进了 6 艘 600~800 车位旧船、中远购进了 5 艘、中海购进了 2 艘、中外运购进了 2 艘，与上海安盛一起组成了一个 20 艘船、1.5 万车位的沿海滚装船队；在长江方面，长航先后将 11 艘客船改造为滚装船，民生陆续建造了 9 艘滚装船，形成了 20 余艘船、1 万车位运力，及时满足了长江滚装市场需求。由于国际滚装船市场火爆，继续购买旧船方式受限，2006 年开始，深圳长航开始探索通过自主设计、自主建造 2000 车位滚装船方式来解决运力增长问题；2007 年深圳长航同南京金陵船厂签订了 6 艘 2000 车位滚装船建造合同；该 2000 车位船型成为行业内标准船型之一，受到行业内多家公司效仿。

国内四大专业滚装码头开始投入使用。2003 年，上海海通汽车码头投入使用；2004 年，天津滚装码头投入使用；2006 年，大连汽车码头投产；2007 年，广州南沙汽车码头投产，这些专业码头相继投入使用，为国内沿海及汽车进出口运输提供了发展条件。

本阶段主要特征有以下几方面。①新加入者增加，从业公司增多。有深圳长航、上海安盛、中远、中海、中外运和民生 6 家公司从事汽车滚装船业务。②船舶运力增多。到 2008 年年末，行业江海滚装船 40 艘，约 3 万车位运力，较 2003 年扩大 10 倍。③多个专业滚装码头及库场投产，我国汽车滚装运输配套能力得到提升。④客户及运量增多。截至 2008 年，整个行业的运量达到 70 万辆，水运比例 7.5%。但公路双层轿运车是商品车运输主要方式，占比超过 85%。

三、小成 2009—2013 年

2008 年的国际金融危机狂澜未能止住我国汽车产业的狂奔，2009—2010 年增速分别达到 46% 和 32%。2009 年我国汽车工业以产销 1365 万辆取得世界第一地位；但这种状况为后续汽车市场"微增长"埋下伏笔，2011—2012 年增速放缓至 2.4%、4.3% 后，2013 年增幅反弹至 13.9%，超越了 2000 万辆大关，达到了 2198 万辆世界历史高度。

汽车市场狂飙给汽车物流带来了较大压力。特别是独大的公路双层轿运车运输方式一直处在国家超限整治的"达摩克利斯之剑"下，运力发展不畅，运营四处受阻，从业者良莠不齐，单一依托公路模式的汽车厂家承担了较大政策风险和危机。

为保障物流战略安全，广本、上汽开始发展扩大滚装运输份额。2009 年 3 月，深圳长航与广本合作开通了广州—大连航线，车辆从水路进入东北；随后广本相继开通了山东、上海、海南、天津等地区的车辆水运业务。上汽加大了汽车滚装投资，推动上海通用、上海大众走"水"；上汽下属安吉物流复制上海海通码头发展经验，投入数十亿相继在大连、南沙、南京、武汉建立合资码头公司及建设配套库场；2013 年，上海通用、上海大众水运比例提高到 15%。

滚装船运力供给方面，长江、沿海和外贸滚装船在船型和运力增长渠道方面都取得重大突破。沿海方面，解决了单一依靠购买旧船来增加运力的局面。2009 年 3 月，深圳长航自主设计、自主建造的 2000 车位沿海滚装船"长吉隆"首航，后续共交付了 6 艘同型船；2011 年 10 月，上海安盛租用大连港的 2 艘 2000 车位滚装船也投入使用，沿海滚装运力由 600 车位小型船为主进入了 2000 车位船型时代；在长江方面，深圳长航改变了利用客船改造为滚装船做法，新建了 6 艘 800 车位长江船；上海安盛同期也建造了 3 艘 800 车位滚装船；民生继 2 艘 1300 车位船舶之后，又新建了 6 艘 900 车位滚装船。在此时期，长江滚装船由 2008 年以前 500 车位以下小型船提升到 800～900 车位主流滚装船；在外贸滚装方面，中海租用 RAY SHIPPING 的 4 艘 4900～6400 车位滚装船交付使用，中远新建的 2 艘 5000 车位滚装船分别在 2011 年 11 月和 2013 年 3 月首航，深圳长航的 1 艘 4900 车位滚装船于 2010 年 5 月正式投入使用。

开始尝试工程机械滚装运输业务。2011 年 2 月，深圳长航"长宇"轮装载 70 台斗山挖掘机从烟台起航，运至防城港，安全交付经销商，为工程机械运输提供了新方式；后续多家公司为徐工等厂家提供水运服务。

我国汽车出口运输方面，深圳长航 2011 年 11 月利用自有船舶首次为奇瑞汽车出口缅甸车辆提供了江海联运、内外贸联运的滚装运输服务，为奇瑞汽车开拓东南亚市场提供了江海、内外全程运输支持；在开拓东南亚业务方面，深圳长航与 HOEGH 合作成立中挪汽车船公司，投入 2 艘 2500 车位滚装船经营中国/日本/韩国—缅甸—泰国—日本航线，年运输能力超过 5 万辆；2013 年 3 月中远日邮 5000 车位船舶"中远腾飞"张家港装载奇瑞汽车 947 辆首航巴西。

行业组织工作加强。2012 年 9 月中国物流与采购联合会汽车物流分会在大连组织召开了"首届全国汽车滚装物流研讨会"后，2013 年 8 月及 2014 年 7 月分别在吉林和青岛召开了行业会议；2009 年 5 月，中国港口协会滚装码头分会成立；2013 年 1 月，中国船东协会滚装分会成立。这一系列活动及组织的成立，标志着我国滚装汽车运输行业发展及运作向成熟阶段迈进。

本阶段主要特征有以下几方面。①从业公司增加1家上海中甫航运，有深圳长航、上海安盛、中远、中海、中外运、民生和上海中甫共7家公司从事汽车滚装船业务。②船舶运力大幅增长。到2013年年末，国内江海洋滚装船60艘，约6万车位运力，较2008年增加100％。③上海海通外6期、天津环球滚装码头等码头及库场投产，滚装装卸及库场能力继续增长。④运量有较大幅度增长。本时期5年内实现了运量翻番。2013年，整个行业内贸运量由2008年70万辆增长到150万辆。

四、蛰伏

站上2000万辆大关和多年的全球销量第一让我国汽车市场发展进入了"彷徨"阶段，城市拥堵、PM2.5"爆表"及随之而来的北京、天津、贵阳、广州、深圳等多城市限购、限行政策让我国汽车市场笼上了迷雾，汽车市场"微增长"是近几年以及未来发展的主要特征。

与我国汽车行业同样迷惑的还有滚装运输业。尽管国内滚装运输量增长较快，但滚装运输比例始终在7.5％水平。公路双层轿运车方式从2000年开始野蛮生长，在长度上远超国家规定的16.5米长度，最长达到36米，并畸形发展成为上层装两排、甚至上下层均装两排的"小怪"和"大怪"，部分轿运车辆最大单次可装载量超过20辆。公路轿运车这种违法竞争状况一定程度上抵消了滚装运输的低价竞争优势。

以汽车厂为背景的滚装船公司大力发展船队及货源在内部循环的做法给我国滚装行业健康发展带来不利影响，削弱了公共滚装船公司扩充船队的动力：一方面，由于汽车厂之间的竞争关系，其他汽车厂将车辆交付货主背景的船公司承运存在一定的顾虑；另一方面，行业内有货主背景的公司之间利用各自掌控的货源进行相互交换，客观上排挤了没有货源背景的公共船公司，损害了公共船公司的发展信心；如果公共船公司得不到较好发展，对吸引更多汽车厂客户采用滚装运输方式不利。

水运价格较低对滚装运输市场发展不利。由于公路双层轿运车违规竞争、自主品牌对价格敏感性高以及各船公司货源不对流特征，导致滚装市场为获得货源低价竞争，特别是汽车厂背景的船公司为获取回程货源拉低了运价，行业内船公司大多经营效益较差，进一步扩充滚装运力缺乏合法性和业绩支撑。

外贸滚装运输发展较为困难。一方面，我国汽车出口受进口国贸易壁垒及社会稳定等因素影响较大，继2012年我国汽车出口首次突破100万辆大关达到101.5万辆、同比增长19.5％后，2013—2014年呈低迷下降趋势，分别出口94.8万辆、94.7万辆，进入 2015 年仍继续下滑。另一方面，我国滚装船公司普遍缺乏全球货源组织能力，无法解决回程货源问题，导致总体成本较高，缺乏竞争力。受此综合影响，中远汽车船业务 2014 年上半年较 2013 年同期下滑 24.77%；中海 4 艘外贸滚装船在自营航线亏损较大的情况下，放弃自营努力，将该 4 艘船出租给国际滚装船公司经营。

我国汽车滚装运输当前进入"蛰伏"阶段。外部原因是我国汽车微增长、出口下降和公路不规范竞争；内部原因主要是滚装船运力结构不匹配、服务及管理水平不高以及滚装市场持续增长多年需要调整等因素。我国滚装船市场进一步发展既需要等待外力推动，也需要内部努力提升，但更需要时间来解决各项不利因素，等待政策推动及公路经营的逐步规范，有待于汽车厂家提高对物流保障能力建设的重视和对滚装优势的认识，有待于滚装行业自我提升修炼，在交货期、品质及门到门服务方面做得更优、更完善。

五、涅槃

"中国梦"一定会实现。我国汽车工业发展历程与我国 GDP 增长高度重合；2000 年，汽车销售 208 万辆、GDP 突破 1 万亿美元；2014 年汽车销售 2349 万辆、GDP 突破 10 万亿美元。当前，我国 GDP 正由 10 万亿美元向超越美国的 16 万亿美元迈进，作为我国 GDP 支柱的汽车工业也一定不会停滞不前。

要预测我国汽车市场容量有多大，既不能静态地从我国公路里程、城市交通饱和等问题来消极分析，也不能单纯地套日美等汽车发达国家的千人拥有量来积极推论；我们既要看到我国石油、土地及交通等资源的匮乏，也要看到我国人民要求提升生活品质的巨大动力和潜力。综合各方分析，预测我国汽车总保有量在 4 亿辆，对应我国汽车工业产销峰值在年 4000 万辆水平。

当前，我国"依法治国"及持续反腐行动深入，将推动各行各业包括公路双层轿运车行业的规范，在汽车市场需求不断增长和公路运输逐步规范的因素下，我国汽车滚装运输仍面临着较好的发展机会。

正是基于上述判断和对我国汽车滚装市场的发展信心，我国滚装船公司正大力加强滚装船队建设。深圳长航、上海安盛及上海中甫已订造了 13 艘、2.8 万车位滚装船，这些较具大型化的江海滚装船将在 2016—2018 年陆续投入使用，会进一步推动我国汽车滚装行业发展。预计我国汽车滚装 2020 年将达到 400 万辆运量，水运比例达到 15%。

（深圳长航滚装物流有限公司　汪培海）

第二节　我国汽车海运集装箱运输发展情况

全球汽车市场在 2008 年的经济危机中经历了剧变，世界经济普遍低迷，直到近几年才开始缓慢恢复。2014 年，全球共销售汽车 8520 万辆，比 2013 年仅增长 3.35%。但是对比国外，中国经济的持续发展却强有力地推动了我国汽车产业的成长，我国一跃成为世界最大的汽车消费国和生产国，汽车的进出口贸易量也呈现出快速增长的趋势。

2014 年，国内汽车销量接近 2400 万辆，同比增长接近 10%，连续 6 年保持世界第一。其中，乘用车共销售 1970.06 万辆，同比增长 9.89%；商用车销售 379 万辆，增长 6.5%。随着我国经济结构调整，消费者收入水平的上升，SUV、MPV 等车型受到追捧。在乘用车销量中，轿车增长放缓，MPV、SUV 保持高速增长，商用车销量则大幅下降。与此同时，新能源汽车得到政府政策支持，全年销售 7.5 万量，同比增长达到 324%。随着近几年我国汽车保有量不断上升，国内二手车市场也呈现井喷趋势。据中国汽车流通协会统计，国内二手车市场 2014 年累计交易 605.29 万辆，同比增长 16.33%，二手车增速是新车整体市场增速的两倍。

随着国内外汽车产业的良好发展，尤其是国内汽车运输市场的需求也将进一步上升。汽车海上运输在国内航线上有着举足轻重的地位，海运集装箱作为海上运输的主要手段也应该积极开拓这一新的细分市场，有所作为。

一、汽车运输市场及运输模式

在我国汽车进口贸易中，主要进口为经济较发达的国家，如德国、日本、美国等。而在国际上亚洲到北美和亚洲到欧洲依然是最重要的两条线路，日本和韩国也是这两个流向上最重要的汽车出口国，汽车生产厂商将生产线分布到世界各地，有传统的欧美市场也有新兴的亚非拉市场。如表 9 - 1 所示。

表 9 - 1　　　　　　　　2014 年各国汽车销量排名

国家	2014 年销量（万辆）
中国	2349.18
美国	1692.79

续表

国家	2014 年销量（万辆）
日本	555.64
巴西	349.78
德国	330.70
印度	317.69
英国	284.30
俄罗斯	249.14
法国	217.75
加拿大	188.94

目前，全球商品车海上运输方式主要有两种：一是滚装船运输，二是集装箱运输。滚装船运输具有运输批量大、价格低、高效率和破损率低等优点，受到国内外汽车物流商的青睐，是国际整车运输的主流方式。集装箱运输具有高效、便捷、灵活等优点，并且能够实现门到门的运输服务，对于高价值、小批量的汽车货源有着很大的吸引力。随着我国集装箱港口的快速发展，集装箱船在航线覆盖率以及班期密度上、航速上已经开始领先于滚装船，特别是在许多港口将国际中转港作为战略发展目标的背景下，大量国际贸易货物通过我国港口进行中转，其中包括大量的汽车类货物。目前，特斯拉等新能源车已经采用集装箱模式将汽车从美国工厂运送往世界各地；另如宾利、宝马等传统高端品牌从 2009 年开始也通过集装箱运输，每年都会有固定的集装箱比例。

而在国内市场，汽车销量连年上升，需求潜力巨大。国内车企新增产量由沿海地区逐渐向沿江中西部地区发展。目前，国内车企主要有上汽、东风、一汽、北汽等，其生产基地主要分布在上海、东北、广东、江苏、湖北、重庆等地区。

2014 年国内车企乘用车销量排名，如表 9 - 2 所示。

表 9 - 2　　　　　　　　　2014 年国内车企乘用车销量排名

车企	万辆
上汽	558.37
东风	308.61
一汽	254.78
北汽	240.09
广汽	117.23
华晨	80.17

续表

车企	万辆
长城	73.08
奇瑞	48.61
江淮	46.47

　　根据国内主流车企的分布情况，我国商品车运输也形成了相应的物流配套服务，目前主要依靠公路、铁路、水路（滚装船、集装箱）三种运输模式，其中公路运输占据主导地位，水路、铁路只是作为补充用来弥补公路的不足。根据不完全统计，三种模式中水路比例不到10%，其运作模式主要以滚装船为主，铁路运输主要为保障偏远地区且长距离的运输需求。

　　近几年，国家一直提出整治公路超载、超限等问题，轿运车也是超限问题最为严重的领域之一，为了节省成本擅自改装车身，加高、加长、加宽在高速公路以及市内比比皆是。目前一辆轿运车普遍可以装载商品车10辆以上，最多的超过20辆，对公路安全造成严重的隐患。因此各汽车厂商根据自身情况纷纷改变原本全公路运输模式，提高水运比例，加强多式联运，不仅有效降低了物流成本，也减少了未来在公路上的巨大风险。

二、国内汽车运输模式对比

　　我国地域辽阔，经济发展重心逐步由沿海向内陆发展，国内商品车市场仍然处于刚性需求阶段，市场由东部地区向西部地区逐步转移，节能环保的需求也越来越强烈。目前生产厂商、物流商既要追求"零库存"压缩成本又要追求运输的可靠性、安全性、及时性以及经济性和高质量的服务，以提高市场竞争能力，为此根据各自不同的情况制定了不同的运输线路以及不同的运输方式。

（一）运作流程对比（如表9-3所示）

表9-3　　　　　　　　　　运作流程对比

运作方式	工厂/仓库	轿运车	场站/码头	车皮/滚装船/集装箱	场站/码头	轿运车	仓库/4S店
公路	△	△					△
铁路	△	△	△	△	△	△	△

续表

运作方式	工厂/仓库	轿运车	场站/码头	车皮/滚装船/集装箱	场站/码头	轿运车	仓库/4S 店
滚装船	△	△	△	△	△	△	△
集装箱	△	△	△	△	△	△	△

从表 9-3 中四种运作模式可以看出公路运输环节最少，且便于跟踪商品车运输状态，其余三种运作模式中间环节较多且前后端都需要公路运输做配套服务，商品车在运输环节过程中会进行多次装卸以及交接手续，因此从便捷性上来说公路占据绝对的优势，其余三种模式几乎相同。

（二）运输成本对比（如图 9-1 所示）

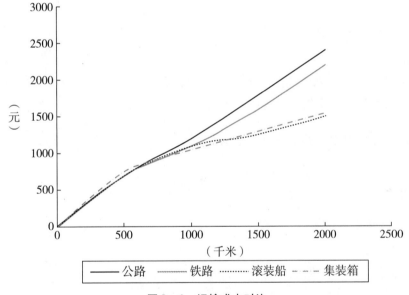

图 9-1　运输成本对比

从图 9-1 的运输成本上来看，目前市场主流的公路运输价格与铁路价格基本持平。水路运输则受距离远近影响价格有所不同，500 千米以内航线较少，几乎无法运作。当全程达到 1000 千米时，海运受到前后两端配套拖车价格较高的影响同样不占优势，但是当距离达到 1500 千米之后海上运输的成本优势不言而喻。

（三）运输时间对比（如图 9-2 所示）

从图 9-2 的时效性上看公路还是占有绝对的优势，铁路次之，海运最慢。其中滚

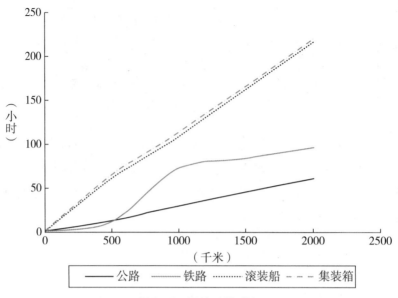

图 9-2 运输时间对比

装船运输多为点到点直航，集装箱运输则可以做到门到门运输。但是在销售淡季国内
4S店仓储能力有限，时效性要求降低，甚至有时需要租借大量场地堆放车辆为销售旺
季做准备，从而部分时间集装箱可以提供以箱代库，缓解汽车销售淡季的库存压力。

（四）综合对比（如表9-4所示）

表9-4　　　　　　　　　公路、铁路、水路综合对比

因素	公路	铁路	滚装船	集装箱
环境保护	污染大	污染较小	污染小	污染小
运输成本	高	较高	低	低
运输能力	大	较大	大	大
门到门环节	便捷	较便捷	物流环节多	物流环节多
运输速度	快	较快	慢	慢
运输中质损率	高	低	低	低
天气影响	大	小	小	小
运量灵活性	灵活	不灵活	不灵活	灵活
服务网络	大	小	大	小

综合考虑各车企的实际情况，目前对于广州、福建（厦门、福州）、上海、天津、
东北（大连、营口）、山东（青岛、烟台）等沿海地区采用海运，南京、芜湖、湖北

（武汉）、四川（泸州、成都）、重庆等地区则考虑江运，对于其他内陆城市则更倾向于公路运输，在某些特殊情况下，如加急订单，原定于水路运输将调整为公路运输。

水路运输中滚装轮的最大特点是运量大、成本低，非常适合于大宗商品车的运输，并且通航能力几乎不受限制。但是采用水路运输就会涉及短驳问题。船在达到码头前，商品车将在码头停泊几天，此时码头相当于整车运输的临时仓库，但由于在码头几乎都是露天堆放，对于港口的管理等方面提出了较高的要求，同时由于露天堆放不可避免将会增加车辆质损的风险。对于滚装船运输，船舶的起航日期同样有限制，一般每周开航 1~2 次并且对舱位有严格的限制。如果当天的商品车数量过少，无法满足开航要求，则需要等车集港到一定数量才能开船，导致班期延误，影响全程运输时间。集装箱运输则没有此限制，小批量、大批量皆可操作，且提供准班服务。

公路运输相较于滚装船运输其最大的特点是机动、快速、灵活。车辆可以随时调运、装运，各个环节之间的衔接时间较短，可以快速地实现门到门的运输。但是公路运输的缺点也同样明显，运量少、成本高、质损率高。目前，市场上主流的情况是通过公路运输，但是根据具体情况，为了节约成本，又能保证服务多数情况下采用海铁等多式联运方式。

三、中海集运汽车板块业务发展情况

（一）中海集运内贸航线情况

中海集装箱运输股份有限公司（以下简称中海集运）是中国海运（集团）总公司控股子公司，同时在国内和香港上市（股票代码 601866/02866）主要从事集装箱运输及相关业务的多元化经营企业，公司共有 80 多条航线，挂靠全球 180 多个港口，是世界排名前 10 的班轮公司。国内运输一直是中海集运的优势品牌，经过近 20 年的不断完善，已经搭建成干支结合、海铁联运的内贸航运综合物流平台。服务网络已经覆盖了国内绝大部分的港口和深远内陆，内贸市场总份额常年保持约 40%，始终处于行业领军地位。同时，已经与宝马、通用、日产、海马等多家品牌客户建立了长期稳定的合作关系。

中海集运内贸航线，如图 9-3 所示。

（二）中海集运对汽车海运集装箱运输所作的努力

中海集运专门设立汽车板板块工作组，积极开展板块业务，不断地摸索尝试汽车海运集装箱化，从 1997 年中海集运内贸航线开辟，中海就承接了整车货源，当时与沈阳金杯汽车合作通过集装箱出运，开创了整车批量运输的先河。

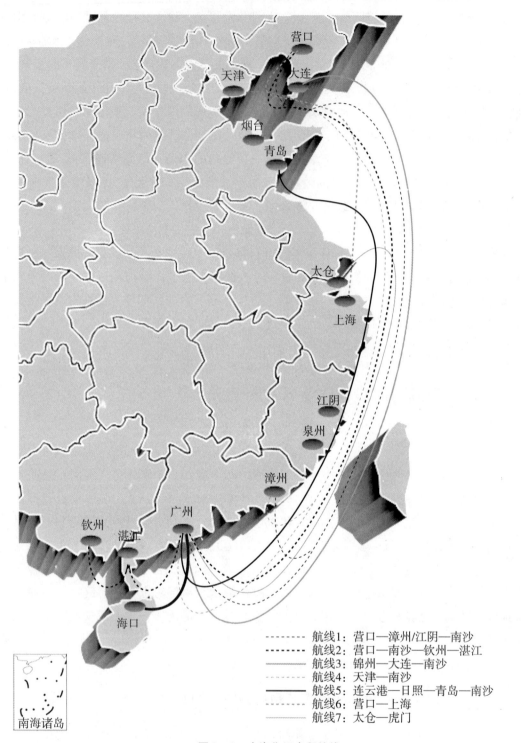

图 9-3　中海集运内贸航线

2007 年，中海集运成功与海马汽车合作。随着中海集运内贸航线服务的不断提升，中海集运开始思考如何提升集装箱水运模式的竞争力，开始探索利用辅助工具提高箱容使用率以多装汽车的途径，为此中海集运的第一代汽车架就诞生了，并且通过了船级社的认证。这批车架的使用，使得集装箱海运在与滚装、汽运的竞争中起了重要作用，从每箱 2 车提高到每箱可装载 3 车或者 4 车，为提升装载率起了不可替代的作用。《集装箱车架操作规范手册》（如图 9 - 4 所示）也伴随着第一代车架一起面世。

从 2008—2014 年间，中海集运相继与各个车企开展了合作。2008 年与东风日产合作；2011 年与上海通用汽车（安吉物流）、沈阳华晨宝马开展了汽车集装箱运输（联合物流）；2014 年 3 月、6 月中海两次试运通用五菱汽车（安吉物流），都取得良好的效果，得到客户的高度认可。

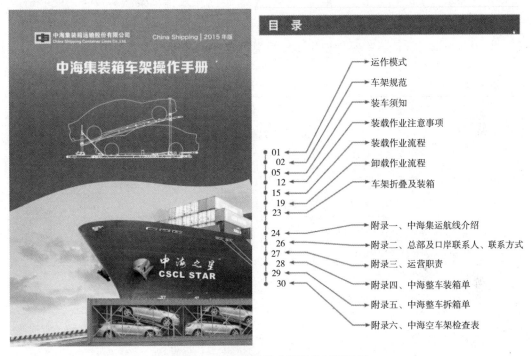

图 9 - 4 中海集装箱车架操作手册示例

（三）提升集装箱整车运输的竞争力

随着时间的推移，目前国内商品车中的 MPV、SUV 等车型销量迅速增长，其车型也有大型化趋势，老汽车架使用率逐年降低。为解决老车架使用率越来越低、集装箱运输优势越来越不明显，从 2011 年 10 月开始，中海集运开始尝试与日本专业公司合作，研发新型汽车架。经历了 2 年半的研发，对比老车架进行了 400 多项改进，期间进行了大量的破坏性试验（碰撞、60 公里急刹车、自由落体）、全程运输试验（海上 7

级风），安全可靠。对比老车架，新型车架体现出通用性更强、安全性好、操作高效、维修保养方便等优点。新架能更好地适应各种车型，接载更多的车辆。

根据目前车架装载一箱 4 台宝马车（40 尺箱），在熟练情况下的实际装箱用时约 8 分钟，与装载两辆车装卸时间几乎相同，由于汽车厂有严格的 OTD（Order To Delivery）考核要求，必须按照厂商在规定时间 1~2 天内完成装箱，全程计算运输时间，无法提前 5~6 天集港。因此，对大规模运作意义重大。其次，车架操作灵活，安全系数高。下层车的加固等作业可在箱体外完成，避免了车辆剐蹭的同时，又保障了工人作业的安全性。目前的车架已经发挥到了极致，较难在短期内有更大的突破，后续中海将继续研发配套车架使用的汽车框架箱，能够适应更多的车型走海运模式，适应新的汽车市场变化需求，及时跟进市场，推陈出新，不断研究并改善车架配套设备，能够适应更多的车型需求。

与中海集运合作的汽车品牌使用车架情况，如表 9-5 所示。

表 9-5   与中海集运合作的汽车品牌使用车架情况

厂家	车系	车型尺寸			新车架	
		长（毫米）	宽（毫米）	高（毫米）	适装 3 台	适装 4 台
华晨宝马	新 3 系加长版	4734	2031	1453	√	
	5 系长轴距版	5047	2102	1491	√	
	X-DRIVE-1	4477	2044	1577	√	
东风日产	新骐达（TIIDA）	4250	1695	1535		√
	骊威（LIVINE）	4178	1690	1565	√	√搭配
	新轩逸（SYLPHY）	4665	1700	1510	√	
	新阳光（SUNNY）	4426	1696	1518		√
	逍客（QASHQAI）	4315	1783	1606	√	
海南海马	福美来	4420	1730	1480		√
	福美来 M5	4698	1806	1477	√搭配	
	丘比特	3918	1725	1518		√
	骑士	4421	1830	1740	√搭配	
	普力马	4384	1718	1609	√搭配	
上海通用	凯越	4515	1725	1445	√	
	君越	5005	1858	1500	√搭配	
	君威	4843	1856	1484	√	

续表

厂家	车系	车型尺寸			新车架	
		长(毫米)	宽(毫米)	高(毫米)	适装 3 台	适装 4 台
上海通用	迈瑞宝	4869	1854	1472	√	
	凯迪拉克	5131	1852	1501	√搭配	
	GL8	5213	1847	1750	√搭配	
	科鲁兹	4598	1797	1477	√	
	英朗	4419	1814	1487	√	
	赛欧	4249	1690	1505	√	
	景程	4808	1807	1450	√	
	爱唯欧	4378	1735	1517	√	
	昂克拉	4278	1774	1646	√搭配	
	创酷	4248	1776	1674	√搭配	

随着第二代新型车架的陆续生产，新的《中海集装箱车架操作手册》也同时面世，其中对运作模式、车架规范、装车工人要求、装卸作业流程、注意事项以及车架的回收等都做了详细的规范，旨在让客户了解新车架的技术规范、运作流程，希望通过中海集运专业的车架技术与中海集运航线网络的完美结合，为客户的商品车运输带去更贴心、优质的服务。

四、我国汽车海运集装箱运输的未来

在过去的 20 多年中，我国集装箱产业从无到有，直到在国际集装箱领域占有主导地位，但是随着未来的科技进步与物流发展，汽车集装箱运输也会逐渐变的多样化、复杂化，但是总体可以归结为大型化、轻量化、多式联运、节能环保等趋势。集装箱船舶大型化可以提升汽车装载量，同时更加有利于降低班轮公司成本。未来节能减排、低碳环保、绿色运输也将会是重中之重，公路的成本势必将会进一步增加。汽车海上运输比例也会进一步增长，集装箱的港口优势、航线优势、成本优势以及对运输量的不限定优势将会越来越明显。

集装箱运输需要有自己的核心竞争力，需要寻找到一条能像公路一样便捷的操作模式，可以像普通集装箱货物门到门运输一样，直接由仓库提车装箱全程封闭式运往仓库或者 4S 店，甚至可以直接送到消费者手中。未来 4S 店或许不再销售汽车，仅仅提供售后或者试驾服务，新车与二手车销售交由主机厂或者电商直接发运，若能够有一个完整全面的信息平台，可以实时查询运输状态，这种小批量、多批次的运输模式必将越来越适合集装箱运输，跨省的二手车市场同样如此。

在未来几年中，公路运输还将是国内整车物流的主流，但是随着汽车厂商、物流商对于水路认可度提高，水路比例将得到进一步的提高，汽车行业也将会有更大的潜力，希望未来汽车海运集装箱运输能对推动整个汽车物流行业的发展做出贡献，给予各汽车企业以及汽车物流商更多的选择。

（中海集装箱运输股份有限公司　吴雷宇　陈奇）

第三节　我国汽车滚装码头发展情况

近年来，随着我国国民经济的高速发展，汽车产业作为国家工业的支柱性产业也得到了迅猛的提升，而与其相适应的汽车物流业也呈现出规模化、多样化的发展趋势。汽车滚装海运业以其快捷灵活、价格低廉、安全环保等优势，越来越多地成为众多汽车厂商整车运输的首选方式，汽车海运业在整车运输量中所占的比重不断增加。随着物流行业分工细致化、专业化的发展趋势，我国各港口先后都建成了具有专业化作业标准和堆场设施的汽车滚装码头。

随着时间的推移，我国滚装码头发展已经从始创期快速进入到成长期，发展环境的不断变化，使得国内滚装码头向着专业化程度更高、服务面更广、服务差异更大的方向发展，我国滚装码头发展进入到新的纪元。

一、宏观环境分析

（一）政策法律分析

2009 年之前，根据 2004 年起实施的《汽车产业发展政策》规定，沿海进口整车口岸为大连港、天津港、上海港和广州港，随着我国经济的不断快速发展，居民消费结构的不断升级，使得进口车的需求量逐年快速增长，从 2009 年 12 月至今，我国相继批准了钦州港、福州港、青岛港、张家港、宁波港、海口港以及口岸延伸后的深圳，沿海进口整车口岸增加至 11 个。沿海整车进口口岸的不断增加，意味着沿海港口整车进口的特权将会逐渐放开，沿海口岸开辟整车进口滚装业务的门槛将进一步放低。

2011 年 7 月 1 日起，实施的《公路安全保护条例》，对轿运车超长、超高、超宽进行了严重处罚，对 1 年内违法超限运输超过 3 次的货运车辆，由道路运输管理机构吊销其车辆营运证；对 1 年内违法超限运输超过 3 次的货运车辆驾驶人，由道路运输管理机构责令其停止从事营业性运输；道路运输企业 1 年内违法超限运输的货运车辆超过本单位货运车辆总数 10% 的，由道路运输管理机构责令道路运输企业停业整顿；情节严重的，吊销其道路运输经营许可证，并向社会公告。这堪称史上最严厉的轿运车管理条例。条例出台后，轿运车队不得不对轿运车进行改造，减少了装载量，从另一方面就意味着运营成本的提高。该政策的实施有助于将整车长途运输从陆地推向海上，从而推动沿海滚装业务乃至滚装码头的发展。

据此分析，我国当前相关的政策法律对口岸限制的逐步放开以及对公路运输加大限制，为促进沿海滚装业务、滚装码头发展起到了助推作用，随着业务量的不断增长，沿海滚装码头数量将快速增长。

（二）经济环境分析

经济环境决定着我国汽车消费量和消费水平，而我国汽车消费量和消费水平将影响滚装码头业务量。

2010 年在 4 万亿救市资金的带动下，我国经济逆势而上，我国汽车销量逆势增长，超越美国成为全球第一汽车消费市场；当时的粗放型经济增长格局没有改变，2011 年中国经济面临通货膨胀挑战，转而实施积极的财政政策和稳健的货币政策，以便处理好经济平稳发展、调整经济结构和治理通货膨胀三者的关系。2011 年，我国宏观经济的关键词是平稳发展，通过一系列财政和货币政策，降低由过快经济增长带来的弊端。2011 年我国汽车销量增幅下降明显，货币政策调控和鼓励政策的退出产生了明显的影响；2012 年上半年我国经济仍呈现明显减速的下行走势，在有效控制物价指数的前提下，为了防止经济过度下滑，国家出台了各项预调微调政策，力求保证经济稳定增长，同时通胀压力的减轻为信贷投放提供了空间。2012 年的总基调是稳中求进，在总基调的控制下，2012 年全年我国汽车销售量出现小幅增长。2013 年，在缓解了经济增长过快带来的弊端的同时，我国宏观经济的目标将是恢复经济发展速度，在保证稳定的前提下，提高居民消费水平，从而提高我国经济发展水平。在全国整体经济回暖的带动下，2013 年我国汽车销量增幅逐步回升至 10% 以上。进入 2014 年，在全世界经济普遍低迷的背景下，我国经济也进入了低速增长新常态，全年汽车市场销量增幅随之有所放缓，但仍保持高于 GDP 增幅的走势增长。

近几年我国经济的快速发展，已经将中国带入了汽车时代，同时进一步为我国汽车市场提高消费档次、快速更新换代创造了环境。

（三）社会环境分析

随着中国经济的快速发展，汽车消费对于当前中国居民来说已经是一件非常普遍的事，汽车已经逐步代替自行车和摩托车成为家庭的主要交通工具，拥有汽车已经成为一个家庭的基本需求之一（数据显示，2011 年我国居民人均收入为 2.4 万元，理想情况一个家庭工作 1 年就可以买入 1 台汽车，这种购买形势与 20 世纪 80 年代购买自行车类似）。拥有私家车后出行更便利也是居民购车的重要原因之一，再加上居民用汽车暂无更佳的替代品，因此从长期看，市场对于汽车的需求还会有增无减。

（四）技术环境分析

技术环境主要体现在两个方面：一是汽车制造技术，二是整车物流技术。汽车制造技术方面，随着我国汽车产业的不断发展，通过自主开发和吸纳国外先进汽车制造商技术，我国汽车水平在不断提高，同时消费者对汽车的要求也在不断提高，从最初的最基本的代步功能，逐渐上升到舒适、畅快、经济、档次等方面，汽车的价值就更高，因此就需要更精细的整车物流将商品车从工厂送至消费者手中，也就衍生出新一代的整车物流技术。整车物流技术也在不断提升，从最初的简单运输，到现如今的综合整车物流体系，将过去多个节点，多个经营主体，逐渐整合在一起，形成全程物流，从生产厂下线后，通过港口、船舶至目的地在经由公路运输送至 4S 店，再进行销售都是一体化，并且在引入信息技术后，消费者下订单后，可以像查询快递一样，跟踪自己所购汽车的位置。同时，精细化物流减少了经营主体，避免了出现残损后的互相扯皮现象，同时减少了商品车周转的次数，大大地减少了商品车货损的概率，提高服务质量和效率。

客户需求的不断提高使得技术环境随之不断提高，对整车物流链重要节点的滚装码头提出了更高的要求。

综上所述，经济环境的稳定发展，相关政策、法律助推，为滚装业带来了更多的货源，沿海滚装码头将会像雨后春笋般生长；同时不断提高的客户需求决定了滚装码头要向综合性汽车物流服务中心转型，才能适应行业发展需要。

二、行业环境分析

（一）滚装行业整体环境分析

从第一艘滚装船"彗星"号下水到如今，滚装行业已经经过了 57 年，由于滚装运输方式的优越、便利，越来越多的汽车厂商采用滚装运输方式。目前大型的滚装船公司包括华轮威尔森、日本邮船株式会社、商船三井株式会社、挪威礼诺航运、川崎航运等，其滚装航线遍布全球。滚装运输方式的优势在于可以大批量运输车辆及车辆相关配件、可以保证车辆的安全、可以大大提高装卸效率、可以节省成本等。滚装运输的劣势包括不太适用短途运输，由于其仓容较大并且仅适装车辆及车辆相关配件，不适用其他货类货物的承揽以及小批量滚装适装货的装卸。

随着汽车厂商对滚装运输方式的认同并采用，海运量的不断提高，滚装船公司规模的不断扩张，专业滚装码头也随之快速发展。国外滚装码头由于发展较早，其专业化程度要远高于国内，汽车物流相关业务开展十分成熟。国内滚装码头虽然发展相对较晚，但随着我国汽车消费市场的不断扩大，通过借鉴和引进国外先进滚装码头经验，已经形成了以天津港、上海港、大连港、广州港为代表的一批专业滚装码头，钦州港、青岛港、宁波港、连云港以及内河安徽芜湖港、武汉沌口港、重庆寸滩港等一批新兴滚装码头，国内滚装行业一片欣欣向荣。受我国地理形态所制，国内车辆的陆地运输仍为主要运输方式，占整体运输量的80%以上，海运仅为辅助运输方式；但外贸车辆尤其是外贸进口车辆以滚装运输方式为主，占到95%，其他通过集装箱及杂货等方式进口；外贸出口车辆半数采用滚装方式出口，其他则由于受出口地限制、节约运费等因素，将车辆拆分成散件通过集装箱出口。

（二）国内主要滚装口岸及发展情况

1. 天津港滚装码头和天津港环球滚装码头

天津港滚装码头有限公司成立于2004年11月15日，是天津港股份有限公司、日本邮船株式会社（NYK）和华轮威尔森码头北方有限公司共同投资组建的中外合资企业，分别持股56.17%、37.44%、6.39%，是天津港现代化、专业化滚装船舶和食用油船舶装卸的码头公司，2005年5月投产试运营。公司主要从事汽车、食用油、润滑油，燃料油的码头装卸、仓储等业务。

天津港环球滚装码头有限公司由天津港股份有限公司、日本邮船株式会社、华轮－威尔森码头北方有限公司共同出资分别持股56.17%、37.44%、6.39%。

除上述2个专业滚装码头外，天津港一公司、邮轮母港还兼做滚装业务，拥有港湾汽车物流公司负责后方物流服务。港内经营主体相对较多，汽车货类资源相对分散。

天津港滚装码头是国内最早一批专业滚装码头，拥有丰富的滚装操作经验以及专业的设备设施。天津港地理位置优越，腹地北京、天津、河北不仅经济实力雄厚，有较高的汽车消费需求，并且当地汽车产业发展较快，拥有长城汽车、一汽丰田、北京现代、北汽福田等多家汽车厂商。这些条件为天津港成为北方最大的滚装口岸奠定了基础。

目前，天津港滚装码头开始向整车物流服务进军，在环球滚装码头内部规划 12 万平方米综合汽车服务功能区，包括 1.4 万平方米车棚、3.4 万平方米立体车库、0.48 万平方米流机库等物流设施，增添室内堆存、PDI 检测、商检检测、VPC 改装、整备等一系列整车物流服务。

2. 上海港滚装码头

上海海通国际汽车码头有限公司是由上海国际港务（集团）股份有限公司、安吉汽车物流有限公司、日本邮船株式会社、NYK Holding（Europe）B. V.、华轮威尔森瑞典中区码头公司、上海汽车工业香港有限公司共同合资的中外合资企业。码头公司主要从事内外贸整车装卸、滚装方式大件装卸、堆场服务和管理 PDI 增值服务。公司拥有达到国际先进水平的滚装码头信息管理系统。

上海港滚装码头是目前国内专业化程度最高的滚装码头，拥有很强的实力，主要体现在股东上汽集团的货源支持、拥有提供码头一站式物流服务的能力、拥有 VPC 改装、室内仓储、商检检测、PDI 检测、大件吊装以及集装箱配件物流等多项物流功能，此外其价格体系灵活、服务意识强、人力资源充沛以及腹地经济强劲等多方面因素使得其已经成为国内业务量最大的滚装码头。

3. 广州港滚装码头

广州新沙港是经国务院批准设立的国家一类口岸，拥有水路外贸汽车进口资格。2004 年 10 月，经改造，华南地区首个滚装汽车专业码头在新沙港区建成。目前广州港新沙码头已经建有 2 座立体停车库，PDI 检测线，商检检测线，功能相对完善。

广州港南沙汽车码头有限公司于 2005 年 4 月份动工，2006 年 6 月建成投产。公司投资近 8 个亿。南沙获得外贸进口业务资质后，将会为广州口岸整车进口实力地提升起到重要补充作用。

4. 大连港滚装码头

大连汽车码头公司成立于 2004 年 1 月 29 日，由大连港集团、日本邮船株式会社、中远太平洋有限公司按照 40%、30%、30% 的股比共同出资组建，专业从事国内外汽车及其他滚装货物的装卸、仓储、中转、检测、运输、加工、维修、代理等业务。大连汽车码头于 2006 年 7 月 6 日投产运营，是东北口岸首个具备国际先进水平的专业化滚装码头。

大连港滚装码头腹地消费能力相对较低，外贸业务相对较少，其通过价格优势争揽内贸货源，使得其内贸业务每年均保持较高水平增长。除基本码头装卸业务外，还参与到码头操作、船舶运营、物流业务中，将服务延伸至整车物流链的上下游，以弥补腹地经济不足的劣势。

三、滚装码头发展趋势

（一）货源区域性划分更加清晰

外贸进口汽车业务受口岸限制，业务仍集中在传统整车进口口岸天津、上海和广州之中，新获批口岸在码头硬件条件、腹地需求、客户认知均难以与上述口岸竞争，目前仅以集装箱进口业务为主，业务量较少。从长期来看，进口汽车经销商办事处均设在天津/北京、上海、广州等地，同时经过长年的合作，已经形成了贸易习惯，同时通过多年的积累，口岸已经形成相对固定的、丰富的滚装班轮航线，所以预计未来我国整车进口仍是以天津、上海和广州为主，其他口岸为辅的局面。货源区域划分天津口岸主要辐射华北、东北、西北地区，上海辐射华东、华中以及长江沿岸地区，广州辐射华南、西南地区。

外贸出口汽车业务并不受口岸限制，汽车厂商可以就近或选择有价格优势的口岸出口，但仍受口岸外贸出口航线因素的影响。码头货源区域划分以直接腹地货源为主。

内贸业务国内沿海口岸之间是合作关系，主要是腹地货源的南北流动，目前主要是大连腹地的通用、华晨南下，天津腹地的一汽丰田、长城南下，上海腹地的上汽合资品牌北上、南下，广州腹地的广汽丰田、广汽本田北上，货源区域划分仍是以直接腹地和主要销售地为主。

（二）滚装码头功能不断提升

目前，国内滚装码头的发展趋势是从单一装卸操作快速向整车物流服务发展。现阶段国内滚装码头发展方向有 2 个方向。一是以上海港为代表的，发展码头内部服务功能，码头内部建有多个立体车库，具备 VPC 改装、PDI 检测线、商检检测线、大件设备吊装、短途配送服务以及集装箱整车配件物流等服务功能，将原先码头周边物流企业的各种功能集中在码头，为客户提供码头一站式服务，有效地降低客户物流时间、节省物流成本，将码头服务拓展到口岸服务，使口岸成为一个整体。二是以大连港为代表的，发展码头外部服务功能，通过与知名滚装物流企业合作，拓展业务至码头操作、船舶运营、整车物流等整车物流链的上下游，再与码头业务相结合，可以为客户提供整车物流全程服务。

（三）竞争更加激烈

目前，我国拥有的整车进口口岸已经达到 19 个，除了 11 个沿海进口口岸外，还有 1 个空运口岸（北京），3 个内陆口岸（霍尔果斯、阿拉山口、满洲里），4 个内陆铁路口岸（郑州、重庆、成都、岳阳），已经涉及空运、海运、陆运、铁路运输等所有运输方式，未来整车进口口岸开放趋于常态化，竞争也将逐渐加剧。

近几年我国沿海口岸对外贸出口汽车业务争揽进入白热化，非专业滚装口岸通过低廉的价格和优惠的政策吸引出口汽车企业，传统滚装口岸压力不断加大。

（四）信息化系统更加完善

除对内的操作系统、管理系统外，未来滚装码头还将具备对外的车辆信息客户查询系统，通过与主机厂、陆运车队、海运船队、发货港（或目的港）、4S店进行信息联网，对每辆商品车进行定位，客户可以通过信息查询系统，查询获得所购买车辆的物流位置、车况情况、车质情况、预计到货时间等一系列信息，使未来滚装码头服务更加完善。

综上所述，在政策环境、社会环境、经济环境利好地带动下，在竞争更加充分地刺激下，未来我国滚装码头将会呈现更加迅速、多元化地发展，将会迎来更加辉煌的明天。

（天津港滚装码头有限公司　唐喆）

第十章 我国汽车售后备件物流发展情况

第一节 备品物流在汽车物流体系中的重要性

汽车售后备件物流是指将汽车售后零部件从零部件供应商处或者汽车主机厂处组织并供应到汽车售后零部件消费者手中的全过程。由于汽车售后备件服务具有面向全国市场、网点数量多、终端需求量小、备件品种多等特点，使得其物流运作的要求和难度远远高于成品物流。目前，随着国内汽车销售市场的快速发展，售后备件物流开始受到越来越多相关企业的关注，具有巨大的发展潜力，原因主要有以下两点。

1. 备品物流具有高附加值，伴随汽车保有量的不断攀升，经济效益可观

汽车售后服务备件市场量与汽车保有量关系密切，因而其相应的物流市场容量会随着汽车保有量的上升像滚雪球一样不断增长。截至 2014 年年底，我国汽车保有量已经达到 1.54 亿辆，专家预测未来 10 年仍将保持两位数的较高增长率，十年后我国汽车保有量将超过 2 亿辆。由此可见，汽车售后服务备件物流是汽车物流行业今后最具发展潜力的一环，具有广阔的发展空间。

汽车售后服务备件的高利润决定了其物流业务属于高价值物流资源。随着中国汽车市场竞争的加剧，整车市场在日趋成熟的同时，附加值也会越来越低，在产业价值链中整车销售收入所占比例将越来越小，汽车售后服务将逐渐成为汽车企业谋求利润增长的主要途径之一。这从目前我国 4S 店的利润来源可见一斑。有关专家做过统计，在 4S 店所获利润中，整车销售占 29%，维修占 14%，备件占 57%（如图 10 - 1 所示）。而在汽车产业较成熟的发达国家，整个汽车产业链中超过 70% 的利润来自于售后服务。因此，汽车售后服务又被称作"黄金产业"。

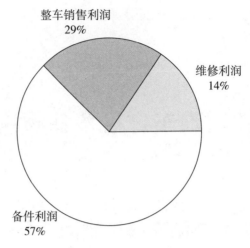

图 10 – 1　4S 店利润分配情况

2. 与整车物流相比，备品物流仍处于探索阶段，上升潜力巨大

中国的汽车后市场具有非常大的潜力，但是目前还没有真正的繁荣起来。备件运营和管理的核心包括备件采购的执行、中心库的规划、订单的机制等一系列的工作，具体到物流的运作，需要的是从整体考虑，做好规划。事实上，汽车制造厂商在建厂之初，其售后部门就开始进行备件物流服务体系的建设和运营了。因此，目前国内整车厂在备件物流发展方面的重点主要是规模复制。比如建立更多的中转库，或维修站覆盖更广阔的市场，缩短订单时间，提高订单响应速度等。

现在来看，售后服务的利润比整车销售更有发展潜力。目前一汽大众的备件年销售额已经达到 70 亿 ~ 80 亿元。与整车销售的利润模式不同，汽车售后服务的利润不在于单纯的备件销售，后者只是利润来源的一部分。并且汽车售后服务具有延续性，这也使其利润空间始终处于上升的趋势。

由此可见，备品物流相比整车物流更具市场潜力和经济效益，一方面，整车物流已趋于成熟，形成稳定的运营模式，市场开拓难度大，且经济附加值也将逐步降低。另一方面，备品物流成为汽车制造厂商获取竞争优势、提高客户忠诚度的关键因素，越来越受到主机厂的重视，且经济附加值高，将会成为未来汽车厂商竞争的重点，具有巨大的市场发展潜力。

第二节　一汽物流备品事业发展体系

一汽物流有限公司成立于 2010 年 2 月，前身为长春陆捷物流有限公司，是一汽集团的全资子公司，现有员工 3211 人；2011 年，一汽物流公司通过质量、环境、职业健康与安全管理体系认证，获得国家"5A 级物流企业"称号。

公司备品业务的主要客户有一汽大众、一汽丰田、一汽轿车、一汽解放、一汽吉林汽车等，为客户提供及仓储、包装、配送、运输为一体的专业服务，间接的服务 20 多家汽车公司及汽车关联制造企业，服务的范围和合作伙伴遍布全国。一汽物流备品事业正面临着前所未有的发展机遇，集团公司备品物流朝着规模化、集约化的方向发展。一汽物流应抓住市场机遇，用采用先进的管理理念，带动整车和备品两大核心业务的发展。

一汽物流公司备品事业从"建体系、筑平台、成网络"三方面，目标建设成全方位、一体化、现代化的汽车备品物流中心。

1. 建体系：建立 TQC 模式下备品供应体系，实现一汽自主品牌共同物

TQC 全品质关爱服务品牌是中国一汽针对汽车后市场的挑战和消费者汽车服务需求的增长所提出的一个前瞻性解决方案，是中国一汽提升品牌影响力，做强做优自主品牌，强化中国一汽品牌战略的关键环节和重要内容。T 是 Total，代表全方位，具体说就是全时、全网、全程；Q 是 Quality，代表标准化、专业化的高品质服务；C 是 Care，代表体贴入微的人性化关爱。TQC 的内涵为，不论何时、何地、何事，中国一汽都将以标准化、专业化的高品质服务，细致入微的个性化关爱满足客户的需求，践行品牌承诺。

中国一汽始终坚持"用户第一"的经营理念，把对广大消费者的关爱贯穿到技术创新、商品开发和制造中，终身服务于每一个细节，全力为用户创造更具价值的汽车生活。中国一汽将在品牌战略框架内统一集团服务资源，发挥集成优势，全方位满足用户的服务需求。

通过一汽自主品牌的共同物流，能够使一汽集团备品管控能力大幅提升，实现全国 100% 配件原厂供应，实现 85% 以上的 4S 店（服务站）24 小时供货，是提升一汽品牌价值的重要保障。通过在全国建立七大备品中心—若干配送分中心的模式，实现一汽旗下四大自主品牌备品共同仓储、作业、共同物流，以及在备品管理层面的统一包装、统一 LOGO、相应备品 KPI/CMI 目标管理，以及仓储、作业、物流、管理等业务标准化。

TQC 体系下的跨品牌运作将成为汽车物流行业的新方向，有利于实现物流供应网络的覆盖和适时延伸，提高备品供应效率，从成本角度考虑，能够最大程度地实现成本控制。以往各品牌各自建设备品中心，造成仓储面积、设备、人员及运输资源的浪费，特别是备品仓储、运输存在较大的季节性差异，备品销售旺季、淡季的仓储、运输量不均衡，也成为原有模式下建设备品中心的难点。

TQC备品项目物流规划思路：通过现地现物调研，明确一汽四家自主品牌备品物流运行现状，包括现有仓库资源，地理位置分布，现有仓储能力，物流管理体制，人员配备，职责范围，备品供应方针、目标，备品物流管理情况，KPI、CMI运作实际，作业流程及备品供应管理体制等。如图10-2所示。

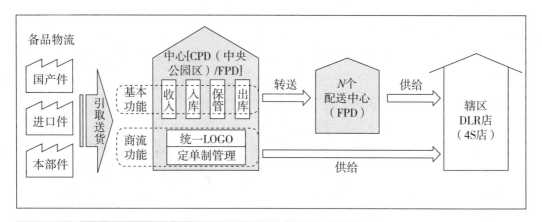

1.定单：物流（仓储、作业、运输）方式取决于销售定单管理形式。丰田实行"日定单"管理，供给率95%以上。物流体现日作业、日配送、服务半径平均300千米，承诺24小时送货。

2.LOGO：实现备品统一包装、统一"合格证"和统一LOGO，将是TQC体系下备品中心的重要功能。

3.物流：①仓储模式，参照丰田管理；②运输考虑三种类型，即引取、转送、供给，进行平准化管理。

图10-2　TQC备品项目物流规划思路

TQC运作模式实现5家品牌备品共同仓储，通过跨品牌的汽车备品仓储运作，建立辐射300千米备品中心库，能够实现物流供应网络的覆盖和适时延伸，打破各品牌原有的区域局限，最大限度地提高供应效率，实现成本控制。

2. **筑平台：全方位、一体化的备品物流信息平台**

TQC模式下的备品供应体制，如图10-3所示。

库房按功能划分为入库区、存储区、包装区、分拣区、待发区、出库区，仓储管理信息系统按货物零件号和先进先出（FIFO）原则指定储位，加快了货物的周转，降低了仓储的成本。TQC备品项目作业流程，如图10-4所示。

TQC备品中心信息管理平台可以实现财务管理、运输仓储、TMS卫星定位、GPS、零部件业务管理系统、网络职能办公OA、信息平台、手机定位系统等功能。IT系统构想如图10-5所示。

3. **成网络：共享全国干线运输资源网络，搭建零部件与备品对流、回程资源网络**

TQC运作模式实现5家品牌备品共同物流，在确保各自品牌及时供应的前提下，

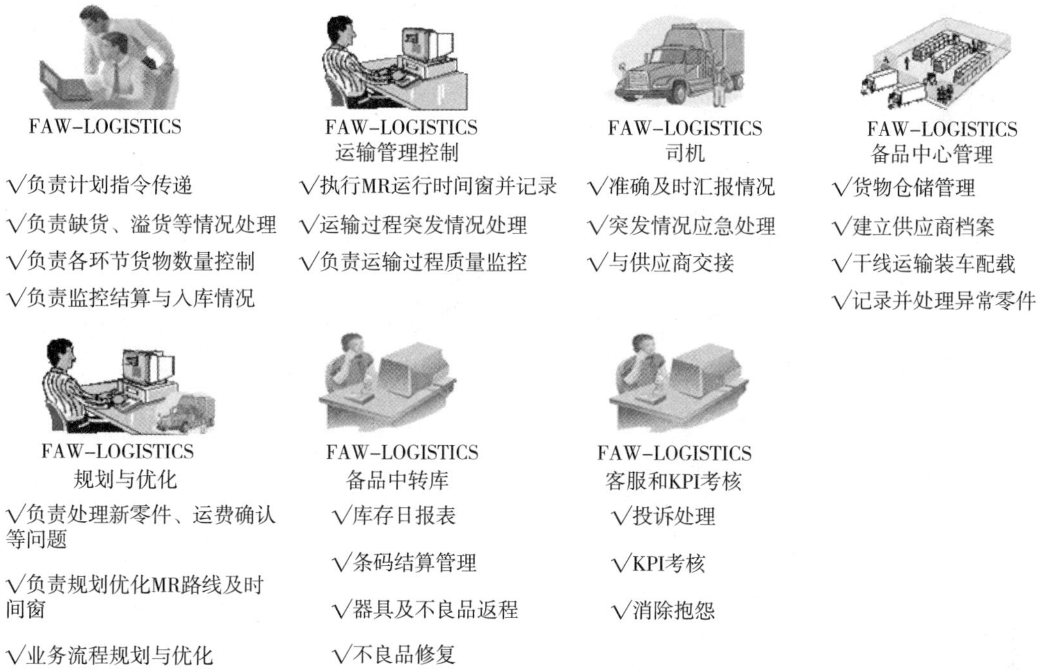

FAW-LOGISTICS

√负责计划指令传递

√负责缺货、溢货等情况处理

√负责各环节货物数量控制

√负责监控结算与入库情况

FAW-LOGISTICS
运输管理控制

√执行MR运行时间窗并记录

√运输过程突发情况处理

√负责运输过程质量监控

FAW-LOGISTICS
司机

√准确及时汇报情况

√突发情况应急处理

√与供应商交接

FAW-LOGISTICS
备品中心管理

√货物仓储管理

√建立供应商档案

√干线运输装车配载

√记录并处理异常零件

FAW-LOGISTICS
规划与优化

√负责处理新零件、运费确认等问题

√负责规划优化MR路线及时间窗

√业务流程规划与优化

FAW-LOGISTICS
备品中转库

√库存日报表

√条码结算管理

√器具及不良品返程

√不良品修复

FAW-LOGISTICS
客服和KPI考核

√投诉处理

√KPI考核

√消除抱怨

图 10-3　TQC 模式下的备品供应体制

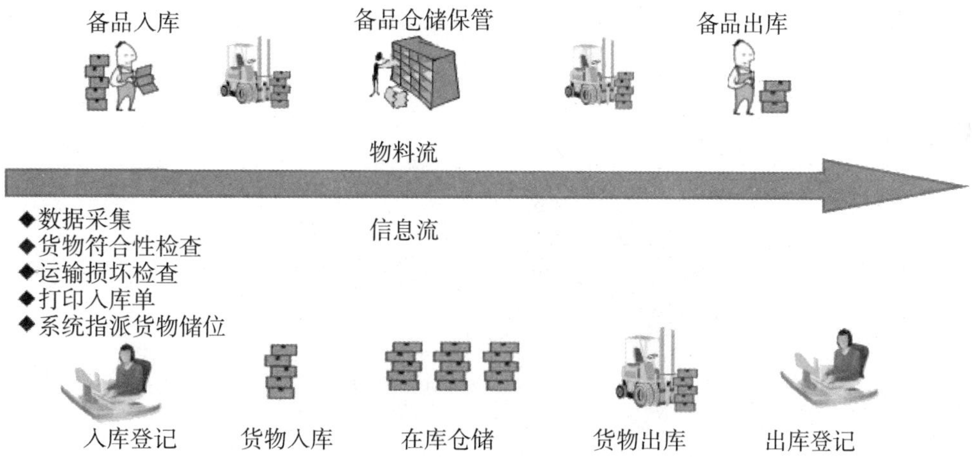

备品入库　　　　　　备品仓储保管　　　　　　备品出库

物料流

◆数据采集
◆货物符合性检查
◆运输损坏检查
◆打印入库单
◆系统指派货物储位

信息流

入库登记　　货物入库　　在库仓储　　货物出库　　出库登记

图 10-4　TQC 备品项目作业流程

逐步实现不同品牌的共同物流。通过资源采购、车型配备、周转器具的使用、线路设定等办法，向着提高运输效率、确保备品品质、有效降低运营成本的目标，进行管理。

对流资源物流规划方面，在确保备品运营正常的前提下，逐步实现产前零件与备品

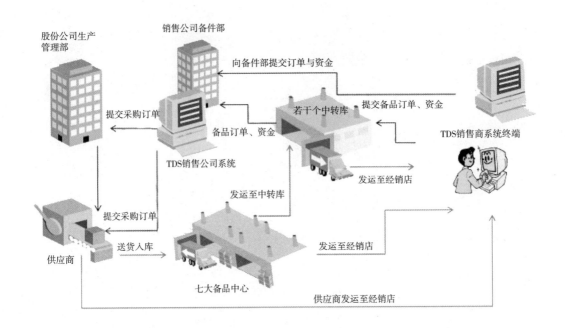

图 10-5　IT 系统构想

的往返物流；设定安全、交期、损伤、品质、SMR、价格、成本原单位，实施逐步改善制度。实施时间带管理，确保备品业务实现平准化、准时化管理，包括物流 KPI、CMI 项目目标设定，设立年度目标值，对运营项目实施 TPS 评价管理，实施改善业务。确定改善项目、改善课题、改善日程，对改善业务实施日程监督管理。如图 10-6 所示。

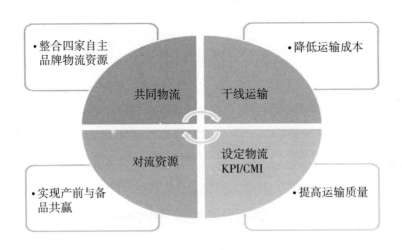

图 10-6　对流资源物流规划

TQC 共同物流干线运输模式（如图 10-7 所示）：

（1）将各区域内集货、配送功能相对独立，由各区域内的优势合作伙伴承担，形成"哑铃"操作模式。

（2）以成本优势整合区域内物流资源，变供应商大批量、低频次的物料供应为小批量、高频次物料供应。

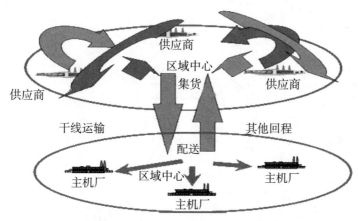

图 10 - 7　TQC 共同物流干线运输模式

（3）在当地分别选择了具备合作条件的合作伙伴，进行当地集货和配送业务。

（4）集货成批量后，进行干线运输。

（5）达到了四方共赢局面：供应商、物流商、主机公司、一汽物流。

TQC 共同物流干线运输流程，如图 10 - 8 所示。

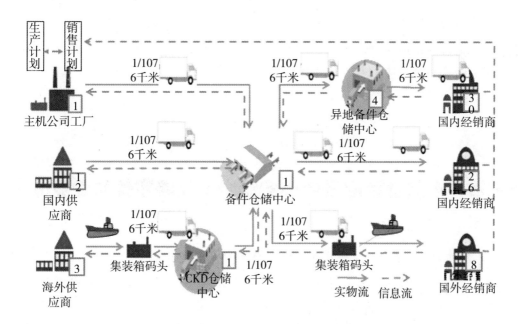

图 10 - 8　TQC 共同物流干线运输流程

日订单是一种创新的物流配送模式。该模式将取消物流商集配库与零担配送，增加中转库，全采用整车配送；中心库、中转库、经销商采用统一的信息系统。TQC 共同物流实现六大功能：上门引取、库存管理、器具返程、包装业务、干线运输、三包件返程。

TQC 共同物流业务定位，如图 10 - 9 所示。

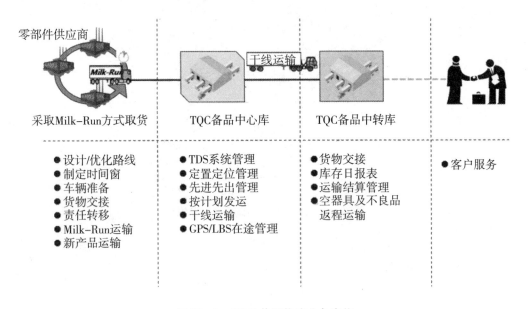

图 10 - 9　TQC 共同物流业务定位

TQC 备品项目是迄今为止一汽集团推进的最大备品专题项目，七大备品中心的建立涉及全国范围内运输资源、仓储资源的整合，是一汽物流发展备品物流、完善全国物流网络布局的重要契机，是一汽集团自主品牌共同物流发展的良好平台。

（一汽物流有限公司　杜钢）

第三节　简析售后配送中心实施中的战略定位和专业分工

汽车行业不可避免地进入微利和低增长时代，售后服务将是汽车行业创收的一个重要源泉。据统计，国内 4S 店所获利润中配件只占 57%。而在汽车产业较成熟的市场，整个汽车产业链中超过 70% 的利润来自于售后服务。随着越发成熟的消费者购车决策中对汽车维修保养的便利性和成本越来越重视。体现在业内企业间竞争细节上，售后服务备件物流供应水平是决定售后服务的重要因素和突破口。事实上，售后服务备件物流水平对一个品牌的销售会起到支持作用。以澳大利亚市场为例，丰田汽车设立了 5 个零部件配送中心，而最主要的竞争对手通用和福特一直坚持只设一个零部件中心，但就是这个细节的差异，让丰田品牌在澳大利亚获得优势。

技术含量高、运作难度大是汽车售后配送中心的特性，整体规划、专业分工和分步实施配送中心是实现汽车售后服务高市场价值的必然逻辑。国内汽车行业目前对售后配件物流的重要性早有所认知，但由于资源或体制限制，亟待成功案例启示新的管理方式和战略规划。

以宝马中国为例，宝马 2013 年以前通过全部打包方式，由三方物流服务企业在上海、北京、成都和佛山分别提供零件配送中心。宝马敏锐地发现这样全包管理方式不足以让宝马在长期的市场竞争中稳定地保持成本、服务的领先。消费者除了对品牌、车型有要求，服务网点数量与质量也已成为他们在购车选择时需要权衡的因素，客户对售后服务质量的要求也水涨船高。随着销量的持续增长，在中国的保有量不断提升至近 200 万，在华经销商已超过了 440 家，（宝马提出了 2015 年 500 家目标），配套的售后以及零部件需求量将更加庞大，为维修保养、零配件供给等售后服务带来极大的压力。

改变的核心在于供应链中的节点：配送中心设立与经营的区分。一个配送中心的设立要兼顾现实需要和未来发展，一旦选定则在长期内保持稳定才能作为平台和基点管理整个供应链，可谓是"牵一发而动全身"的战略资源。考量第三方物流公司服务好坏主要取决于其系统、流程、人员、经验和成本，这与配送中心设立并无必然关系。将配送中心物流服务与平台设立全部通过打包交给物流服务企业，很容易将服务的改善与平台的存留混为一谈。需要"铁打的营盘，流水的兵"，请来和保留服务好、成本适当的服务商。不合适的请走，但不会"把孩子和洗澡水一起倒掉"。自建配送中心作为战略确立其地位和意义后，宝马拟定了两步走的战术：自建配送中心和请物流服务商上门服务。

执行的关键落在了"自建"的理解上。经过对市场充分的调研，宝马发现配送中心完全可以自行规划，体外实施。目前，市场存在成熟的专业仓储设提供商，业务内容只涉及物流设施开发与租赁，和宝马要求专业分工战略高度契合。通过筛选其中佼佼者，利用其物流设施遍布全国增加了选址便利性和多样性，其专业开发能力确保了为宝马"量身定制"的高质量物业按期交付。专业公司一次性大体量投资到位，不但在 2010—2015 年内承担了宝马的投资风险，更能在初期建设上预留未来扩展的需求，可谓"一石多鸟"。

反观专业物流服务企业，服务的本质在于效率和专业，讲得更多的是"软实力"

"内功"。在过去的业务合作方式中，事实上仓储租赁成本的公开，物流公司只是被动的作为"二房东"，还时不时地要为取得业务，在租金成本和业务收费中做平衡。目前供应链管理趋势是每个业务合同期限也越来越短，配送中心分布越来越广，服务内容要求更灵活，这也给自行投资建设配送中心带来了巨大的投资风险。有的企业随着管理模式的变化，物流单位内部申请建设资金审批流程越来越长，对资金使用效率的考核和要求也逐渐与市场接轨，过去通过自建形成的成本优势无法再延续。在这种形势下，应顺势调整思路，主动把握客户需求脉络，积极参与专业分工与合作才能体现企业价值。事实上在宝马的案例中最终入选的物流企业都是能快速调整响应客户战略布署，轻装上阵，用"内功"赢得业务的典范。

通过与专业物流设施提供商和物流服务商分工合作，宝马"自建"了上海、北京、佛山零部件配送中心，拥有超过13万原厂配件、500万订单处理能力，能够在24小时内为中国大陆经销商的紧急订单提供配送服务。其中，上海配送中心是其在华售后服务战略中又一重要步骤。由普洛斯临港提供设施，CEVA提供物流服务，普洛斯为宝马提供一期面积达5万平方米，此后可扩大至7万平方米，成为宝马在亚洲最大的零部件配送中心，进一步促进了宝马在中国的销售和服务网络扩张，并为宝马售后客户服务满意度这项指标注入一针强心剂。

（骆镇）

第十一章　我国汽车进出口物流发展情况

第一节　我国汽车进出口发展情况分析

一、我国汽车进口发展情况

我国汽车进口市场作为汽车市场的重要组成部分，在 2012—2013 年经历了"高供给、去库存"周期后，市场供给增速在 2014 年持续攀升，目前，我国进口汽车在汽车市场中起到调剂余缺、抑制价格、稳定供需的作用，并在国际间平衡贸易，乃至引进国外先进技术，推进国内汽车工业的技术进步等方面起到了重要作用。

新中国成立初，我国开始进口汽车，1950 年仅有 0.3 万辆，1955 年开始进口轿车。截至 2014 年，我国累计进口各类汽车 988 万辆，其中 98% 以上是改革开放以后进口的。2011—2014 年，进口量已连续 4 年超过 100 万辆，并逐年递增，如图 11－1 所示。

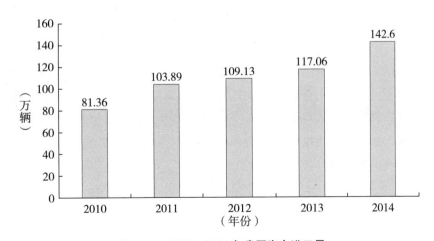

图 11－1　2010—2014 年我国汽车进口量

二、我国汽车出口发展情况

据中国汽车工业协会统计整理的海关总署汽车商品出口数据显示，2014 年，汽车整车出口量降幅比上年趋缓，出口金额结束下降，有所增长。共出口 94.73 万辆，同比下降 0.08%，增幅比上年减缓 6.51 个百分点；出口金额 138.06 亿美元，同比增长 6.95%。

在汽车整车出口主要品种中，与上年相比，轿车出口量仍然明显下降；载货车结束下降，呈小幅增长；客车增幅有所趋缓。如图 11-2 所示。

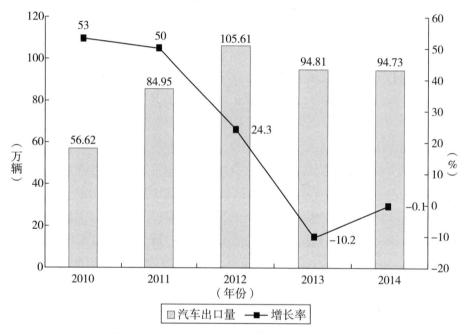

图 11-2　2010—2014 年我国汽车出口量及增长率

对于持续的下滑，汽车出口受阻是各大自主品牌车企 2014 年遇到的普遍问题，外部需求放缓和贸易壁垒对车企海外出口造成了不小的影响。目前，海外市场竞争激烈，中国汽车出口呈现持续受压局面。业内专家分析认为，因受到外部需求放缓与贸易壁垒等客观因素的影响，无法找到更好的办法应对这些不利因素，凸显了我国自主品牌汽车在海外危机处理能力方面较弱。

2014 年我国汽车整车出口 TOP10 企业情况，如图 11-3 所示。

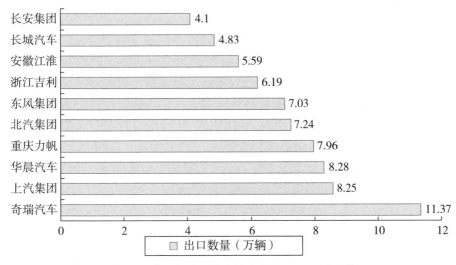

图 11 - 3　2014 年我国汽车整车出口 TOP10 企业情况

第二节　我国汽车进出口政策分析

一、我国汽车进口政策

（一）关税等进口环节税收政策

目前，我国汽车进口环节的主要税种包括关税、消费税和增值税，其中，消费税和增值税为国内税。我国整车进口关税已经降为 3%~25%，其中乘用车为 25%。

目前，乘用车消费税为 1%~40%，增值税为 17%，乘用车进口环节综合税率为 48%~144%。如表 11 - 1 所示。

表 11 -1　　　　　　　　　　　　我国乘用车进口关税税率

乘用车排气量（L）	关税税率（%）	消费税税率（%）	增值税税率（%）	综合税率（%）
$L \leqslant 1.0$		1		48
$1.0 < L \leqslant 1.5$		3		51
$1.5 < L \leqslant 2.0$		5		54
$2.0 < L \leqslant 2.5$	25	9	17	61
$2.5 < L \leqslant 3.0$		12		66
$3.0 < L \leqslant 4.0$		25		95
$L > 4.0$		40		144

（二）整车进口口岸管理政策

1994 年，国家对全国整车进口口岸进行规范管理。截至 2015 年年初，我国共批准汽车整车进口口岸共 20 个。

分进口口岸看，截至 2015 年年初，我国共批准汽车整车进口口岸共 20 个，现已形成天津、上海、黄埔三分天下的局面。天津始终排名第一，2014 年从天津口岸进口 58.0 万辆，同比增长 22.5%；上海位居第二，共进口 46.8 万辆，同比增长 20.5%；黄埔港居第三，共进口 33.22 万辆，同比增长 22.4%。

（三）油耗管理政策

2013 年 5 月 1 日正式实施的《乘用车企业平均燃料消耗量核算办法》，规定将企业作为核算主体，在计算平均燃料消耗量的核算主体时，进口车是"谁进口谁负责"的原则。

一直以来，我国进口汽车产品类型中以大排量的 SUV、豪华轿车为主，整体油耗较高，与国产车相比，要实现 2015 年目标值形势更加严峻。对于进口车销售企业，一方面企业将多进口小排量和低油耗车型从而拉低评价油耗值，另一方面企业也将积极对现有高油耗车型进行技术升级来降低油耗。另外，混合动力和纯电动车等新能源汽车也能拉低企业的平均燃油限值。

乘用车燃料消耗量标准先后出台，管理措施正在研究中，由于汽车节能法规不断加严，将深度影响汽车进口。

（四）流通政策

2005 年 4 月发布实施《汽车品牌销售管理实施办法》，进一步明确了进口产品责任追溯，提升进口汽车销售和服务水平。

2014 年 10 月 1 日起，停止实施汽车总经销商和汽车品牌授权经销商备案工作。取消备案意味着企业进行汽车销售无需必须获得汽车供应商授权。

目前商务部正抓紧对《办法》进行修订，取消品牌授权和事前备案制度，增加对汽车供应商的限制性条款，在产品质量和售后服务方面加大对消费者保护力度。目的是推动建立公平公正的市场竞争环境，促进汽车市场健康发展，保障消费者的合法权益。

（五）平行进口试点政策

平行进口汽车一般是指相对于跨国汽车厂商在华授权渠道（中规）进口汽车，从海外经销商采购通过非授权渠道（非中规）进口的、销售目标国并非中国的原装正品汽车。

平行进口汽车与授权渠道进口汽车相比具有明显价格优势，一般低 10% ~ 20%。2013 年我国平行进口汽车进口量 8.38 万辆，约占 2013 年乘用车总进口量的 7%。品牌及车辆来源方面，平行进口车型主要是中高端 SUV 车型，丰田品牌占到平行进口市场的一半份额，宝马和奔驰排名第二和第三；从来源地看，中东份额达到 55%，美国和加拿大占 40%。

10 月 23 日，国务院办公厅印发的《关于加强进口的若干意见》明确提出，加紧在中国（上海）自由贸易试验区率先开展汽车平行进口试点工作。商务部复函原则上同意上海开展试点工作，要求进一步完善试点方案，制定管理办法，明确相关责任主体责任，强化事中事后监管。

二、我国汽车出口政策

（一）宏观政策

我国现行的出口政策包括《关于促进我国汽车产品出口持续健康发展的意见》《关于"十二五"期间促进机电产品出口持续健康发展的意见》等。如表 11 - 2 所示。

表 11 - 2　　　　　　　　　我国主要汽车出口政策重点内容

《关于促进我国汽车产品出口持续健康发展的意见》	明确提出我国汽车产品出口的中长期战略目标：到 2015 年，汽车和零部件出口达到 850 亿美元，年均增长约 20%；到 2020 年实现我国汽车及零部件出口额占世界汽车产品贸易总额 10%。在 6 大方面提出 25 项政策措施，其中包括加快国家汽车出口基地建设、鼓励企业利用金融工具、鼓励企业增强自主创新能力、积极应对贸易摩擦、大力实施"走出去"战略和加强服务体系建设等。还提出了在出口产品、出口市场、出口贸易、出口企业和售后服务主体等方面实现"五个转变"
《关于"十二五"期间促进机电产品出口持续健康发展的意见》	对汽车产品出口提出的专门政策措施：加快国家汽车及零部件出口基地建设；鼓励汽车排头兵企业建立健全境外营销网络和售后服务体系；开展贸易促进工作，打造汽车零部件等国际专业博览会；进一步完善汽车出口资质管理办法

（二）出口资质管理

《关于进一步规范汽车和摩托车出口秩序的通知》中指出：对汽车整车生产企业实行出口资质管理，对汽车出口经营企业实行生产企业授权管理。

2013 年起将依据生产企业境外营销和售后服务网点建设情况和出口规模对生产企业进行分类管理（企业分成 5 类，依次可授权 7 家、5 家、3 家、1 家出口经营企业和仅限自营出口）。

2014 年起，未建有境外售后维修服务网点的生产企业不得授权或自营出口。

为鼓励边境汽车贸易，边境地区有关省、自治区可推荐当地 1～2 家边贸公司作为指定生产企业授权出口经营企业。该边贸公司不受生产企业出口授权数量限制，但生产企业在同一目标市场不得重复进行此类授权。

企业以工程承包方式出口汽车、出口非原产于中国的进口汽车，可不受出口资质管理，但须凭相关证明材料申领出口许可证。

（三）出口退税

整车出口退税多年维持不变，采取"征多少，退多少"的原则，近几年国家加大了对"高耗能、高污染、资源性"产品和低附加值、低技术含量汽车零部件产品出口退税的调整力度。如 2008 年 6 月，国家对 6 种挂车及半挂车产品，以及汽车用钢板弹簧、车辆用座椅调角器等 8 种零部件降低了出口退税率。

（四）出口基地建设

分两批认定了长春、天津（开发区）、厦门、上海（嘉定区）、重庆、芜湖、武汉（开发区）、台州、合肥、广州、柳州、保定 12 个国家汽车及零部件出口基地；同时认定了 160 家出口基地企业，其中整车企业 44 家，零部件企业 116 家。

（五）出口信用保险政策

商务部、中国出口信用保险公司《关于发挥出口信用保险政策性优势加快转变外贸发展方式的通知》（商财发〔2011〕70 号），该通知中提出重视出口信用保险风险防范和政策引导作用，扩大中小企业承保规模，培育企业风险管理意识；着力推进信用保险项目融资业务发展，中信保险要加强与商业银行合作，不断丰富出口信用保险产品，将风险管理与信贷结算相结合，共同为企业量身定制保险与融资服务方案；明确了出口信用保险支持的重点行业领域，对船舶、汽车、成套设备出口给予支持，扶持自主品牌、自主知识产权、战略性新兴产业、服务贸易四大领域发展。

（六）出口商检政策

2014 年 6 月 9 日，质检总局 海关总署关于调整《出入境检验检疫机构实施检验检疫的进出境商品目录》的公告（2014 年第 62 号联合公告），从 2014 年 6 月 15 日开始，汽车整车产品取消出口法定检验，根据国家规定实施抽查检验。

第三节　我国汽车进出口物流发展趋势

一、国际铁路运输发展迅速

"一带一路"战略将中国和欧洲两个全球最主要的汽车产业集聚区域连为一体，给跨欧亚的汽车物流带来新机会。丝绸之路示意，如图 11－4 所示。

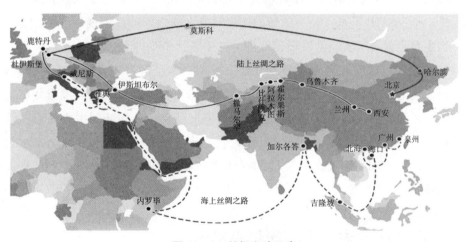

图 11－4　丝绸之路示意

（一）"渝新欧"班列——西南汽车整车进口新通道

2013 年 9 月 7 日，国家主席习近平提出共同建设"新丝绸之路经济带"的战略构想。2014 年 3 月，习主席在德国杜伊斯堡火车站亲自迎接"渝新欧"班列到站，渝新欧大通道已经上升为国家战略。

"渝新欧"班列具有承东启西、连通南北的区位优势以及水公铁空四位一体的交通枢纽条件，使重庆成为"一带一路"战略"两个核心、四个门户、八个高地"的重要支撑，已成为中欧班列知名品牌，成为新丝绸之路经济带建设的标志性成果。其运行线路为"中国重庆—哈萨克斯坦—俄罗斯—白俄罗斯—波兰—德国杜伊斯堡"，全程11179千米，运输时间14天，进出口贸易额占所有中欧班列南线进出口货值的80%以上，开行频率双向每周4～5班，并且首次实现大众、宝马、奔驰等品牌通过洲际铁路运输的方式进口整车。

重庆铁路整车口岸重点辐射重庆、四川、云南、贵州、陕西、湖南、湖北等地区，2013年上述市场进口中规车约20余万台，约占全国市场的1/5，年增速超过30%，位居全国之首，未来前景看好。

经天津、上海、广州等口岸进口整车分拨到西南市场，运输周期长。通过"渝新欧"到重庆铁路整车口岸后分拨到西南市场，运输周期短，比海运节约时间约30天以上，加之"渝新欧"发车频次灵活，可大大缩短整车出厂到终端客户的交车时间。

（二）"哈欧铁路"班列

"哈欧铁路"班列从哈尔滨市香坊火车站始发，历时15天，穿越欧亚腹地，直达德国汉堡，全程9820千米，是一条新的连接欧亚大陆之间的铁路通道。"哈欧"国际货运班列主要经营哈尔滨经俄罗斯至欧洲的铁路货运班列业务，是响应国家"一带一路"战略和"中蒙俄经济走廊"黑龙江陆海丝绸之路经济带建设，由中国长久物流、中国哈铁、美国UTI、中国大连港合作开展的项目。"哈欧"班列的先段集货覆盖中国东北三省、中国环渤海地区、中国华北、中国华东以及日本和韩国主要城市；欧洲段集货包括波兰、捷克、法国、西班牙、意大利、德国等，在中国和欧洲国家之间提供"门对门"服务。2014年长久物流借助国际铁路运输为中欧汽车制造企业节省费用2550万欧元。

二、自贸区为进出口物流带来机遇

上海自贸区率先开展汽车平行进口试点工作，在自贸区内提供了多种对于汽车进出口物流的有力政策，包括先进区后通关、融资租赁、批次进出集中申报、联网监管、集中纳税、境内外维修等众多优惠政策。例如，融资租赁这个方式，之前一些车辆的管理能否把融资租赁以及以后汽车销售的方法做大幅度的改变，4S店经营方式已经持续很多年，这种销售模式从未改变过。但随着自贸区以及互联网技术的运用以后，利用金融物流，会使车辆的运用、个人对于车辆的认识有一个重大改变。

汽车物流行业需要把供应链、物流和金融相融合，而自贸区将成为一个重要的融合平台。

（此节根据"第八届中国汽车进出口物流国际研讨会"资料整理）

创新成果篇

第十二章　"互联网＋"背景下我国汽车物流电子商务市场发展现状及趋势

"互联网＋"概念的提出为汽车物流行业迎来新绿洲，"互联网＋物流"的业务模式融入汽车物流行业已是大势所趋。本章主要通过深刻剖析汽车物流最核心的零部件物流和整车物流两大板块的发展现状，预测国内汽车物流电商市场未来的发展趋势，并简要介绍了传统汽车物流企业的应对举措以及电子商务平台。

第一节　零部件版块

一、零部件电商发展现状及趋势

"互联网＋"时代，汽车物流企业在传统业务领域外，向汽车后市场进军为大势所趋，利用现有物流资源网络、渠道、技术，由零部件物流延伸至售后配件销售市场。整车企业、零部件巨头、国外集团等实力雄厚的新进者涌入，传统行业与互联网、保险业线上线下融合，2015 年我国汽配零售市场的竞争格局有望重塑。

业内人士及专家们一直在重复强调汽车维修及配件行业在汽车后市场中的战略地位和重要作用。据中国汽车汽配用品行业联合会统计数据，2014 年，我国汽车维修业的产值达到 5000 亿元，并以每年 10% 以上的速度递增。专家预测，到 2020 年我国维修业产值有望超过 1 万亿元。

但是，我国维修企业虽有 44 万家左右，具有二类资质以上的不到 1/3。其中包括汽车品牌授权的 4S 店以及一些规模较大的一类汽修厂占维修厂总量的 15% ~ 20%；部分 4S 店所设立的维修服务网点，以及具体一定规模和技术水平的二类维修厂占到总量的 25% ~ 30%；规模较小，技术水平较低的三类维修厂则占到总量的 50% 以上。

目前，全国约有 1.3 亿辆汽车，平均车龄 3.23 年，预计 2015 年超过保修期的汽车数量约为 6700 万辆，占汽车保有量的比重为 54%，中国一半汽车进入维修保养集中期。而相比于欧美成熟市场上百亿市场的售后服务企业，当前行业内龙头平均营业额也只占市场千分之一的份额。

政策方面的松动有望为汽车维修市场带来更大的机遇。继交通部等十部委于 2014 年 9 月 18 日发布《关于征求促进汽车维修业转型升级提升服务质量指导意见》之后，2015 年 2 月 26 日，交通部发布《汽车维修技术信息公开实施管理办法（征求意见稿）》，强调汽车生产者（整车厂）应无差别、无歧视、无延迟公开诊断、检测、维修信息。未来，汽车维修市场将会形成一个更加开放、竞争更加充分地市场环境。

政策重点部署了配件编码、同质配件、标准化、质量检测、连锁经营、电子商务 O2O 模式等领域或环节。预计 2015 年受政策影响的这些领域将成为我国汽配零售市场高速发展的突破口。

汽车行业反垄断是大势所趋，此次新政出治本之策，带来的最大影响可能是整个汽车产业链盈利模式的改变。车企一直以来依靠自身的技术垄断，牢牢控制着零部件制造及售后维修服务领域，形成了隐形的技术垄断，而限制滥用汽车保修条款、破除维修配件渠道垄断、公开维修技术信息等关键举措直至要害。主机厂力量遭到削弱，原有蛋糕被重新切分，将有效限制主机厂滥用支配地位的行为，汽车经销和售后领域也将迎来深刻变革，打破现有售后零配件价格体系，修车利润平均化，独立维修企业和零部件生产、流通企业将会明显受益，真正为消费者带来实惠，为汽车维修业的规范有序发展奠定良好基础。

整车企业纷纷抢滩汽配市场（上汽、长安、广汽等），零部件巨头火速扩张（米其林、博世、德尔福、法雷奥、马瑞利等），国外售后配件集团陆续进入（Alliance 等），加上电子商务平台受资本市场热烈追逐，洗牌和整合将成为下一阶段汽配市场的主旋律。国内的汽配市场可以参照家电与家居业连锁经营的模式，整合市场渠道资源，建立汽配品牌连锁经营模式，使汽配流通市场进一步的提升和规范。

国外汽车电子商务与传统渠道并不像国内是并行的，国内家电行业同样也是由松散整合至苏宁、国美阶段后才开始了电商化，而我国汽车后市场整合正好与移动互联网时代重合，与中国经济"三期叠加"情况类似，因此国外可能需要 30 年的整合过程，我国仅在 3~5 年内即可完成。

互联网已经显示出改善汽车后市场的力量，O2O 模式在汽配件销售、维保服务市场遍地开花，B2B、B2C，以及由此衍生的 B2B2C 模式，均有大量项目纷纷试水。

另外，在汽车改装方面，当前中国虽已成世界第一大汽车生产与消费国，但是汽车改装市场规模却不及美国的 1/10，中国汽车改装市场潜力巨大。目前，我国汽车改装市场面临着缺乏行业法规的尴尬，规模不大、专业化不足、品牌化不够等诸多问题，成为阻碍国内汽车改装市场快速发展的瓶颈。预计今后 2~3 年内，将有 3000 亿元左右的改装车市场规模爆发。

二、长安民生物流发展举措

作为传统汽车物流企业，长安民生物流在"互联网＋"时代下，面对上述后市场格局也开始下力气着手布局、苦练内功，旨在打造透明公平高效的 B2B2C 电商平台，以主机厂正品配件作为品质保证，并广泛铺排线下门店网络，满足 C 端以及 B 端市场 O2O 服务要求，此平台预计将于 2015 年年底上线营业。

第二节 整车物流版块

一、整车物流发展现状

中国的整车物流行业与汽车产业的发展是相伴相生的，大致起源于 20 世纪 90 年代，经历了从无到有、从粗浅到专业、从被动仿效到主动创新的几个阶段。

近几年，随着汽车销量的迅速增长，整车物流行业取得了长足的进步，不管是在企业规模还是企业数量上都有很大的发展。与之同步的物流交通网络、汽车物流基地等基础设施也在不断完善，与汽车行业同步迅速发展的汽车整车物流体系正在形成。

现阶段全国物流基础薄弱、物流技术落后、服务意识差、市场分割明显、产业标准缺失、竞争手段单一、规模不经济及有效供给能力不足等问题严重制约着整车物流业发展，影响了物流业效率的提升，不利于汽车产业整体竞争力的提升。主机厂产量的波动、生产规划的调整以及物流模式的优化，都对整车物流服务商的物流场地、运力等生产性资源提出更高的要求，因此整车物流的发展任重而道远。

二、整车物流痛点分析

整车物流虽然发展迅速，已基本成为各大汽车物流企业的核心业务，但由于汽车行业自身政策、市场的局限性，为整车物流的发展带来诸多痛点，主要有以下几点。

（一）市场运作不规范，市场管理难度较大

我国的整车物流企业还没有形成规模优势，大多整车物流企业为争夺市场，以低

价策略进行竞争，直接导致了整车物流市场的不规范运作，给市场管理带来了诸多不便，同时给行业政策和行业标准的制定带来了极大的阻力。

（二）国际国内竞争加剧，业务稳定性降低

国际物流巨头进入中国整车物流市场的步伐加快，方式多样化发展。即使与主机厂有血缘管理的物流企业也难以"独家整包、安然自得"，简单的"吃过磅"模式难以为继；传统的单一业务形态和单一利润源，给传统整车物流企业带来巨大风险。

（三）运力资源浪费，运输成本高

由于汽车生产商对物流企业的限制以及物流企业的自我保护意识，整车运输空驾驶率平均高达39%，车辆运输成本是欧美国家的3倍。此外运输方式欠规划，水陆运输比例不协调也提高了基本运输成本。我国多数整车物流企业的物流活动都以整车运输为主，水路、铁路运输所占比例较低，而西欧、美国发达国家大多运用价格低廉的内河驳船运输，运输费用大大降低。

（四）多仓并举，但仓储资源利用率不高

汽车销售行业的快速增长，大量的整车物流企业自建运输网络、仓库，甚至出现了多家企业在同一地点同时拥有仓库的现象，造成仓储设施过剩，资源利用率不高，同时支付给设备的维护与折旧费用也大大增加。

（五）信息系统建设落后，信息不透明，信息共享水平低

大多数的整车物流企业信息化建设投入严重不足，缺少整车物流相应的仓储管理系统、发运管理系统、在途监控系统等，难以保证商品车物流全程信息的透明化和可视化。此外，整车物流全国公共信息交换平台、运力调度平台尚未建成，缺少同一相关的信息交换标准，从而导致各整车物流企业"各自为战"，企业间的合作协调严重不足。同时，整车物流企业与主机厂的供应链物流信息共享不足也成为制约整车物流发展的一大难题。

三、整车物流发展趋势——拥抱互联网

（一）"互联网＋整车物流"将成新蓝海

2015年，李克强总理在政府工作报告中首次提到的"互联网＋"行动计划，表明了政府对引导传统产业与互联网融合的政策利好。而作为汽车行业中的物流，以互联

网影响改变整车物流企业的业务水平，促进"互联网＋整车物流"的业态融合将成为未来的发展方向。"互联网＋整车物流"意味着整车物流企业将实现线上线下商品车运输的一体化融合，保证整个物流供应链信息化水平的统一，实现管理监控、运营作业、金融支付的信息共享。

（二）信息化拉动整车物流企业全方位转型

整车物流企业信息化水平的不足已直接制约其良性发展，多数企业认为，依托互联网技术整合资源已成为汽车整车物流行业发展趋势。

（1）互联网时代的不断发展，汽车物流供应链将逐步发生较大的变化。商品车分拨中心以仓储功能为主正在向快速中转功能转变；汽车订单模式由 8 辆/10 辆一板的集中订单模式变为多批次少批量模式；商品车批量运输模式，逐步变为以零担快运和Milk－Run 多点配送模式。

（2）信息技术的快速发展推动汽车物流行业发展。信息化建设发展速度迅猛，对传统的管理运作模式提出了严峻的考验。现代化先进的物流信息技术正大量应用于企业的实际操作中。网络设备及信息化的不断完善，不仅能提高物品在运输途中的安全性，而且能提高物流处理的速度。

（三）整车托运平台为整车物流企业发展指明方向

汽车网络销售的发展，需要快速直送到家的整车物流服务；众多 4S 店运营亏损，反映出主机厂传统的"强势"销售管理模式难以为继。搭售不畅销撤销、限定最低启票量等管理模式将一去不复返；"二手车"市场的发展、自驾游市场的升温等需求，将使得整车物流向汽车快递的方向发展。

整车物流企业要想寻求新的突破，必须顺应市场潮流，依托互联网思维解决运力、仓储过剩的第三位汽车物流服务顽疾。整车物流企业虽能够通过重新规划仓库选点布局、调整运输路线等方式改善整车物流的末梢环节，但在不损害主机厂利益的前提下，很难解决目前整车物流行业的根本困境。在这样的大背景下，整车托运平台应运而生，为整车物流企业的发展提供了新的方向。

因此，整车物流企业拥抱互联网的时机已然成熟，以互联网思维发展现代整车物流电商平台已成大势所趋。电子商务平台不仅将成为整车物流的新蓝海，同时也将成为第三方物流服务商最强大的利润源泉。"互联网＋物流"不仅将改变人们对整车物流的机械化认识，还能真正地将整车物流的运输协同效率大幅提升，从而为各物流企业未来的发展指明新的方向。

四、长安民生"e运车"整车托运平台

整车物流服务商在"互联网＋整车物流"的社会环境下，致力于解决整车物流运力过剩以及回程空载率较高的难题，而作为整车物流服务商中的佼佼者——重庆长安民生物流股份有限公司，更是率先推出了"e运车"整车托运平台（如下图所示），为私人客户及社会运力提供轿车托运服务。

"e运车"整车托运平台界面

（一）基本概念

"e运车"整车托运平台主要是为广大消费者提供汽车托运的供应链一体化服务。"e运车"整车托运平台实现以个人电脑端、手机等移动端完成B2C到户整车物流私人定制方案的过渡，将全面助力传统物流企业转型。

（二）主要特点

整车托运平台致力于为私人客户提供线上轿车托运业务的同时也帮助社会闲散运力提供业务拓展。

目前的整车托运平台主要以承运商发往全国各地商品车的大板车上的剩余运力进行业务操作，托运车辆的安全能够得到足够的保障，并且托运的线路也能覆盖全国。

（三）目标客户

"e运车"整车托运平台最主要的客户业务分为三类：自驾游车辆的运输业务；二手车公司、平行进口车商的全国运输业务；大中型租车公司的全国运输业务。

（四）市场定位

充分利用本公司整车物流业务网络、运力体系，开发社会客户和个人客户整车运输业务，补充回程资源，整合社会需求，提供增值服务。

（五）运作模式

面向社会市场，针对二手车、自驾车、租车、展车等社会运输需求，打造的公共的汽车运输交易服务平台，依托重庆长安民生物流股份有限公司强大的物流网络和资源整合能力，为社会客户提供个性化的、便捷的汽车门到门物流服务。轿车托运人能通过长安民生"e运车"托运平台及时获取报价、比价、在线下单、支付、在途信息查询、评价等功能。作为一个开放性的平台，"e运车"为广大客户和承运商提供一个面对面的交易机会，力求做到公开、透明，为广大用户提供了可靠汽车托运解决方案。

（重庆长安民生物流股份有限公司）

第十三章　汽车整车物流创新成果

第一节　车辆运输中置轴挂车及列车

一、项目内容

　　车辆运输中置轴挂车及列车属于交通设备制造技术领域，组成的车辆运输中置轴挂车及列车采用不同的叠装装置新技术可以运载 8～10 辆大中型乘用车辆。并且可以灵活分解组合，运送少量的乘用车可以只用前部车辆，组合的列车运输乘用车降低了运输成本，比常规车辆运输半挂车列车多装 2～4 辆乘用车，是替代加长加宽超载违规车辆的设备的技术升级。该运输设备既符合 GB 1589、GB 7258 法规要求，又运行安全可靠，满足当前运输车辆行业运输的需求。车辆运输中置轴挂车及列车设备确保运输乘用车辆安全，转弯通过性优于车辆运输半挂车列车的性能。车辆运输中置轴挂车及列车通道宽度在列车加长的条件下优于车辆运输半挂车列车。车辆运输中置轴挂车及列车运行比车辆运输半挂车列车摆动幅度小。车辆运输中置轴挂车及列车和车辆运输半挂车列车相比最大优点，可以根据运输乘用车的数量进行不同需要的组合，达到安全、节能、环保。

二、项目创新点

　　车辆运输中置轴挂车及列车是在车辆运输半挂车列车基础上满足现技术法规改进设计，引进消化的一种先进的车辆运输设备。车辆运输中置轴挂车及列车创新点，使用组合具有很强的灵活性，车辆运输中置轴挂车及列车动力性、稳定性、通过性优于车辆运输半挂车列车。采用不同方向的叠装装置，最大限度利用装载空间。设计原则符合现在的技术法规，包括通道园要求。车辆运输中置轴挂车及列车运输设备将在车辆运输设备更新及治理运输车辆设备的超载超限，起到推动作用。尤其对道路运输安全、节能、环保起到更大的推动。

三、项目对行业的贡献

车辆运输中置轴挂车及列车运输设备将推动乘用车车辆运输行业设备的技术进步升级。能有效替代现有违规超长超限车辆的治理。能促进乘用车辆运输行业设备的节能降耗，促使乘用车辆运输成本下降，采用不同方向的叠装装置更有效地利用装载空间，更有效增加运力减少在路行驶的运输车辆，有效保护环境。车辆运输中置轴挂车及列车运输设备是目前先进乘用车运输设备，具有很好发展推广前景。

（天津劳尔工业有限公司　张波　吕健）

第二节　滚装船舶作业危险源可视化管理

一、研究背景及目的

（一）研究背景

进入 21 世纪以来，我国汽车行业在市场和产业的驱动的下迅速崛起，与之相伴的汽车物流行业也进入了快速发展时期。在汽车物流链不断完备的进程中，汽车物流行业根据各主机厂的需求也逐步进入到精细发展阶段，以满足各主机厂对物流效率和物流品质的需求。作为整车物流环节中的重要节点——专业化汽车码头，具有车辆装卸数量大、操作精细程度高、安全品质要求高的特点，因此有效控制滚装船舶车辆装卸安全品质事故的发生，提升码头操作安全品质管理水平，便成为保障汽车物流品质的核心环节。

为适应行业发展的要求，天津滚装码头一方面积极探索这一行业管理运行特点；另一方面要结合专业化程度高、人员年龄结构轻、安全品质管理经验不足的客观实际，在安全品质管理上以风险控制这一安全品质管理核心思想为出发点，逐步建立和完善了滚装作业的风险预控体系，不断拓展方式招法，特别是在滚装船舶危险源的控制上，逐步走出了一条具有本公司特色，国内行业领先的风险管理之路。

以我公司为例，通过对以往品质事故统计，2010—2014 年所发生的品质事故中，舱内事故占到了全部事故的 83% ［如图 13 - 1 （a）所示］。在舱内事故中，与船舶危险源相关的事故占到了 64% ［如图 13 - 1 （b）所示］。图 13 - 1 （c）中，汇总了 6 个危险源和 2 个危险区域的事故情况。由此可以判断船舶的危险源是安全品质控制的重点与关键。

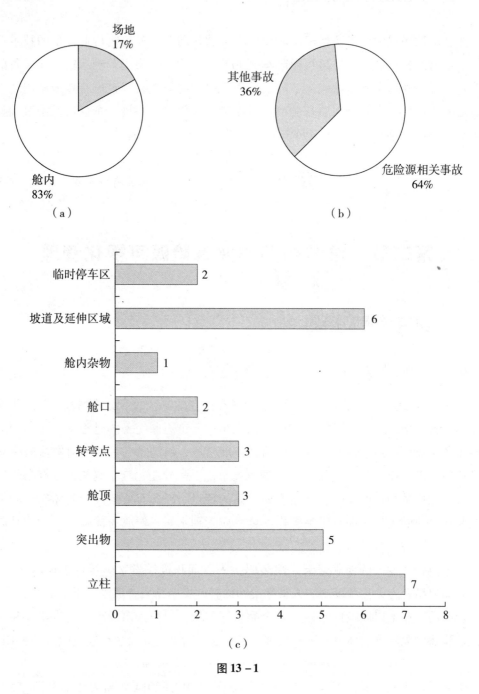

图 13 - 1

理论上讲，安全品质管理思想的核心思想是风险控制。在实际工作中，虽然现行风险管控的有关制度较为完善，但大多数为枯燥抽象文字描述，受基层作业人员安全素质与能力的影响，常常造成对规章制度了解不够，认识不足的情况，作业人员不能快速识别危险源，导致个别危险源不明晰，不能有效落实控制措施。同时，各班组在具体的防控上基本是按照作业习惯，没有统一的执行标准，一定程度上不利于安全的监督考核。

从作业人员本身对于知识接受心理讲，他们相对年轻，思维活跃，对传统的文字描述和照本宣科的学习形式，或多或少存在厌倦和抵触情绪，效果不理想。

帮助作业人员有效辨识出滚装作业的危险源，需要以员工易于接受和理解的形式使安全规章制度在现场得到有效执行。通过科学制定危险源的控制标准，利于执行和检查，成为决定滚装船舶作业品质的关键。

（二）研究目的

综合上述分析，天津滚装码头提出了"如何有效控制滚装船舶作业中的危险源"这一课题，主要基于以下目的。

（1）突出风险：帮助作业人员有效辨识出滚装作业的危险源。

（2）突出标准：制定危险源的控制标准，利于执行和检查。

（3）突出形式：以员工易于接受和理解的形式呈现。

（4）突出价值：服务客户，满足客户在货物安全品质上的需求。

（三）解决思路

我们借助船舶危险源可视化管理来解决前面提到的问题。一是通过对大量的事故案例分析，找出滚装船舶作业的主要危险源，开展充分的基层调研，了解实际状况，引入危险源辨识评价思想，以问题为导向，利用现代安全工具，采取危险源可视化的现场管理方法对现行规则、标准进行可视化提炼升级。二是通过简洁明确、图文结合的方式将危险源管理转化为视觉感知信息。使滚装船舶作业的各种安全要求直观化，达到"一目了然"。从而让操作人员容易学习掌握、易于遵守，自主性地理解、接受、执行各项安全要求，有效提高滚装船舶作业危险源管控的程度，为企业安全生产带来极大的裨益。

二、主要成果

为有效推进课题实施，公司成立了专门课题组，历经 6 个月的研究实践，编制完成了《滚装船舶作业危险源安全质量控制手册》（如图 13－2 所示），于 2014 年 11 月 20 日颁布试运行。

该手册主要有以下三个方面的特点。

（1）结构合理、基础数据丰富，有实践检验。手册分为总则、应用流程、危险源详图和控制卡片，重点明确了使用目的、适用范围、使用方法步骤和控制要求。

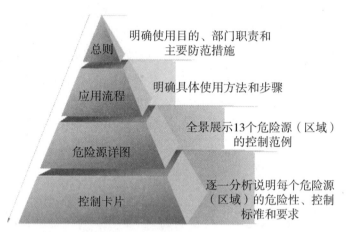

图 13－2　滚装船舶作业危险源安全质量控制手册

（2）突出滚装作业风险预知预警，实现危险源精细化防控。手册中明确给出了 8 个危险源和 5 个危险区域，并对每个危险源或区域进行了风险分析，明确了控制重点、防范措施、执行标准、实施岗位和相关图例，实现了危险源的精细化防控。

（3）可视化呈现危险源和控制措施，易于员工接受。员工可以看到船舶作业危险源详图。以出口装船为例，在车辆自码头到定位区的行车路线和作业过程中，全景呈现了 13 个危险源（区域）和主要防范措施，使员工有身临其境的感觉，便于快速掌握船舶危险源内容与防范措施，易于在实际工作中有效落实。

三、项目价值

本项目属于管理创新，运用科学管理理论与具体实践经验相结合所做出的、具有创新性的危险源控制管理解决方案。并经实际应用证明，对企业管理水平有明显的价值。

主要体现以下几个方面。

（一）创新性

本项目符合安全理论，引入风险控制思想，采用模块化文件结构、可视化表述方式，进一步明确职责，规范流程，执行标准。实施后的管理实效和意义明显优于原控制模式，在业内属于首创，有明显的改进和创新因素，达到了同行业领先水平。

（二）标准化

对作业船舶存在的各类危险源进行分析评估，收集整理大量的数据图例，加入可视化立体图示，简单明了地明确了滚装船舶作业全过程各类危险源的安全管控措施及标准。有效实施针对性和实操性的防范措施。

（三）视觉化

实施船舶作业危险源的色彩管理，应用不同种类、不同颜色的警示防护物资标识危险源，通过对作业人员的视觉刺激，达到预警提示的作用。

（四）界限化

量化危险源的防控标准和技术要领，明确标记执行和监管界限，将正常与异常的界限定量化，使执行管理一目了然。

（五）立体化

预知预警方面，增加了频闪灯、警戒带、安全警示牌、雪糕棒等安全防护物资，改变以雪糕筒为主的警示方法。针对不同的危险源使用不同的安防物资进行警示，有效发挥了安防物资的特点和功能，预警措施从平面向立体发展。

（六）综合性

对危险源的控制，重点从人的行为与物的状态提出控制措施，重点强调和明确了参与现场作业的各岗位人员（调度员、巡视员、安全员、班长、定位司机、商品车司机）在船舶危险源控制中的工作职责。同时，标准化的运用相关安全物资对危险源实施预警，有效提升了安全品质控制的综合能力。

（七）效益性

经过科学测定与评估，实践证明实施后能够有效加强滚装船舶作业危险源的辨识与防控，明确细化防控措施与标准，大幅度降低了汽车装卸过程中品质事故发生概率，为企业创造了一定经济效益或社会效益，对企业发展发挥促进作用。

（八）推广性

此项目成果符合国家政策法规和各滚装船舶装卸企业实际，是企业安全品质管理提升工作的需要，具有较强的成熟度和推广潜力。针对性和可操作性强，具有推广价值，理念和方法能够给同行以启示和借鉴。

四、应用效果

本项目总结归纳了滚装船舶危险源13个，风险防控点32个，涵盖了装卸船作业过程中能够涉及的各类危险源。通过可视化管理的应用，有效加强了滚装船舶作业危险源的辨识与管控，明确细化了管控标准和措施，大幅度降低了滚装船舶装卸过程中品质事故发生的概率，显著提升了滚装船舶作业安全质量标准化和精细化程度。

（一）安全品质管控效果明显提升

针对船舶作业危险点众多，员工识记困难的特点，采取科学分类，专项应对的方式，使员工可以清晰地掌握作业中遇到的各类危险源，有效消除滚装船舶作业隐患，既提高了效率，又降低了风险。在该项目实施过程中，天津港滚装码头未发生因船舶危险源造成的品质事故，PPM（一百万体积的空气中所含污染物的体积数）趋于稳定。实现了滚装船舶作业效率与安全品质管控效果的"双效"提升。

（二）员工安全意识显著增强

可视化管理的应用，使用直观图示的方式标注船舶作业危险源，让危险"看得见"，操作员工在实际工作中有效掌握安全要求，对发现的危险源或隐患可以快速反应，正确应对，高效实施，使员工时刻处于安全教育状态，安全意识及维护作业安全的主动性大大提升，有效推动员工安全意识实现从"要我安全"到"我要安全"的积极转变。

（三）安全管理形式有效拓展

可视化管理的实施，在滚装船舶作业安全防控方面做出了积极有益的探索，该项目的实施对于其他相关作业的安全管控方式做出示范，具有很强的延展性，夯实了滚装专业作业安全管理的基础，创新空间大幅增加，有效丰富了安全管理方式与手段。

（四）安全文化落地生根

本项目突破了传统安全管理理论大于实践，安全规定复杂，作业要求难记，危险因素隐形存在等诸多要素。从操作员工视角出发，实现安全隐患直观、应对措施简捷、作业要求可操作性强，这是天津港滚装码头"珍爱生命、关注安全"安全理念的有效实践，对企业安全文化建设起到了积极推动作用。

（五）企业价值更加彰显

本项目将专业船舶、专业作业、专业人员，专业安全管控有机整合，凸显了滚装船舶作业的专业性与特殊性，树立了天津港滚装码头从管理到操作的专业形象，为企业在行业内取得良好口碑，打造知名品牌，增加无形资产价值做出了积极有益的贡献。

五、综述

历经 10 年来的实践总结，天津滚装码头在安全质量控制上形成了符合自身实际，有自身特点的管理模式。在员工行为标准上颁布实施了《滚装船舶安全质量标准化操作手册》；在船舶危险源控制上，颁布实施了《滚装船舶作业危险源安全质量控制手册》，两者在工艺标准、危险源控制上，对保障滚装作业安全质量形成了有力支撑。在执行落实上，通过"1+3"安全质量监控体系、"5×5 安全检查法"的实施，有效确保了安全质量形势的持续稳定，公司成立以来未发生人身伤害事故，百万台车损伤率持续下降，员工安全意识明显提升，管理水平显著增强，为我国汽车物流事业的发展贡献了自己的力量。

（天津港环球滚装码头有限公司　汤锡静　邱延东　曹永祥　唐诗锋）

第三节　商用车发运中心流程优化项目

安徽江汽物流有限公司（以下简称江汽物流）是安徽江淮汽车集团有限公司旗下的一家专业从事现代物流服务业务的全资子公司，业务范围包括整车物流、零部件物流以及物流策划、管理等服务，是一家专业化运作、能够为供应商和主机厂提供一体化、集成化的物流运输服务商。

作为国内专业从事整车物流服务供应商之一，江汽物流目前是江淮汽车唯一整车物流服务商，并涉及天津丰田、广州丰田等厂家的部分乘用车整车物流业务。江汽物流在省内拥有 1 个发运中心、2 个省外仓储发运基地、1 个省外中转库，另在广州和天津各设一个办事处，年发运整车超过 40 万辆。

一、项目背景

（一）项目必要性

目前轻型商用车作为江汽股份的核心业务之一，同时江汽物流作为江汽股份唯一的仓储发运供应商，面对未来江汽股份发展需要，提升 JAC（江淮汽车）品牌形象，物流公司必须走集约化、规范化发展模式，通过提高管理水平、调整业务模式、提升信息化水平这三方面举措，构建高质量高效率的发运模式以满足江淮汽车股份有限公司和 JAC 经销商对发运的前提下，合理控制成本，实现物流公司和承运商效益的双赢。

（二）存在问题

目前，商储公司商品车发运管理存在"一多、二高、三低"等问题："一多"是承运商较多，发运资源无法集中；"二高"指发运成本高，安全隐患高；"三低"指发运效率低、发运质量低、油品质量低；业务流程不合理、信息化滞后。

1. 承运商较多

整合前合肥承运商原有 11 家，各家承运车仅负责所属区域车辆发运，造成订单资源比较分散。同时由于承运商之间几乎没有协调性，车辆发运资源无法集中：一方面，订单资源分散不能集中配载，使得发运总成本较高；另一方面，承运商为了变相降低发运成本，经常以牺牲发运时效为代价延迟发运，或者驾驶员通过私带其他货物的形式，这样不仅造成整车发运时效和质量降低，也严重影响 JAC 在顾客心中的形象。

2. "二高"

发运成本高：物流公司长期缺乏对商品车发运的过程管控。同时由于承运商运力分散、订单资源不集中和平台运输投入大、成本高造成平板发运多年难以开展，造成人工发运成为长期以来的重要方式，带来安全、质量等诸多问题。

安全隐患高：承运商主要以人工驾送发运模式为主，捆绑车辆需要中型的吊装设备，而平板发运则需要借由大型的龙门航吊来完成装运。这些设备采购和维护费用较高（目前发运中心 2 台大型航吊、6 台小型行车的总价值高达 400 万元），一般的承运商无力购买。即使承运商具备这些设备，而由于订单资源分散导致设备利用率很低，承运商在短时期内很难回收成本。因此，大多数承运商一方面吊装设备较简陋，吊装时存在安全隐患；另一方面没有严格标准的吊装捆绑工艺，容易造成捆绑车辆不牢靠、吊装错位等问题。虽然，物流公司会不定期到承运商现场检查督导工作，但承运商蒙混过关现象比较严重。

3. "三低"

发运效率低：发运管控的缺乏，导致承运商为了单次提高发运数量，采取单车基本不发、双层选择性发运的策略，严重影响发运时效。

发运质量低：承运商捆绑材料不合格、捆绑工艺不规范，容易造成对车辆外观甚至部件的损坏；单车较多时，在物流公司的督促下，承运商会选择单车发运，由于单台车辆运费相对不高，承运商驾驶员为了弥补损失，会选择中途带货，极容易给商品车造成损伤，造成经销商不满，进而拒绝收货。

油品质量低：劣质油品极易造成发动机问题的出现，严控油品需要从整车下线开始管控，直至车辆到达供应商处。由于下线车辆统一由股份公司加油流转至物流公司仓库，因此，发运环节的油品管控显得尤其重要。承运商驾驶员出于节约成本的角度，时常在整车发运过程中添加劣质油品，承运商对此现象也基本置若罔闻。此种现象滋生出的利润是以牺牲车辆品质为代价获取的，很可能会导致发动机磨损、严重时造成发动机损坏、经销商无法销售。

4. 业务流程不合理、信息化滞后

随着企业管理精细度的不断深入，现有业务系统已越来越不能支持公司精细的管控目标，在涉及整车仓储管控、计费管理，零部件仓储配送等业务板块，缺少成体系的系统支撑，单纯依靠主机厂 ERP 实现对物资出入的管控，其他业务主要依靠纸质单据的流转，对相关报表存在信息传输速度慢，无法准确及时生成相关报表，错误率高，送货的质损率和到货及时率等 KPI 指标都无法得到及时准确的反应等问题。

（三）商用车发运中心流程优化项目的思路、目标、原则

1. 整体思路

通过建立集约化、标准化的商品车发运模式，实行以"业务流程"为核心，以"集中管控"为手段，以"信息化"做支撑的管理模式，逐步实现"商品车发运的高质、高效"，同步提高物流公司整体业务能力和管理水平。

2. 整体目标

（1）提升商储公司管理水平，增强与承运商之间的业务协调能力。

（2）高质高效地完成商品车发运，实现车辆的安全、及时到达。

（3）业务流程能够适应现在和未来物流公司发展需要。

（4）实现信息流的零误差传递，上下游信息的传递高效、便捷。

（5）及时响应营销公司对特殊订单的要求。

3. 原则性

（1）整体性原则：要求商品车发运中心能够集仓储、发运功能为一体。

（2）系统性原则：要求商品车发运中心能够实现入库、配载等多个功能。

（3）一致性原则：实物流、业务流和信息流保持一致性，不存在虚拟出入库情况。

二、商用车发运中心流程优化项目内容

（一）合肥发运中心建设

2012 年，江汽物流启动商用车发运中心建设规划项目，并于 2013 年 8 月 17 日商用车储运公司正式揭牌成立。发运中心是集入库、仓储、整备、发运功能为一体的综合性物流功能实现区域，同时设置了相关部门的办公区域，实现发运中心所有业务功能。

（二）商用车发运中心业务流程优化

1. 发运中心人工发运流程（如图 13 - 3 所示）

2. 发运中心平板发运总流程（如图 13 - 4 所示）

3. 业务流程优化

业务流程优化主要包括：仓储业务流程优化、调度业务流程优化、发运现场业务流程优化、异常流程业务流程优化。

仓储业务流程优化方案涉及入库、仓库库位布局和管理、销售出库流程：入库流程方案包括入库口改造、库外流程时效分析和重卡库下线改造方案；仓库库位布局方案依据车型畅销度划分为四部分；重卡下线改造建议结合出库口方案设计通道；出库提车流程及效率分析；最后优化方案制定相关流程及作业考核标准 KPI（流转及时率、流转入库准确率、流转入库质损率、仓储区问题车辆处理及时率、消防设施合格率）。

调度业务流程优化方案从单据管理入手，结合调度流程将单据分为四联单（仓储部打印）和六联单（业务部打印）；同时，对调度业务流程进行优化，整合承运商调度单分派，制定六联单打印规则及资源回收流程优化；对紧急订单，业务部采用置顶方式先行调度、仓储部优先打印一系列优先流程处理；TMS 系统实现车辆出门在途，运力计划对承运商上报运力进行有效审核，结合在途管理功能对承运商运力进行有效管控。

发运现场业务流程优化方案基本实现正常出库车辆出库—打码—捆扎—待发流程优化；对多功能区（现有整备区）依据商用车发运未来需求划分为四个区域：平板背载等待区、提车暂存区、问题车辆待处理区、其他功能区，实现相关功能；同时，结合实际对提车效率、打码效率、捆扎效率进行数据分析；分析工具发放效率，对工具房布局和单据提出建议方案；结合信息化，提出加油环节简单、高效运作方案；设置现场调度人员，负责提车、捆扎及其他相关流程调度管理。

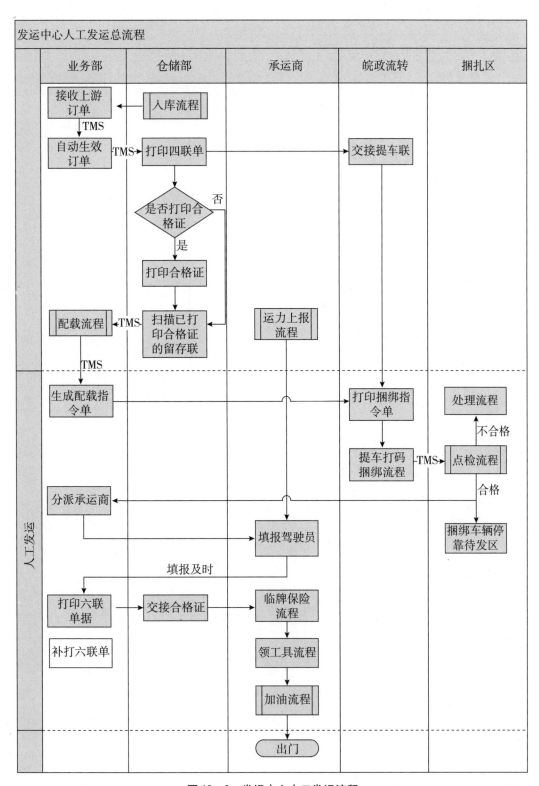

图 13 - 3 发运中心人工发运流程

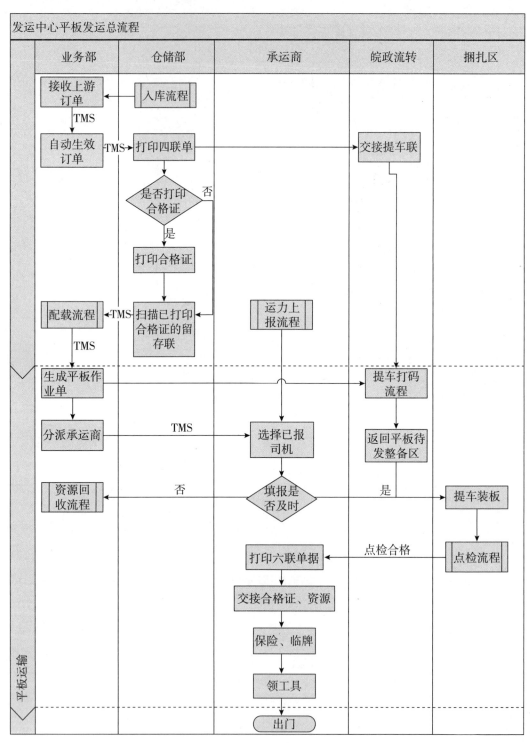

图 13 - 4　发运中心平板发运总流程

异常流程优化方案包括商用车借车出库、商用车借车返还入库、商用车改装改型出库和商用车改装改型入库四个异常流程；优化方案结合唯智信息化对各个异常流程提出相关的信息化建议。

（三）信息管理系统建设

借鉴行业先进企业经验，充分结合江汽物流公司商用车发运的特点，打造专业的整车物流管理系统，支持先进技术应用集成［如 GPS/GIS（地理信息系统），LBS（基于位置的服务），短信网关等］，理清与主机厂之间的功能分工。实现协同上下游作业，提高客户服务水平及承运商物流运作水平，整合物流资源，降低物流成本，提升单据的处理效率，提升调度作业的处理效率，加强运力管控及跟踪能力的目标，满足多基地、多平台、多仓库、多运输联运的运作要求，达到行业先进水平。唯智公司按照信息化规划的要求，提出业务流程优化、人力资源配置、硬件配置方案，协助江汽物流公司持续提升物流运作能力。

（四）合肥承运商整合

合肥承运商在整合前原有 11 家，划分各自固定的送车区域，商品车订单在下达后只能被对应区域的承运商接收、打印并执行发运，各承运单位是所属区域的唯一责任单位，物流公司缺乏对商品车发运的过程管控。整合前，由于承运商的分散、规模小、片区零散、订单不集中和平台运输投入大、成本高造成平板发运多年难以开展，造成人工发运成为长期以来的重要方式，带来安全、质量等诸多问题。针对于此，公司通过自愿沟通、协调组合的方式，将合肥承运商整合为四家，强化承运商实力，同时集中订单资源，推广平板发运。

（五）调度模式优化，收回资源集中配载发运

发运中心投入使用前，商品车直接下达到对应片区的承运商，物流公司无法对运力不足的承运商在事前管控，避免超期的发生。自 2013 年 8 月 19 日迁入发运中心起，商储公司正式收回了商品车发运资源，所有订单由商储公司根据承运商运力情况预先调剂，确认运力情况后，配载下达到指定承运商后才能发运，最大限度地避免超期。

（六）集中捆扎，实现背车质量可控

发运中心的一大重要任务是实现背车质量的全面可控。自迁入发运中心之后，商储公司开始逐步在发运中心推广捆扎业务，不断完善背车工艺、辅材等标准。同时，针对市场反馈的轮胎螺栓断裂问题，及时在商品车捆扎时统一配备了"物流背车轮胎

拆卸登记表"，对拆卸轮胎的商品车备案（注明拆卸哪个轮胎），由驾驶员随车带至经销商处，经销商对所拆轮胎力矩进行复查，合格后在"物流背车轮胎拆卸登记表"上签字盖章，驾驶员带回后方可结算运费。

通过业务磨合，商储公司在2013年12月1日完成了所有合肥商品车在发运中心捆扎的切换。

（七）商用车集中加油

为了改善市场反馈的油品质量问题，商储公司同中石化签订协议，通过在商品车出门在途前根据目的地一次性加注最大需求的合格油料，以确保商品车的油品质量。

（八）管理创新

1. 商储公司管理

商储公司为适应未来业务占主导功能的发展模式，积极对公司业务部门进行规划调整，业务部逐步发展成大业务部，下设计划科、人工发运科、平板发运科三个科室。商储公司形成以发展业务部为主导，发展其他部门为重点的运行模式。

2. 承运商管理

承运商管理包括整合承运商、资源收回、制订承运商相关管理体系。

整合承运商：承运商总数量从11家整合为4家，同时引入竞争机制，优胜劣汰，4家承运商分别承运4个区域。

收回商品车资源：收回商品车发运资格，所有商品车统一由商储公司业务部依据相关规则调配。在某家运力不足造成车辆无法及时送达时，商储公司业务部可以将车辆资源安排给其他承运商，选择其他大区时将考虑大区的运力剩余情况进行选择。

制订承运商相关管理体系：通过设定承运商准入机制，筛选掉不符合相关要求的承运商；通过制定承运商考核和退出机制，逐步淘汰不能满足商储公司商品车发运要求的承运商。承运商管理体系的制定，不仅仅有利于物流公司加强对承运商的管理，同时能够促使承运商提升自身管理水平，最终形成良性循环。

3. 制定价格政策

物流公司为维护承运商利益，对特殊车辆、特殊时期、特殊区域、特殊发运模式进行适当的价格补贴，不仅有利于提高承运商高效高质量完成商品车发运，更有利于实现主业对物流公司的发运要求，满足供应商对发运时效和发运质量的要求。

（1）制订单车价格：特殊订单可能会要求物流公司采用单跑发运的模式，以保证这部分订单能够及时到达承运商或者其他指定地点。物流公司为保障承运商利益，对该部分车辆实行单车价格，单车价格一般高于其他形式发运同类车型的单车平均价格。

（2）制订平板价格：平板运输是一种高时效、高质量的发运模式，物流公司为鼓励承运商平板运输，采取在原有单车发运价格的基础上对平板发运进行价格补贴。

（3）特殊区域价格补贴：物流公司针对冬季北方区域送车油料成本较正常油料高进行补贴。

（4）区域价格政策：物流公司对不同区域可能造成的发运成本差异同样采取差异化的价格政策。

4. 片区化管理

根据物流发展的需要，逐步完善对车队的管理机制，为了进一步加强与车队的合作与协调，将车队实施片区化管理（根据总公里数、辐射路线与车辆能够形成配载等因素来划分）。

同一片区内根据车队实际运力状况对车辆资源进行调配，保证有闲余运力的车队有车辆资源进行运送，解决计划运力需求与实际运力的不匹配性。不同的片区将实行不同的价格体系，不同的送车时效要求；同时导入管理体系，实行片区间的考评激励机制。

三、项目对行业的贡献

（一）承运商管理提升

通过相关承运商管理制度的实现，要求承运商做好运力计划、组织运力，实现对驾驶员及车辆的管控。同时，承运商也积极引进具备较高知识储备的人才，实现对运力、发运、在途等数据的收集，以实现对本部门的有效管控。承运商能够及时响应商储公司发运要求。

（二）提高效率

借助发运中心项目实施，业务管理流程得到全面贯彻，总体上提升了入库和发运效率。业务管理部门借助信息系统，方便快捷准确的下达各种指令，同时能及时地获取业务运行的状态并对整体运作做出调整，极大地提升了管理部门的运作效率。承运商在业务流程和系统的帮助下，按照规范和要求运作，减少各个层面上的模糊和反复，不仅极大地提高了现场的作业效率，还能很好完成之前无法达到的各项考核要求。同时，紧急订单完成率也超过80%。

（三）提高发运质量

物流公司提出"平板优先、背车次之、单车限行"的发运政策，截至目前，商用车发运中心平板发运比率超过 20%、三层背车比率大约 30%、二层背车比率约 45%、单跑车不足 3%。平板发运比率提升较多，减少车辆中途损坏的概率。同时，库内加油、捆绑辅料及捆绑工艺的提升，基本保障了发运车辆正常行驶不会发生倾斜或者磨损，保证了发运质量。

（四）良好的社会效益

通过加强对车辆资源和承运商的管控和沟通，承运商路边随意停放商品车现象基本消除、交通事故率降低，同时营造出良好的社会效益。

（五）服务效益

通过商用车发运中心项目，客服公司能够给供应商提供相关在途信息、车辆状态，对相关问题能够给予及时回复。在面对一些业务方面支持工作的同时，能够将问题上报到商用车事业部，统一由商储公司解决。

（安徽江汽物流有限公司　欧阳晓　盛勇　梁保坤　杨康　李德龙　李剑　孙小静）

第四节　出口车辆海运物流报价管理平台

一、项目内容

近年来，随着我国汽车产业的不断发展，汽车出口量增幅很快，海运依然为首选物流运输方式。车辆体积大，运费昂贵，而现在使用的物流公司报价模式信息化程度较低，而且报价受人为因素影响较大，严重制约了进出公司海运物流工作的开展。要满足不断扩大的中国重汽国际市场对海运物流体系的需求，建立信息化程度高，决策科学合理的自动报价系统就成了进出口公司亟待解决的问题。

为解决这一问题，中国重汽集团进出口有限公司决定，通过依托集团公司技术中心的技术支持和平台服务，结合进出口公司的实际出口业务操作模式，依据各物流公司海运报价的基本特点和要素，融入集团公司及进出口公司先进的管理理念，创新性地开发一套中国重汽集团进出口有限公司自己的海运物流报价管理系统，系统管理主要由以下几个模块组成。

1. 计划航线报价模块

各中标物流公司通过互联网登录"中国重汽集团进出口公司海运物流管理系统"，按进出口公司确定的计划航线，按班轮条款，分散货、滚装、集装箱每月 22 日 24 时前填报次月月度海运价格，在每月 22 日 24 时前只有物流公司可以看到和修改自己的报价。在每月 22 日 24 时后物流公司无法修改报价，进出口公司可以查阅、使用各中标人的报价。

2. 确定航线报价模块

进出口公司根据实际货盘有海运需求时，每次对同航线海运费月度报价最低的三家物流公司发询盘，物流公司必须在规定时间内报盘。进出口公司根据报盘选取综合费用成本最低的物流公司为这次海运的代理并按最低报价签订海运合同。

3. 物流公司管理模块

不接受确定航线价格高于计划航线报价的价格，如出现没有报盘价的情况，进出口公司将要求计划航线报价最低的物流公司按月度报价签海运合同，如拒签则终止中标资格 1 个月以上，一年内两次拒签则终止该物流公司全部物流代理资格。

通过使用海运物流报价管理系统，有效地降低了海运物流及相关费用支出，2013 年通过该系统操作实际货盘 4000 余辆，全年总节约成本达 500 万美元以上。

二、项目创新点

海运物流报价管理系统对进出口公司有着非同一般的发展意义及经济意义，具备以下优势。

1. 计划性

现代企业管理讲究计划和执行，对物流操作来说，计划尤其重要。计划不仅可以使工作有序进行，更主要的是能节省成本。该系统中的计划航线报价模块，不仅能为公司次月即将进行发运的货盘提供有效的价格依据，同时能够对海运市场上的价格进行一次筛选。

2. 可延展性

进出口公司由于在卡车行业背景明显，具备提供系统延展性的基础。在进出口公司业务扩大时，公司领导将该海运系统和管理思想作用于整合国内经销商出口车辆资源上，便于经销商的出口车辆资源与进出口的报价管理和海运系统较好的衔接，并为经销商出口车辆的海运物流提供有效的服务。

三、项目对行业的贡献

海运物流报价管理系统的推广及使用，对行业有序发展及竞争有着积极的作用。

1. 标准性

只有实现信息的标准化，才能提供标准化的信息服务和信息接口，才能在国际信息交换过程中不会造成信息的丢失与歧义。该系统完全采用国际海运市场定义的数据标准，使航线的各种信息及其选项和单位有效；同时根据物流运转成本的需要，按公里价格使用相同的成本测算基数，保证了综合费用成本测算的客观性。

2. 可监控性

该系统可对海运物流操作业务进度及各操作人员的不同操作程序和流程进行监控，达到足不出户就可以了解每个海运货盘项目的进展情况。另外，根据不同的业务分工，对使用人员分别进行相应的权限设置，由管理员对系统测算数据进行统一管理，都体现了该系统的可监控性。同时，在业务实际操作中用纸质合同审批与通过该系统审批相结合，保证了该系统所倡导的"公平、公正、公开"原则。

（中国重汽集团进出口有限公司　周心全　褚万刚　刘红蕾　雷文娜　颜霞　宋洋）

第五节　VLM 汽车物流管理系统

一、项目内容

VLM 系统建设以流程管理为核心的思想为指导原则，结合公司企业实际应用，进行业务规范和设计。显示出业务流程中存在的突出问题，进一步提高工作效率和生产响应速度，从而整体提高公司管理、控制、协调能力和企业竞争力。

VLM 系统内建立了全国数据库，发布全国调度指令和生产计划，进行财务数据的收集管理等。

初始化所有生产相关的数据，包括价格管理、人员、合作单位管理等，并根据财务部门的要求按照相关的时段要求进行自动计算生成相关的报表材料。

实时向全国办事机构发布主机厂指令，生产计划调度指令，并根据全国库存情况发展二转物流业务。

实时接收总公司发布的各种业务信息和生产计划，同时也能够通过 VLM 系统评估自身的生产质量，保障公司各项业务的顺利开展运行。

所有扫描枪数据的实时上传，同时在网络出现故障时自动保存，防止因网络故障而影响生产的有序进行。

将铁路、公路等物流调度整合在一个平台上，最大化生产效益，并降低公司运维管理成本。

能够与其他公司系统进行接口［目前和中铁特货公司 OTD（Order To Delivery）系统进行了对接］，并能够进行相关商业智能分析，为公司的决策领导层提供科学的决策依据。

二、项目创新点

系统采用目前主流的 B/S 系统架构，降低管理运维成本，同时将所有数据均集中管理保存在公司总部，提高数据安全性。

利用条码扫描技术解决发运、仓储、配送等各环节中容易出现的账实不符，报表数据错误、不清晰等问题，使用条码技术作为基础来管理，方便公司对车辆的追踪，提升公司的业务管理水平。

所有本地员工均通过系统自建的 DNS 系统进行解析，提高访问速度，异地访问均采用 SSLVPN 接入，保障数据安全和系统安全。

由于每个办事处和分公司均有数量不一的库房，为能够及时统计实施库存和发车数据，本系统采用 3G 扫描枪接入，库管人员通过该扫描枪实时向总部传送数据，便于公司领导掌握公司实时运行状态及质量管理。

系统采用三层架构，所有客户端的操作，均在内存中进行，降低数据库服务器的运行压力，也为后期其他系统接入数据库打造了良好的基础。采用 SOAP 规范进行开发，模块之间采用松耦合，使系统保留足够的弹性和扩充能力。

商业智能：实现基于活动的成本分析、资源使用效率分析、业务运营收入、支出和利润的分析；基于服务客户的营运日报分析、库存周转率分析、库存明细、货物流向和分布的分析；KPI 分析实现质损率、及时送达率、客户流失率、订单差错率、单位物流成本的分析。

服务器采用业内先进的虚拟化技术，配备了双控制器的存储，所有硬盘均采用速度最快的 SAS 硬盘，所有的硬件包括服务器、存储控制器、电源、硬盘都为冗余配置。VLM 能在硬件部分发生故障时自动进行切换，有力的保障生产。

三、项目对行业的贡献

VLM 系统与以往的信息系统相比，有了一些新的突破、新的发展。以主机厂商品车交接单作为主要线索，来解决全流程的透明化、精细化和流程优化。经过我们多年的信息化建设经验累积，最终将系统确定为平台加模块的结构，这也是目前信息系统发展的趋势。

在数据加工方面，以往在建设信息系统时只关注于生产作业，用于管控，而没有对积累下来的数据做深入的加工、分析。在 VLM 系统中特别加入了类似的应用，将以往的数据积累进行研究、加工形成决策作为自己的核心竞争力。

现在物流产业发展非常快，并且开始走向社会化。物流产业热点层出不穷，比如现在新兴的自驾车物流领域，在 VLM 系统中充分考虑了这一点，平台加模块的系统结构，足以对新兴物流项目提供充分的支持。

2015 年上半年，重庆市发展和改革委员会邀请我公司参与了重庆市物流公共信息平台建设的调研会，在解决平台、系统之间如何互联互通、信息共享方面，提出了平台服务标准化、模块化的概念，这些标准模块镶嵌在每一个企业自己的平台上面，这里面能够获取的公共服务都是模块化的、嵌入式的，我们在设计 VLM 系统的时候也充分考虑了未来公共平台的嵌入式、模块化这一发展方向。

信息采集方面，利用 PDA 对商品车进行识别、定位。采集商品车的物流轨迹。

信息传输方面，在骨干网上利用互联网，在终端上利用无线通信，为了保证在传输信息过程中数据的安全、可靠，我们在终端建立了 WIFI + VPN、3G 网络的方式，以应付各种使用条件下遇到的突发情况。

随着企业对数据本身的管理、数据挖掘、商业模型建立等方面提出的要求，我们也将云计算的平台和云计算服务提上了日程，拟在重庆建立面向全国各发运基地、办事处的企业数据中心。

（重庆中集汽车物流有限责任公司　王金全　熊承干　王宇）

第六节　构建商品车运输线路危险源图谱
降低商品车事故率

一、项目内容

为了进一步提升商品车运输安全管理水平，有效防范和坚决遏制商品车运输重、特大事故，推进物流公司安全运输，确保商用车品质不衰减，提高用户满意度，我们将加强对物流公司管理人员及驾驶人员的培训，将商品车运输线路上高发、易发事故路段查找、整理并结合车载终端实现实时预警，安全运输工作以预防作为工作的重点。

二、项目实施方案

（一）制订危险源查找工作计划（如图 13 - 5 所示）

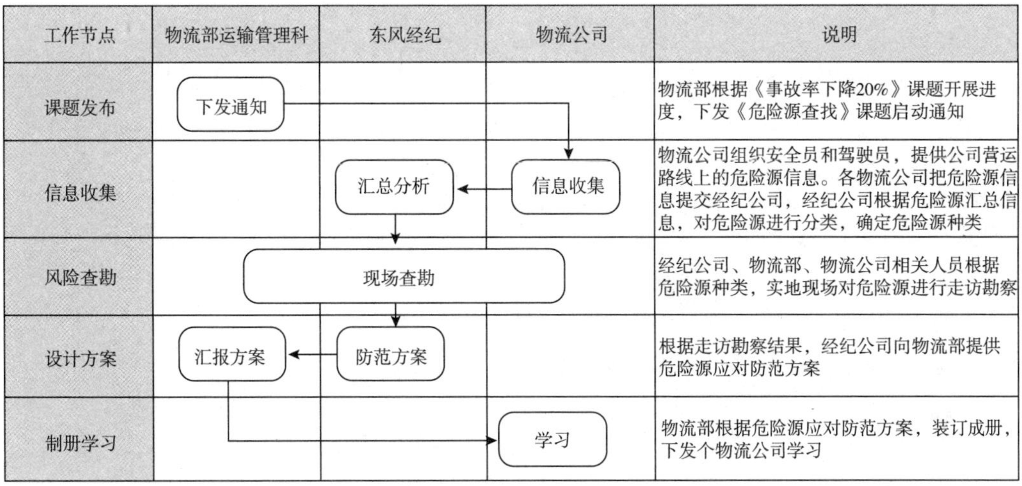

工作节点	物流部运输管理科	东风经纪	物流公司	说明
课题发布	下发通知			物流部根据《事故率下降20%》课题开展进度，下发《危险源查找》课题启动通知
信息收集		汇总分析	信息收集	物流公司组织安全员和驾驶员，提供公司营运路线上的危险源信息。各物流公司把危险源信息提交经纪公司，经纪公司根据危险源汇总信息，对危险源进行分类，确定危险源种类
风险查勘		现场查勘		经纪公司、物流部、物流公司相关人员根据危险源种类，实地现场对危险源进行走访勘察
设计方案	汇报方案	防范方案		根据走访勘察结果，经纪公司向物流部提供危险源应对防范方案
制册学习			学习	物流部根据危险源应对防范方案，装订成册，下发个物流公司学习

图 13 - 5　危险源查找工作计划

（二）危险源路段坐标整理（如图 13 - 6 所示）

区域	危险点	GPS坐标	危险点分析	语音提醒
十堰市区	十堰老街转盘	A点（110.7621,32.6178）B点（110.7698,32.6092）	道路交汇，车流量大，行人多	人多车多、限速30千米
十堰市区	车城南路与人	A点（110.7698,32.6091）B点（110.7852,32.6018）	道路交汇，车流量大	人多车多、限速30千米
十堰市区	重庆路与武当	A点（110.8029,32.5907）B点（110.8171,32.5898）	道路交汇，车流量大，行人多	人多车多、限速30千米
十堰市区	武当路与辽宁	A点（110.8133,32.5914）B点（110.8409,32.6028）	道路交汇，车流量大	人多车多、限速30千米
十堰市区	发交广场出口	A点（110.8605,32.6215）B点（110.8421,32.6356）	车辆多且车速快	人多车多、减速慢行
十堰市区	夏家店转盘	A点（110.8048,32.6563）B点（110.7978,32.6757）	道路交汇，车流量大，行人多	人多车多、限速30千米
十堰周边	六里坪	A点（110.9134,32.5625），B点（110.9169,32.5621）	下坡急弯	谨慎驾驶、限速40千米
十堰周边	武当山	A点（111.0903,32.5093），B点（111.0986,32.5068）	景区入口与高速路口交汇	人多车多、限速40千米
十堰周边	土关班	A点（111.3577,32.4161），B点（111.3814,32.4135）	长下坡加急弯	谨慎驾驶、限速40千米
十堰周边	鲍峡	A点（110.344,32.698），B点（110.289,32.728）	集镇，车多人多	人多车多、减速慢行
十堰周边	房县	A点（110.728,32.552），B点（110.738,32.846）	山高、路窄、弯道急、长下坡	谨慎驾驶、限速40千米
十堰周边	木鱼	A点（109.902,31.682），B点（110.356,31.505）	路窄易结冰	路面湿滑、谨慎驾驶
十堰周边	鲍峡县G316+	A点（110.339,32.705），B点（110.329,32.708）	县城车流量大闹市区	人多车多、限速40千米

图 13 - 6　危险源路段坐标整理

（三）商品车运输危险源判断分析（如图 13 - 7 所示）

◆危险点设定及危险源分析

个性危险源判定	主观因素产生的危险源判定		
运输路线上的危险点	**人的因素**	**物的因素**	**管理因素**
对运输路线上的道路特点进行分析，识别危险点： • 坡道、弯道、岔道、隧道 • 市区、乡镇道路、高速公路、山区道路 对特殊天气运输线路的特点进行分析，识别危险点： • 冰雪天气行车 • 大雾天气行车	• 驾驶习惯、驾驶技能、情绪、违章、疲劳、带货、超速行驶 应对策略： • 通过岗前评测、驾驶员培训对驾驶员技能、驾驶行为进行培养和规范 • 杜绝乱停乱放，杜绝连续行车4小时以上，会车礼让三先，堵车不加塞，交叉路口不抢行，保持行车中精力充沛 • 严禁超载、超限、超速、疲劳驾驶、违章占道超车，严格遵守交规行车 • 对驾驶员进行分组，由小组长进行监管，建立奖惩机制，激励驾驶员安全规范驾驶	• 车辆质量因素 • 零部件质量因素 • 路况及标示 • 出库严格检查，行驶途中一日三检，发现问题及时解决 • 及时获取路况信息，并提前告知驾驶员	• 管理制度不健全 • 培训机制不完善 • 调度资源安排不合理 • 建立各工作岗位的职责及制度 • 加强培训，人人过关 • 合理分配资源，杜绝发人情车，完善监督机制 • 各司其职、协同作业提升效率

图 13 - 7　危险点判定

（四）商品车运输线路设定（如图 13 - 8 所示）

1.十堰—敦煌
十堰—西安—天水—兰州—武威—张掖—嘉峪关—敦煌
2.十堰—银川
十堰—西安—长武—平凉—同心—吴忠—银川

图 13 - 8　商品车运输线路设定示意

（五）运输线路危险点设定及分析（如图 13 – 9 所示）

◆ 十堰—西安（十堰至商洛/杨斜路段）

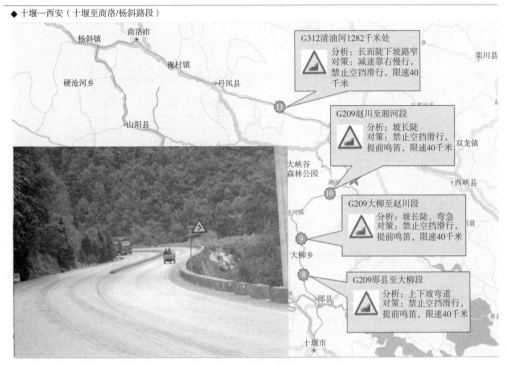

图 13 – 9 运输线路危险点设定示意

（六）通过系统实现在途车辆动态管控（如图 13 – 10 所示）

◆ 利用GPS加强在途管控

根据GPS提供的信息，对在途异常的信息进行分析。

1. 实时关注长期滞留信息，联系驾驶员确认滞留原因，杜绝因驾驶员自身原因导致的送达超期。

2. 关注偏航预警信息，联系驾驶员确认绕道原因。

3. 获取超速报警信息，并根据该信息对驾驶员进行安全教育，规范其驾驶行为，减少因超速导致的安全事故。

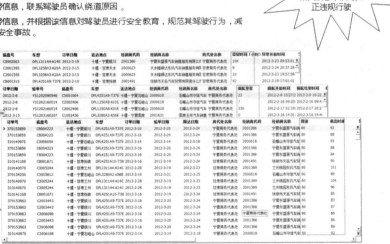

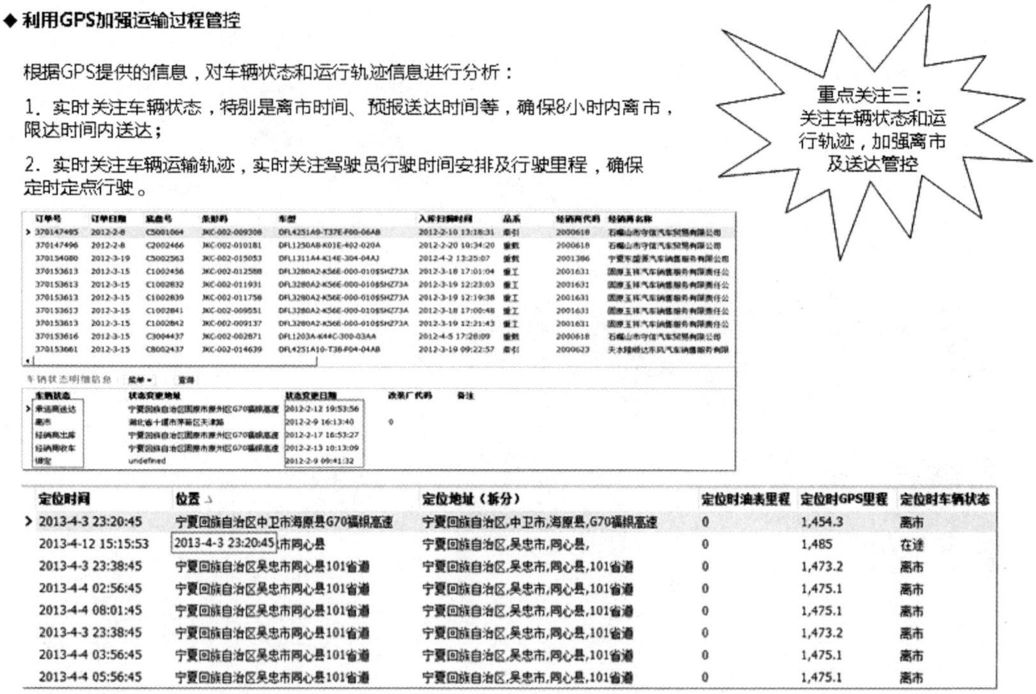

◆ **利用GPS加强运输过程管控**

根据GPS提供的信息，对车辆状态和运行轨迹信息进行分析：

1. 实时关注车辆状态，特别是离市时间、预报送达时间等，确保8小时内离市，限达时间内送达；

2. 实时关注车辆运输轨迹，实时关注驾驶员行驶时间安排及行驶里程，确保定时定点行驶。

重点关注三：
关注车辆状态和运行轨迹，加强离市及送达管控

图 13 – 10　在途车辆动态管控示意

三、项目完成情况

自项目开展以来我们投入了大量的人力、物力和精力，组成了跨行业、跨领域的专业团队进行专业化的运作。对商品车运输线路上的危险源逐条、逐段进行查找并对事故易发地、集镇、山区、峡谷等危险路段、住宿点和送达点进行实地考察并标注坐标。同时对历年商品车发生事故的原因进行剖析，总结事故发生的时间节点。耗时1年以上共收集危险源523条，食宿点173个，送达地723个并在地图上对商品车的行驶线路进行标注。

互联网是促进所有行业转型和升级的科技化手段，我们联合南斗六星科技有限公司利用互联网开发了东风商品车安全管理系统并将我们收集的运输线路危险源导入系统在车载终端上实现智能化、标准化管控。构建了全国商品车运输线路危险源图谱，对商品车运输过程中存在的人、车、道路、天气等不安全因素结合行驶记录仪实现商品车运输线路中的危险源、驾驶员食宿点、商品车交车点、驾驶员的疲劳驾驶、超速行驶、偏航行驶等造成的商品车运输过程中易出现的行车安全事故，实现了全方位实时语音提醒、预警的智能化管控，促进商品车运输过程智能化、专业化、科技化、数

据化，记录了商品车运输过程中每一个环节变化，确保商品车从出库到交付的精细化管理，提升了商品车交付的满意度。创造了全国商品车运输安全智能集成化管控行业领先的管理水平，实现了具有东风特色的商品车运输安全管理体系，促进了东风商品车运输智能化的转型和升级。

语音智能化管控在行业内具有很高的使用价值及向东风商用车用户经济推广价值，为每一位东风商品车用户提供了运输安全保障，以安全促进用户效益提升。

（东风商用车有限公司市场销售总部物流管理部　孙振义　周厚军

孙晓东　王修贵　邱亚军　高峰）

第七节　基于移动应用的整车物流运输管理创新与应用

一、中都物流有限公司简介

中都物流有限公司（以下简称中都物流）于 2008 年 1 月 8 日成立，为北汽集团所属北汽鹏龙和首钢集团所属首钢国际共同投资设立的物流公司，是北汽集团汽车物流的总服务商。公司位于北京市顺义区李遂镇，注册资金为 4.5 亿元。公司主要为北京现代、北京奔驰、北汽高端及越野车、北汽新能源、北汽株洲、北汽增城、北汽黄骅及首钢集团，提供整车物流、生产物流、售后物流、钢铁物流、国际业务等物流业务运营及物流管理咨询。

公司高度重视企业信息化建设，为提高服务质量，运用信息化手段加强物流服务管理水平，成功开发了整车物流业务运营管理系统（TMS & WMS）及生产物流仓储管理系统（WMS）。在加强企业信息化的同时，公司也大力推进企业质量体系建设及安全管理工作，并分别于 2011 年 4 月 10 日顺利通过 ISO9001：2008 质量管理体系认证、2014 年 1 月通过北京市安全标准化二级认证。

随着北汽集团业务的发展，中都物流已从单一的整车物流企业逐步发展成为北汽集团所属企业提供全方位物流解决方案的总包服务商。目前，公司有 10 个下属企业，包括 2 个合资公司、3 个分公司及 4 个全资子公司，2014 年营业额为 30 亿元。2015 年 2 月 9 日，中都物流有限公司通过中国物流采购联合会的最高级物流企业评估——5A 级物流企业评估。

速度见证实力，进取缔造辉煌。放眼未来，中都物流将为汽车厂家、零部件厂家提供专业、优质、高效的物流综合服务。

二、创新背景

（一）移动应用的崛起

截至 2014 年 6 月，我国网民规模达 6.32 亿人，较 2013 年底增加 1442 万人。互联网普及率为 46.9%，较 2013 年底提升了 1.1 个百分点。

截至 2014 年 6 月，我国手机网民规模达 5.27 亿人，较 2013 年底增加 2699 万人。手机上网的网民比例为 83.4%，相比 2013 年底上升了 2.4 个百分点。台式电脑和笔记本电脑上网网民比例略有下降，分别为 69.6% 和 43.7%。

截至 2014 年 6 月，我国网民上网设备中，手机使用率达 83.4%，首次超越传统 PC 整体使用率（80.9%），手机作为第一大上网终端设备的地位更加巩固。同时网民在手机电子商务类、休闲娱乐类、信息获取类、交流沟通类等应用的使用率都在快速增长，移动互联网带动整体互联网各类应用发展。

（二）移动应用带来的品牌效应

通过全方位展示企业品牌，让客户进一步了解服务内容或企业品牌，建立起企业品牌与客户的情感关联，是企业移动应用发展的核心所在。利用品牌移动应用传递品牌理念，深化品牌形象，树立品牌口碑，帮助品牌和服务认知的提升，搭建起品牌与客户间沟通的桥梁。

（三）移动应用带来的经济效益

移动应用是目前流行的企业品牌宣传和提升服务的载体，是企业移动端推广的核心信息传播源，为企业塑造品牌形象和提升客户满意度。移动应用是为企业量身打造的移动办公和移动品牌宣讲的解决方案，能帮助企业精准的锁定目标客户群体，更能让客户直接感触到企业的服务品质，为企业创造看得见的经济效益。

（四）移动应用实施前的问题点

我国汽车物流业是随着汽车工业的发展而崛起的。告别了车市的高增长后，如何在市场回稳的情况下保证企业的成本控制成为车企的重要功课，而汽车物流作为支撑整个汽车产业的重要环节将面临着新的挑战，转型也将是大势所趋。目前我们面临哪些问题呢？

1. 汽车物流成本居高不下

尽管我国已经成为世界最大的汽车消费国，但并不意味着我国是汽车强国。根据物流行业一份杂志公布的调查数据，目前，中国汽车物流企业公路运输车辆空驶率高达39%，运输成本是欧美的 2～3 倍，且中国大部分汽车物流企业仅能维持1%的资产回报率，远低于美国以运输为主的物流企业平均8.3%的水平，而空驶率是汽车物流成本高居不下的一个重要原因。数据显示，物流成本在中国 GDP 占据的比重约为18%，而美国、日本等发达国家的这一比例只有9%。因此，中国在降低物流成本方面仍有很多工作可以做，这也是中国物流业发展中与开拓新市场相匹敌的另一个空间。

2. **服务模式单一，增值性服务较少**

目前我国汽车物流中运输成本依然在物流总成本中占据较高比重，且运输模式单一，国内90%以上的整车物流都是采取公路运输的形式，水路运输和铁路运输则相对少很多。在整个物流供应链中涉及原材料及其供应商的采购库存、包装设计、专用的仓储中心、整车订单系统、库存管理、厂内物料控制、可回收的料箱管理、外包装设计与管理以及分拨中心运输、私家车运输、售后配送等多种环节，物流企业可以针对不同环节提供多种服务，而现阶段，我国汽车物流主要局限于仓储与运输等简单的汽车物流服务。

3. **整车物流企业在途运输过程中信息化程度低**

目前，我国整车物流企业普遍存在着在途运输环节中信息化程度低的问题，在途监控主要依靠人工上报位置，造成了位置不准、信息传输慢、管理效率低等现象，这与许多国际著名的汽车制造商都在加大信息系统的建设力度，以求提高整车物流效率，缩短交货时间，提高交货质量，降低物流成本的做法形成了巨大的反差。

（五）整车物流系统应用现状

过程有效管控是提升服务质量的前提。现阶段，整个整车运输行业，主要应用的系统包括 WMS、TMS、GPS 系统，可以为整车仓储、在途运输环节提供信息技术手段加以管控，但无法覆盖整个整车物流过程，对于商品车装车、到店交付的过程监督仍存在盲点，加之用于在途管控 GPS 设备的自身弱点，经常出现实际运输与 GPS 反馈数据不匹配等问题。对于整车运输环节运用信息化手段全过程的管控，整个行业仍存在空白点，没有用应用手机 App 系统的先河。

三、环节管控创新亮点

为了解决目前所面临的汽车物流成本高居不下、服务模式单一增值性服务较少和在途运输过程中监控力度低等问题，中都物流结合互联网思维和创新理念，结合实际物流过程中存在的问题，利用移动应用技术开发出整车物流移动应用系统。此系统主要管理整车运输中的装车、在途、运抵等环节的管理与监控。如图 13 - 11 所示。

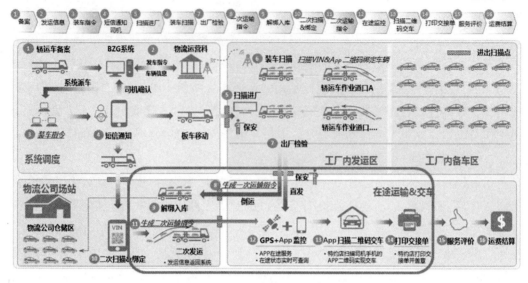

图 13 – 11　整车物流移动应用系统

在系统整体架构中提出了两点创新性的管理模式：

（1）基于移动应用技术的整车物流在途跟踪系统实现对整车物流过程关键环节进行管控，实现整车运输过程在途信息全透明，实现装车、交车环节的"零"错误率，改善整车物流运输的管理水平，从而提升客户满意度。

（2）增强服务模式的多样性，寻找更多的增值服务。利用移动互联网进行品牌营销，提升公司品牌知名度，寻找社会业务资源，不但要服务好北汽集团，还要寻求更多的发展空间。

四、项目实施方案

随着移动互联网这一新兴技术快速发展，各行业希望在保证安全性的前提下将现有企业应用程序延伸到移动领域。在汽车物流行业，迫切需要一种技术或手段帮助实现信息流与实物流实时准确同步，便于客户第一时间获得信息，移动应用的出现为这种愿望提供了技术基础。

中都整车物流业务通过实施 TMS、WMS 系统实现业务运营全面管理，但对在途运输过程中缺乏有效的管控工具，保障在途运输商品车的监控与管理。基于增强管控手段，提升物流服务质量的目标，结合近年来移动互联网和移动应用技术的日趋成熟和快速发展，中都物流立项进行移动应用在整车物流业务的信息化项目建设。利用移动应用手段从而更好的解决目前所面临的问题，如图 13 – 12 所示。

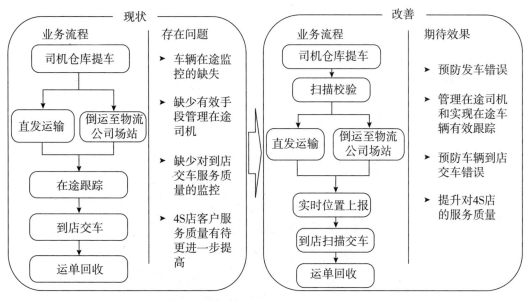

图 13 – 12　利用移动应用手段解决问题

中都物流移动应用系统第一阶段在奔驰业务实施，逐步推广至北京现代、自主品牌。本系统范围针对整车物流运输业务，覆盖运输车辆离开场站后，到达经销店交车完成之间的物流过程活动。通过移动应用系统，增强商品车在途、交车等运输流程管控，预防交车错误、及时准确跟踪在途商品车辆，并与 TMS 系统进行集成，为承运商司机、经销店等相关方提供便利的数据信息服务。如图 13 – 13 所示。

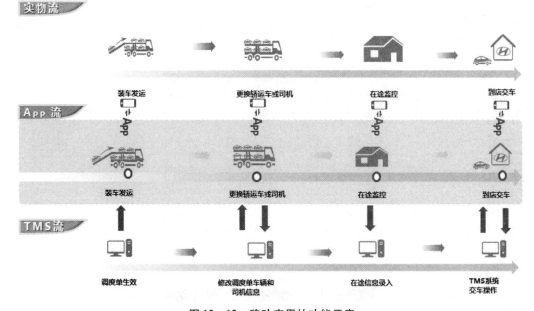

图 13 – 13　移动应用的功能示意

移动应用的主要功能有以下几方面。

第一功能点：装车校验。

业务人员操作 TMS 系统生成调度单，并把装车指令通过移动应用发送给运输司机。司机进厂后按照移动应用上的装车指令进行装车同时使用移动应用扫描每辆车的 VIN 码，扫描成功并校验成功后，司机进行装车操作，否则移动应用提示司机装车错误，此功能是为了防止车辆在装板过程中出现的错误。如图 13－14 所示。

图 13－14　装车校验界面

第二功能点：位置上报。

移动应用根据系统设置的上报时间频率，自动把在途车辆的位置信息上报给服务器并展现在 TMS 系统界面中。系统会记录位置信息、司机信息和上报时间，若系统自动提交失败，司机可在应用中手动位置上报。此功能可用作对车辆 GPS 位置上报的补充。如图 13－15 所示。

图 13－15　位置上报界面

第三功能点：到店交车。

车辆到店后，点击到店交车功能，移动应用系统校验当前司机位置是否与经销店位置相近，如果校验失败，则不允许交车，如果校验成功，司机卸车时使用移动应用扫描车辆 VIN 码，移动应用校验商品车是否属于此经销店车辆，若校验成功则表明允许此车辆进行交车，否则系统提示不允许交车。此运单的车辆全部扫描完成并校验通过后，TMS 系统自动进行运抵确认。

第四功能点：司机任务查询。

司机任务查询是指司机可使用移动应用查询出自己目前所要承接的任务列表，此功能让司机更有计划性、及时性，公司也能增强运力调度能力。

第五功能点：再次配载。

再次配载是为了解决承运商进行多次拆板、倒车等问题。司机使用移动应用"再次配载"功能，扫描要进行配载的车辆 VIN 码，扫描成功后司机移动应用中生成二维电子凭证，车辆接收方的司机需同时也利用移动应用扫描此二维电子凭证，系统验证通过后再次配载成功。被调度的车辆随即与接收方司机进行绑定，并把信息反馈给TMS 系统，TMS 系统会修正此调度单信息车辆和司机信息。

第六功能点：经销店查询。

使用经销店查询服务功能，经销店人员可直接查询本经销店目前在途车辆信息及车辆目前位置状态。通过设置 VIN 码输入条件进行指定车辆查询；通过设置运单号输入条件查询车辆信息。如图 13 – 16 所示。

图 13 – 16　经销店查询界面

第七功能点：经销店评价。

为了及时、准确地了解客户对我们服务满意程度，我们在移动应用中增加了经销店评价功能，客户在商品车运输环节中碰到的问题都可在移动应用中填写意见与投诉，客服人员第一时间得到投诉原因和内容，及时处理问题并响应客户。

第八功能点：通用服务。

（1）导航服务：使用导航服务，司机可直接根据运单中显示的地址进行导航并可规避拥堵路段，从而达到降低运输成本的效果。

（2）天气预报：通过手机定位从而获得车辆当前位置的天气情况，并提供给司机进行参考。

（3）附近便利设施提示：司机可通过移动应用查找最近的加油站、餐馆或服务区等服务信息。

（4）道路提示：摄像头路段提示、测速路段提示、高速封闭路段提示等。

五、创新效果与展望

（一）创新效果

中都物流移动应用创新规划方案实施后，取得了显著效果，目前司机已全面开始使用，在装车、交车等环节实现了"零"错误率，在途数据准确性加强。

1. 装车环节

（1）无装错车情况：实施前，因为只是人为对照商品车 VIN 码与运单 VIN 码是否一致，会出现驾驶员装错商品车情况；使用移动应用进行装车校验后，系统会对所装商品车进行校验，以检验装车是否准确，保障无装错商品车情况发生。

（2）减少人员操作环节：实施前，需设立专门的岗位进行系统发运确认等操作，同时也可能产生操作错误情况；通过移动应用系统与 TMS 系统进行无缝数据对接，当司机装车校验完成后系统自动完成后续操作，可减少系统操作员的岗位，同时减少人为造成的错误。

（3）发车时间滞后改善：实施前，商品车发运时间明显滞后于实际发车时间，是因为司机把车辆运走后再通知系统操作员，然后系统操作员在 TMS 系统中做发运操作，从而导致发运时间的延迟；移动应用实施后数据直接、及时传输并和 TMS 系统进行无缝对接，因此可避免数据的延迟。

2. 在途管控环节

实施前，商品车在途位置信息主要通过轿运车安装的 GPS 或司机主动上报的方式来上传位置信息，由于 GPS 设备有一定损坏率和司机上报的被动性等问题，导致商品车在途位置不能准确与及时上传；移动应用实施后利用司机手中的移动设备补充了GPS设备的不足，更能及时准确地自动上报商品车在途位置；为给客户反馈最真实的位置信息打下夯实的数据基础。

3. **交车环节**

无交错车情况：因存在多店交车情况，实施前，只依靠驾驶员与经销店人员人为交车检验，导致交错商品车情况发生；当驾驶员使用移动应用进行交车时，系统会对所交商品车进行校验，以检验交车是否准确，保障无交错商品车情况发生。

4. **客户回访环节**

实施前，经销商查看商品车信息需通过电话询问客服人员，此方式未能给客户带来很好的体验。移动应用实施后经销商可在自己的移动设备中实时查看商品车信息，并在商品车即将抵达交车地点时主动给经销商发送信息提醒，从而带来非常好的客户体验，提升客户服务质量。

（二）创新展望

随着各种智能终端用户的增长和技术的发展，企业的应用逐渐趋向移动化，并且随着移动用户数量的增长，未来移动应用将有更广泛的应用，企业也已经意识到移动应用"无处不在"的价值，移动应用成为企业业务拓展和为客户提供更加贴心、实用和便捷服务的需要。

目前，中都物流移动应用系统的使用者主要是司机和经销商，缺少承运商的相关功能。未来中都物流移动应用系统将扩展应用范围，提供承运商在途车辆位置查询、资源调配等功能，加强承运商对在途商品车的管控，提升承运商的轿运车资源利用率，实现汽车物流商品车在途环节的移动化管理，并充分利用创新的思维去增加业务点。

（中都物流有限公司　王兴民　张燕芳　纪骥良　王继伟　吴晶　彭祥）

第十四章　汽车零部件入厂物流创新成果

第一节　汽车零部件循环取料管理系统
移动客户端软件项目

一、项目内容

汽车零部件循环取料管理系统移动客户端软件项目（简称 MR – APP）于 2013 年初立项，年底完成功能设计，2014 年 1 月试运行，2014 年 3 月正式上线运作。该项目是上海安吉通汇汽车物流有限公司自主研发的软件项目，主要用于汽车零部件循环取料运输过程的实时监控和订单反馈管理，该项目将原有运输管理系统进行了架构创新和流程再造，实现了对在途零部件状态的精准掌控，消除了原有汽车零部件入厂运输系统的管理盲点，有效增加了汽车零部件入厂运输的风险控制手段，应用至今已明显地提高了汽车零部件入厂运输业务板块的准点率等 KPI 指标。MR – APP 项目在汽车零部件入厂运输领域的应用，目前国内尚未有其他类似项目，处于国内领先。

MR – APP 主要用于驾驶员运输过程中对其承运订单中所需要经过的站点以及取货信息的确认处理。系统会将驾驶员反馈信息及时传回服务器，供给公司内部后台管理人员，使控管人员对订单的运输状态进行及时的跟踪，并及时处理运输中的相关问题。移动端功能主要包括：工作提醒、路单订单、站点到达和取货扫描等。

二、项目创新点

汽车零部件循环取料管理系统移动客户端软件项目的技术创新点有以下几方面。

（1）系统综合利用扫描技术与移动服务技术，实现对运输过程的实时监控。

（2）系统利用推送技术，让驾驶员及时获取由公司传递到其手机上的工作提醒信息。

（3）系统提供友好的交互界面，供驾驶员快速地反馈信息。

（4）系统采用了 servlet、hibernate、jquery、ajax 等编程工具开发，具有很强的可移植性和可拓展性。

（5）系统提供软件版本自动升级技术，确保驾驶员能够使用最新版本的软件功能。

三、项目对行业的贡献

安吉通汇汽车零部件循环取料管理系统移动客户端软件项目在汽车零部件运输行业是一种尝试和探索，通过移动终端系统的应用及车载 GPS 系统的应用，实现了零件运输的在途实时跟踪，能够及时地获取到所需零件的当前位置，为客户的需求及调度提供了精确数据，为后续的紧急调度方式提供了依据。通过移动终端扫描系统的应用，实现了整个汽车零部件运输供应链的无缝链接，流程设计环环相扣，数据实时且透明，各环节的信息达到了最大程度的共享，避免了因为信息孤岛存在所造成的不必要的成本浪费，是精益物流体系的最好的呈现。此项研究成果在同行业甚至是其他物流及相关产业有很好的推广价值。

（上海安吉通汇汽车物流有限公司　金振弥　刘狂涛　何建强）

第二节　东风雷诺汽车物流规划咨询项目

一、项目背景

（一）汽车主机厂物流规划现状分析

国内目前乘用车企业数量超过 100 家，商用车企业数量超过 300 家。当前汽车行业蓬勃发展，当企业现有工厂的产能不能满足市场需求时，就需要通过建设新主机厂的方式扩充产能。仅在 2013—2014 年间，有一汽大众佛山工厂、上海通用武汉工厂、东风雷诺武汉工厂、神龙汽车成都工厂等多个主机厂正在规划或已投入建设中。因此，汽车新主机厂物流规划市场需求潜力巨大。

在新主机厂建筑施工前，需要进行生产工艺设计和物流规划。新主机厂物流运作一般会沿袭旧工厂的模式，但大多数汽车企业会在原有模式基础上进行改善提升，改善提升的主要方式是引入其他先进主机厂的运作模式，较为受欢迎的物流模式包括丰田模式、大众模式等。但在实际运作过程中，主机厂发现这些物流模式与自身的生产体系不合拍，又逐渐改回了原有模式。

先进物流模式在新主机厂中水土不服的主要原因在于物流模式与生产体系是密不可分的，不同的生产体系对于品质、交期、库存的要求差异较大，主机厂应结合自身条件，对先进物流模式进行修正，变成适合自己的物流模式。

（二）汽车主机厂物流规划难点

如今越来越多的汽车企业将物流业务外包，3PL 也承担起新主机厂的物流规划工作。在物流规划过程中有以下几个难点。

1. 强势甲方

在"生产永远是第一位的"这种观念的影响下，甲方的生产部门会非常强势，他们会主导整个规划过程。生产工艺方案总是优先完成的，物流规划部门只能被动地在已有结果基础上寻求最优方案。

2. 规划整体性

物流规划过程中，针对某一个环节的规划过程并不困难，问题的关键在于将所有环节串联起来，保证整体流程最优。

3. 节省人力

如何投入最少的人力和设备，同时又能保障生产。

（三）东风雷诺项目背景与创新点

东风雷诺汽车有限公司（简称东风雷诺）是"雷诺—日产"联盟与东风汽车集团合资成立的一家全新汽车生产企业，生产基地位于武汉市经济技术开发区，第一期年产能 15 万台整车和发动机。

广州风神物流有限公司（简称风神物流）作为专业第三方物流服务商，为东风日产、郑州日产、神龙汽车、东风乘用车等 8 大主机厂提供服务，服务内容涉及供应链的全过程。经过十年运作，风神物流积累了丰富的运作经验。因此，风神物流能够成为东风雷诺的物流供应商之一，并承担了新工厂整体物流规划的任务。

与以往的新建汽车主机厂物流规划不同，经过与主机厂沟通，此项目与生产工艺规划同步展开，生产工艺或者物流方案都需要双方人员共同确认。并由同一家物流商做整体物流规划，保证了整条供应链上各环节能够顺利衔接。

为了减少人力设备投入，提升服务质量，在此项目中风神物流设计了多种自动化设备及相关的信息系统，为公司未来缩减人力的目标提供了新的方向。

二、与生产工艺同步的新建汽车主机厂物流规划

物流的流畅运作需要生产工艺的支持，下文就生产计划和运输计划、工厂整体布局进行举例说明。

（一）生产计划和取货计划

目前的汽车消费市场是基于客户需求产生的买方市场，在主机厂"Make to Order"的生产体制下（如图14-1所示），供应商基于主机厂的订单需求进行零部件生产，然后由3PL进行取货和交付。因此，生产、订单与运输计划体制的合理设定，对3PL运作的影响非常大。它关系到"物流"能否克服"时空"差异，实现连续、同步和均衡供应。

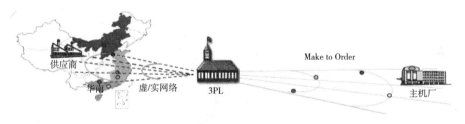

图14-1　"Make to Order"生产体制

生产计划与运输计划之间的关系是相互制约又相互促进的，如图14-2所示。

（1）相互制约。物料采购计划根据主机厂生产计划制订；运输计划根据主机厂物料采购计划制订；运输能力要动态从属与主机厂的生产能力，即要随着生产能力及订单计划的变化而变化，与之相匹配。

（2）相互促进。生产、订单与运输体制制定的合理，能够促进JIP配送的效率。在计划衔接和提前期设定上，要从实际出发，以数据为支撑，把握供应链各作业环节的负荷与作业时间，使它们等于流水线的节拍或者与流水线节拍成倍比关系，减少提前和延迟，以此做到物流连续和均衡。

风神物流根据主机厂设定的生产计划，设定取货计划的逻辑如图14-3所示。

业务流程如下：

（1）主机厂提前30天制订月度生产计划；

（2）主机厂提前10天根据库存制订订单计划；

（3）出货前一天11点前，供应商根据订单指示制定配车指示票，并通过TMS传递给3PL；

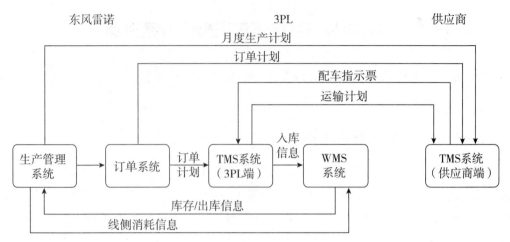

图 14 – 2　生产计划与运输计划的关系

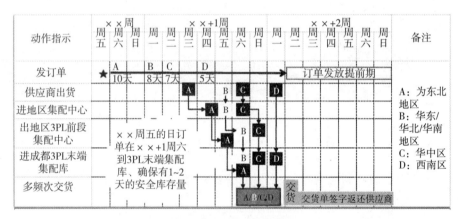

图 14 – 3　取货计划制定逻辑

（4）出货前一天 15 点前，3PL 根据配车指示票配车，并将结果传递给供应商；

（5）出货前一天 16 点前，供应商和 3PL 确认配车信息；

（6）出货日当天供应商提前 2 小时做好出货准备；

（7）3PL 车辆按时到达取货。

主机厂、3PL、供应商三方通力合作是取货计划顺利实施的关键。

（二）厂内建筑布局

对于 3PL 来讲，主机厂内类似于一个物流园区，各车间和仓库的内部以及它们相互之间都会发生物资转运。因此，在厂内物流规划的前期需要对各车间、仓库的相对位置进行规划，使其物流动线更加顺畅，物流成本最小。原本此过程是由主机厂独立完成的，在本项目中主机厂和 3PL 共同设计了整体布局。

关于主机厂内物流仓库的位置，主机厂的初始方案如图 14 - 4 所示。

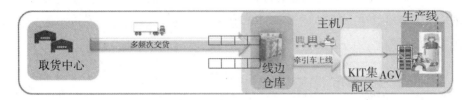

图 14 - 4　物流仓库布局方案一

此方案中取货物流的终端交货仓库设置在厂外，取货中心与线边仓库之间通过卡车进行转运。经过分析，风神物流认为此种布置方案不合理，并建议采用如下布置方式，如图 14 - 5 所示。

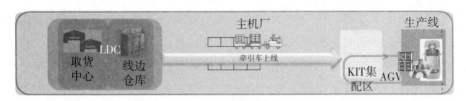

图 14 - 5　物流仓库布局方案二

方案二考虑到工厂内仍有足够空间，故将取货中心设置在厂内，并与线边仓库贴建。取货中心与线边仓库之间的物资转运可以通过叉车和牵引车实现，避免了卡车转运过程。两个方案人员设备对比如表 14 - 1 所示。

表 14 - 1　　　　　　　　　　　　　　人员设备对比

流程	取货中心发货	线边仓库卸车	卸货入料位	牵引车上线	叉车人员统计	牵引车人员统计
设备/人	叉车	卡车	叉车	牵引车	叉车司机（人）	牵引车司机（人）
方案一	13	24	9	37	44	74
方案二	11	12	0	29	22	82

通过物流在主机厂工艺规划设计方面的建议，优化了物流流程，节省了后期物流设备和人员投入。

三、物流自动化应用

当今社会人力成本越来越高，无论是生产还是物流，对于使用自动化替代人力的需求越来越迫切。但大部分主机厂的自动化改造却举步维艰，原因在于受到旧设备和旧厂房的限制，无法进行自动化改造或改造成本过高。因此，在新主机厂规划时，要尽量多使用自动化设备。暂时无法实现自动化的，要为未来的自动化改造留出空间。

在东风雷诺项目中，风神物流设计了大量自动化设备，替代了传统的物流设备，下面列举两个实例。

（一）轮胎同步供给

为了降低成本，主机厂会将部分分装业务外委给3PL，轮胎组装业务便是其中之一。此业务有两个难点：第一，为了保证生产效率，减少模具更换时间，轮胎是批量生产的，但主机厂是柔性化生产，需要轮胎按照整车生产顺序上线，两种生产方式存在矛盾；第二，轮胎体积较大，单次供给批量较小，但主机厂线侧又没有足够存储空间。这要求轮胎供给作业要做到小批量、快速、准确、与生产同步。

为了解决第一个难题，风神物流设计了轮胎同步供货信息系统。系统与主机厂生产信息系统对接，并实时导入整车生产顺序信息。再通过整车轮胎配置表，将整车生产顺序信息转换成轮胎顺序供给信息。最后将供给信息转换成光电信号，指导作业员将轮胎按顺序排列、装车，实现了轮胎供给与生产同步。

难点之二要求轮胎在存储托盘—运输车辆—线侧工位之间迅速流转。风神物流提供的解决方案如图14-6所示。

图14-6　轮胎自动化供给方案

通过装车平台、专用运输车、车间输送辊道之间的无缝对接，无须人力搬运，只需触动几个按钮就可以轻松将轮胎从组装工厂运送到生产线边，既保证了供给效率也保障了轮胎品质。如图14-7、图14-8所示。

图14-7　轮胎装车平台

图14-8　轮胎辊道运输车

（二）　一次物流供给自动化

厂内物流的供给过程可以划分为两个阶段，从线边仓库到 KIT 区（也称 SPS 区）称为一次供给，从 KIT 区到生产线称为二次供给。目前，各大汽车主机厂已基本实现二次供给的 AGV 化，但是一次供给仍然采用牵引车或叉车这些传统设备。传统设备不仅给车间内带来了危险源，而且司机的工资比普通工人还要高，增加了 3PL 的成本压力。

从技术角度看，AGV 只是一种无人化搬运工具，技术含量不高。难点在于全过程中的信息传递。在这个小型物流系统中，主要解决三个问题：①物料需求如何产生；②信息如何传递，状态如何监控；③需求信息如何终止。

一次物流供给逻辑如图 14 - 9 所示。

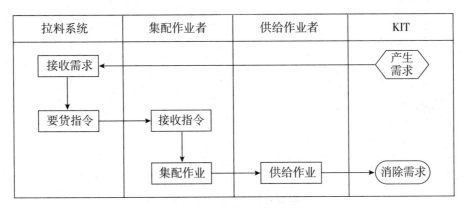

图 14 - 9　一次物流供给逻辑

TPS 的看板模式提供了第一种解决方案，如图 14 - 10 所示。

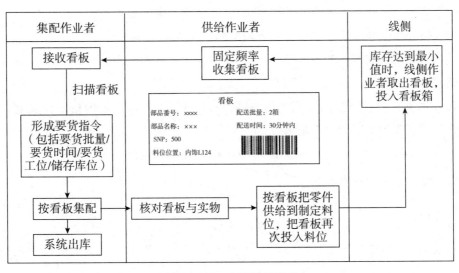

图 14 - 10　丰田看板模式

丰田看板模式通过实物看板的移动实现了信息的传递，但此模式的缺点在于信息传递的非实时性和非精确性。

为了克服实物看板的缺点，我们设计了一种拉料信息系统。通过系统实现信息传递，并结合 AGV 的自动化搬运，实现了一种全新的物料供给方案。如图 14 - 11 所示。

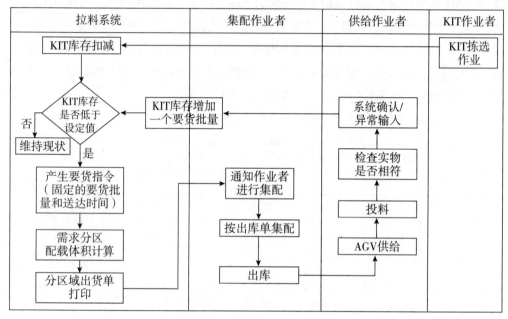

图 14 - 11 拉料系统逻辑

操作步骤详解：

（1）通过 KIT 作业者的指令动作收集物料消耗信息，并实时传递给拉料系统进行计算。当物料消耗量达到事先设定值时，系统自动产生一个要货需求。系统每隔半小时汇总要货需求，并按照事先设定的逻辑对要货需求进行排序。

（2）系统将排序结果发送给仓库集配作业者，作业者按照清单拣货，并在系统中消除需求，然后放到 AGV 上运输到生产线侧。

（3）线侧作业员扫描包装箱上的条码，KIT 料架上相应位置的指示灯亮起，指示作业者投料；投料结束，拍灭指示灯。

（4）线侧作业员扫描的同时，该箱的物料总数自动加和到 KIT 料架物料总数，并在仓库系统中扣减物料数量。

（5）循环结束。

全新的物料拉动系统，能够准确及时地传递物料需求信息，并能在系统中实时监控物料动态。系统中加入了电子防呆系统和 AGV 系统，大大提高了物流作业效率，达到减少人力的目的。

四、总结与展望

汽车行业竞争日益激烈化，迫切要求改善制约其发展的零部件物流模式。通过在新主机厂建设之初良好的整体物流规划，可以消除隐藏的物流瓶颈，降低物流成本。

本文为新主机厂物流规划提供了一种新的思路：生产与物流同步规划。风神物流与主机厂工艺设计人员通力合作，针对东风雷诺的特点，规划出适合该主机厂的物流模式。该模式从整个供应链的全局出发，统筹考虑供应链上的资源、实现利益共享，从而提高供应链上成员的参与积极性与协作精神。

未来展望：将来应重点研究自动化设备在物流系统中应用，重点解决复杂条件下的装卸、拣选等难题，最终实现减少全供应链上一半以上人员的目标。

（广州风神物流有限公司　方彦兵　章信开　罗春龙　田顿　卢马单
徐刚　杨琼　柯武　陈超　刘盼盼　张源　郑锦华）

第三节　乘用车轮胎搬运与储存技术研究与应用

一、项目内容

（一）技术领域

现代汽车物流领域中的流通加工服务。

（二）项目详细技术内容和方案

乘用车轮胎与储存技术研究是为汽车主机厂提供的物流技术服务之一。此项技术是根据主机厂及供应商的区域分布，由在各地建立对应的组装工厂开展相关技术服务。随着主机厂的产能逐年不断提升和生产水平提升，乘用车轮胎与储存技术研究需要进行配套的优化提升，以满足主机厂生产需求。项目成果的推广应用不仅可以为物流企业带来较好的经济效益，提高整个物流行业的精益化发展，符合国家节能减排，绿色环保的现代企业发展思路。

乘用车轮胎与储存技术研究，可以优化生产加工后的配送储存环节，提高品质要求，制造符合高品质要求的轮胎总成。每一道工序都按照标准作业模式，以最优化的生产方式完成部品生产。按照主机厂的周生产计划编排轮胎日生产计划，合理安排生产，减少在制品及总成库存量，保证人员合理利用，提高人均生产效率。

根据系统订单数量、时间要求，合理进行仓储安排，确保部品的先进先出。在保证安全库存的前提下尽量减少原材料库存，平衡生产保证供货，提高部品的周转率。合理的仓储库位管理减少了原材料无效的流动，减少作业次数，采取机械化的仓储作业，有利于降低作业成本。

利用电子标签防呆系统指示轮胎总成排序作业，优化作业员的拣选方式，将拣选准确度提升到100%。

利用升降平台进行装车作业，优化作业环节，降低了作业员86%的劳动强度，提高效率20%。

运用同步供货系统进行精确的生产排序，严格控制部品配送上线顺序与装配线生产顺序一致，保证部品正确及准时的交货要求，使生产节奏与配送节奏同步，实现有效的时间和空间利用。

本项目乘用车轮胎搬运与储存技术研究与应用，具体为通过改善顺序集配方式、借助半自动化设备进行装车，根据同步配送系统信息，提供满足生产要求的产品，降低劳动强度，提升储存配送效率。通过此项目为行业提供模式借鉴与作业参考，目前在主机厂的三地工厂进行推广应用。

乘用车轮胎的成品轮胎集配上车，通常采用的是人工将单条轮胎搬运到轮胎配送车的方式。轮胎每天集配量约有12000条，平均每位集配工人搬运量约1300条，约合14.5吨。传统的这种作业方式劳动强度大，岗位人员离职率较高，而且人工识别部品，放到存储的地区，存在一定的识别错误隐患；因为是同步配送，时间顺序要求较高，正常生产存在一定风险。

同时，传统的作业方式中，轮胎配送车辆只有到指定装货区域，人工才能开始进行拣选和集配轮胎总成，这期间，人力和车辆都需等待，造成一定的时间浪费。

轮胎集配作业的流程如图14-12所示。

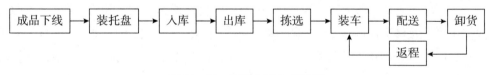

图14-12 轮胎集配作业流程

轮胎装车岗员工作业的效果如图14-13所示。

员工作业量：

（1）平均每人日搬运次数：15000（条/天）÷18（人）÷1.5 =555（次）。

（2）平均每人日搬运重量：15000（条/天）×17.5（千克/条）÷18（人）=

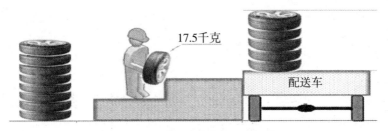

图 14 - 13　轮胎装车岗员工作业效果

14580（千克）。

（3）平均每趟搬运距离约 3 米，每次搬运高度约 1.4 米。

由于该岗位的劳动强度大，员工离职率高出公司平均水平 23 个百分点。

此岗位在职员工基本都是 40 岁以上的老员工，青年员工都不愿意在此岗位就职，加上国内特别是东南部沿海地区用工短缺，因此，一个简单、低成本、可降低劳动强度的作业改善方式，是目前亟待的需求。

而目前乘用车的车型里，主备胎规格不一致的占绝大部分，因此此种方式越来越跟不上主机厂产量增长的节奏。

基于上述的问题，乘用车轮胎搬运与储存技术研究应运而生。

根据轮胎集配的现状方式所体现的体力劳动大的情况，设计新的集配方式，其中包括设备设施的设计与选型、新的作业方式的设计等内容，从现状把握入手、围绕需要解决的问题，进行详细分析与设计，形成新的生产方式组织形式。

设计的原则与理念：

（1）满足生产原则；

（2）减小劳动强度原则；

（3）经济性原则。

设计时采集数据：

（1）主机厂总装生产线对应的车型品种；

（2）组装轮胎的主、备胎品种；

（3）人工搬运路线速度与效率；

（4）生产节拍。

物流设计内容：

（1）轮胎成品下线后到装车的物流模式；

（2）轮胎成品储存方式设计；

（3）轮胎集配方式设计；

（4）轮胎装车设施设计；

（5）区域布局设计；

（6）相关设备设施设计。

生产组织方式设计，如图 14 - 14 所示。

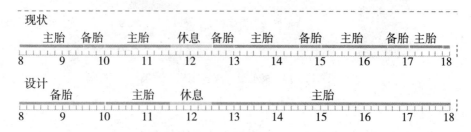

图 14 - 14　生产组织方式设计

作业流程设计，如图 14 - 15 所示。

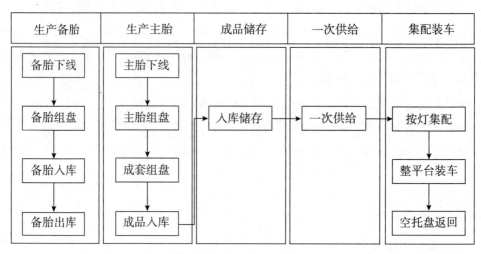

图 14 - 15　作业流程设计

切换品种设计，如图 14 - 16 所示。

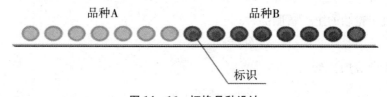

图 14 - 16　切换品种设计

存储区域设计，如图 14 - 17 所示。

搬运方式设计，如图 14 - 18 所示。

（1）轮胎组装生产线按日计划批量组装轮胎，同批次生产一种轮胎。一般先组织生产下批次需要的备胎，生产出的轮胎，由人工堆码，然后，人工用手动叉车将备胎入库到暂存区。

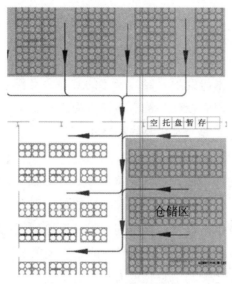

图 14 – 17 存储区域设计

（2）根据生产计划生产主胎，在主胎生产期间，通过手动叉车，人工将已经生产好的备胎整托盘放置到主胎码垛区域旁边；主胎堆放在专用托盘（每个托盘只允许放同样的轮胎总成），每装完 4 个主胎，进行备胎集配，按台套装满托盘（每托盘 4 台套），入库到总成仓储区；减少一次主胎搬运过程。

（3）仓储区按品种定置管理，先进先出，总成仓储区向集配区补货。

（4）集配区按品种设有集配料位，每个料位配有电子拣选标签，作业员按灯提示，采用转运小车，将托盘上的轮胎总成按台套方式转移到装车平台，装满平台后，将空的专业托盘回收到下线组盘区，重复使用；集配作业在配送车离开配送就进行作业，提前准给好下趟车需要的轮胎；减少作业员和轮胎配送车的等待时间。

（5）配送车到了装车口，司机操作升降平台，将事先准备好的在升降平台的轮胎装到配送车，装车平台为可升降平台，平台采用滚轴装置，长宽尺寸与轮胎同步配送车辆一样，保证每次都装满车，高度可进行调节，集配时高度配合转运小车，装满轮胎后，平台升高到车辆要求的高度，保证轮胎轻松推进配送车辆，实现平稳对接。

（6）同步配送车辆将轮胎总成送到主机厂生产线边，卸货，返程，进行下一个循环。

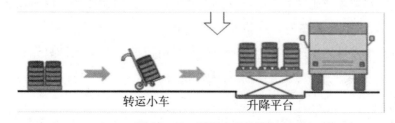

图 14 – 18 搬运方式设计

二、推广与应用情况

乘用车轮胎与储存技术研究项目经过半年的实施，实现了规划方案的内容，目前现场使用效果良好，达到规划设计目标。该模式消除了繁重的轮胎搬运体力劳动，劳动强度降低86%，岗位人员稳定性提高；提高效率20%，，降低了人员成本，缩短配送周期，减少配送不及时的风险。

公司的各个乘用车轮胎的生产基地，都陆续展开和推广，广州花都、大连、武汉基地，均已设计完成并具体实施。本着物流设计的基础平台，以理念创新为根本，完成了乘用车轮胎与储存技术研究，这项研究项目是以典型物流活动为背景，通过物流组织、物流作业、信息技术与装备、储存当中的先进先出等理念，结合物流系统规划设计及实施，完成了集配运输与信息化的有机结合，极大的降低劳动强度，改善作业环境。

三、项目创新点

（1）发明了新型轮胎存储托盘和转运小车，两者配合使用时可以实现整垛轮胎一体搬运。托盘和小车结构简单，造价低廉，小投入大作用。

（2）在轮胎压装工厂仍使用手工生产线、批量生产轮胎的情况下，通过改变轮胎生产顺序和码盘方式，使轮胎在下线时即组成一个总成，减少了再次集配的过程。使用新型轮胎搬运小车，实现托盘和装车平台无缝对接。采用新装车模式，轮胎总成可以提前集配，运输车辆无须等待，提高了车辆周转效率。

（3）物流技术与信息技术融合应用，将先进的物流服务技术以及研究开发的物流设备与现代信息技术电子标签拣选系统融合使用，既降低了劳动强度、作业成本，也将作业失误率降到最低。

（4）设计开发了新的工艺流程，如图14-19所示。

说明：

（1）轮胎组装生产线按照小批量（约2小时的量）组装轮胎，同批次生产一种轮胎。先生产下批次需要的备胎，备胎入库到暂存区。

（2）根据生产计划生产主胎，主胎堆放在专用托盘（每个托盘只允许放同样的轮胎总成），每装完4个主胎，进行备胎集配，按台套装满托盘（每托盘4台套），入库到总成仓储区。

（3）仓储区按品种定置管理，先进先出，总成仓储区向集配区补货。

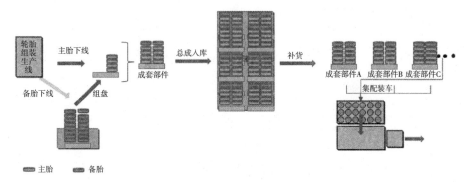

图 14－19 新的工艺流程

（4）集配区按品种设有集配料位，每个料位配有电子拣选标签，作业员按灯提示，采用转运小车，将托盘上的轮胎总成按台套方式转移到装车平台，装满平台后，将空的专业托盘回收到组盘区，重复使用。

（5）装车平台为升降平台，平台采用滚轴装置，长宽尺寸与轮胎同步配送车辆一样，保证每次都装满车，高度可进行调节，集配时高度配合转运小车，装满轮胎后，平台升高到车辆要求的高度，保证轮胎轻松推进配送车辆，实现平稳对接。

（6）同步配送车辆将轮胎总成送到主机厂生产线边，卸货，返程，进行下一个循环。

四、项目对行业的贡献

由于项目研究涉及了乘用车轮胎集配作业的所有环节，解决传统模式存在的瓶颈以及效率低、劳动强度大的问题，设计开发了相关的辅助工具和作业方案，建立集配优化模型、配送方案、装卸作业模式，而且项目研究的新模式已经标准化和固化，具有很强的复制推广应用性能。

项目研究成果能够为整个汽车物流轮胎集配业务提供一种可借鉴的作业模式，如果能在其他汽车轮胎集配业务上进行推广应用，其带来的社会效益将是巨大的。经初步估算，如果在全国所有乘用车轮胎集配业务上应用，将可有效地节约劳动力成本几千万元。从宏观上，项目研究成果有利于保护环境，节能减排，促进国家低碳环保建设；有利于中国物流行业的整体发展和规划，促进物流供应链管理水平的提高。

（广州风神物流有限公司 章信开 罗春龙 李植平 张源 王建新 冯华田 孙伟）

第四节　汽车零配件物流周转箱管理系统

一、汽车产业的迅猛发展及汽车物流业的兴起

中国于 2001 年 12 月 11 日起正式成为世贸组织成员，自加入 WTO 以来，中国汽车产业发展备受瞩目。汽车产业作为中国制造业的典型代表和重要组成部分，已经成为中国的支柱产业之一，在我国国民经济中发挥着越来越重要的作用。

据中研网市场调查：中国的汽车市场自 2001 年 12 月加入 WTO 后，产业政策的开放促进国内外资本的不断涌入，市场进入高速成长期。另一方面，随着汽车社会化的推进，旺盛的乘用车需求支撑了整体市场的高速增长。中国的汽车产销量自 2009 年突破 1000 万辆大关，目前已成为全球最大的汽车产销国。据 CAAM（中国汽车工业协会）的统计，中国的汽车产量从 2001 年的 238 万辆到 2009 年突破 1000 万辆用了 8 年时间，而从 1000 万辆到突破 2000 万辆仅用了 4 年时间，汽车生产规模从高速增长逐步向高基数的平稳增长过渡。2013 年全年汽车产量达 2217 万辆，其中乘用车 1809 万辆，占整体的八成以上。

在经济发展减速的大背景下，汽车市场很难维持过去 10 多年来的高速增长，增速从两位数下行到一位数是大势所趋。而汽车的销售利润将逐渐从高转向低利润化，如何降成本增效益成为各大汽车厂商提升管理的主要目标。降低原材料成本、提高生产效益、加强销售策略等手段用尽后，降低物流成本也已成为各大汽车厂商的主要手段。

汽车物流随着汽车业的迅猛发展而得到长足发展，汽车物流的第三方物流服务模式也在这过程中得到很好的应用，南京长安民生住久物流有限公司正是在这一背景下成立，通过市场参与招投标被南京长安马自达汽车股份有限公司（CMA）遴选为第三方物流总承包方。

南京长安民生住久物流有限公司是专业的汽车供应链物流一体化服务商。成立于 2007 年，主要为汽车生产厂商及相关汽车零部件供应商提供第三方物流服务。服务内容主要包括：国内外零部件运输、散杂货运输、大型设备运输、仓储管理、生产配送、模块化分装、厂内物料操控、保税库管理、商品车仓储管理及发运、售后件仓储及发运、物流方案设计、包装规划设计制作等全方位的物流服务。

年轻的公司就是有激情有想法，成为 CMA 的第三方物流总承包方后，为了圆满完成这一具有挑战性的任务，站在客户的立场考虑一切问题，力争将物流服务做到最好。不仅从服务质量、物流时效、物流安全上严格遵循客户要求，同时从物流成本上同客户一起出谋划策竭尽所能。优化循环包装管理也就进入了主机厂和我们第三方物流公司的视野。

二、周转箱管理系统项目研发

（一）立项

汽车零部件包装周转箱的管理一直是一个难点。因开始管理周转箱时，我们经验还不足，也还没有开发系统管理，采取了用 Excel 账册管理方式。因先期包装投入量不大，还是能够满足正常的业务操作。随着客户产量的增加，周转箱数目投入也随着增大，Excel 账册管理的制度弊端暴露出来，到 2013 年时问题已经比较严重了：周转箱管理乱、使用率低下、维护成本高、数据差错率高、丢失严重等等。拿 2014 年数据举例：在 240 台/日的时候，循环取货包装投入量为 47180 个；而在 280 台/日的时候，包装投入量为 59387 个。直至 2014 年 8 月，包装丢失数量为 4286 个，丢失率为 7.22%；包装报废数量为 1145 个，包装报废率达到 1.93%。

发现因周转箱管理而带来的一系列问题后，改善周转箱管理成为了我们和客户共同关注的重点。信息系统管理工具成为大家一致的选择。

同时，经过对市场的初步调研了解，一旦能成功研发一套高效的周转箱管理系统，首先在国内市场应用前景就非常巨大。因为中国作为最大的汽车产销国，汽车物流还有很大的发展潜力，汽车零配件物流周转箱的管理作为汽车物流中的一个重要环节，科学的管理可以有效地整合信息流和实物流，能有效地发现周转箱管控薄弱环节及因周转箱运转不畅引起的低效行为，节省汽车零配件物流周转箱的使用和运维成本，有效帮助降低企业的运营成本。

于是抱着"改善供应链、及时发现供应链的管控薄弱环节及因包装引起的低效行为的目的"，我们开始研讨整合周转箱管控及关联活动的解决方案，帮助客户减轻资产负担，降低运营费用。"汽车零部件物流周转箱管理系统"立项成立。

（二）研发

下面是我们研发过程中关注的相关因素，共享交流，希望得到同行的宝贵意见，以利于系统继续优化。

1. 架构

围绕 CMA 南京工厂，我们的零部件入厂物流有多种模式：南京地区零部件供应商采取标准的 MILK RUN 模式，直接根据主机厂订单时间计划循环取货，直送生产线旁；稍远的华东地区（上海、浙江、安徽、江苏其他地区），我们采取提前一天取货入 DC（配送中心）再配送生产线的方式；更远的地区（华南、华北、西南、中部地区），则采用远程取货模式，提前 1 周取货入 DC，再配送生产线。

零部件周转箱的使用牵涉的各区域的零部件供应商、有的是专用箱、有的是共享标准箱。要使周转箱管理系统发挥好应有的作用，就应该得到各供应商的大力支持。那么动员供应商使用以及如何保证他们能方便应用并有很好的应用体验是关键。同时还需考虑到本公司用户的操作方便性和系统的快速响应，最终在系统架构的选择上采用了 C/S 和 B/S 项结合的方式：

（1）公司内部员工用户采用 C/S 架构；

（2）供应商、主机厂采用 B/S 架构；

（3）数据库：采用 MYSQL。

2. 实物流数据流流转示意

确定了架构，随后对数据流向逻辑进行了梳理：主体思想是把公司 WMS、各供应商、主机厂均作为中转箱的库存地，三类地点两两之间均有实物的对流，我们只要把握好三个地点的进出存和两两之间的在途动态即可掌控所有的在用周转箱的动态。图 14－20 简单列出了实物和数据流的流转示意。

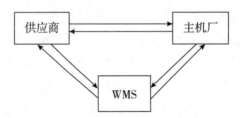

图 14－20　周转箱实物流、信息流流转示意

（1）南京循环取货模式：供应商与 CMA 之间的周转箱流转；

（2）华东循环取货模式：WMS 仓库与供应商之间的周转箱流转；

（3）WMS 配送业务模式：WMS 仓库与 CMA 之间的周转箱流转。

3. 设计要求

对供应商、主机厂、WMS 仓储中心分别作为 3 个仓储中心做了以下的设计要求。

（1）各仓储中心的进、出、存独立计算、统计。

（2）WMS 仓储中心，需要区分空箱、已装货物包装。

①空箱入库做入库单，采用手工录入或 RFID（射频识别）采集。

②以出库归位时间节点，来标记是否占用或为空箱，主要解决空箱预警。

③空箱预警按订单需求计算空箱报缺。

④根据零部件装车出库交付主机厂来计算周转箱出库数量同时作为主机厂入库数量。

⑤ WMS 出库至供应商的周转箱，录入出库单，计入在途数量。由供应商网上确认

收到的周转箱信息，运单回收后再在系统确认，按出库单扣减库存，如回单时有数量差异，出具差异报告。

（3）各仓储中心的进出库必须有单据支持。

①WMS 至供应商，由 DC 操作人员录入，并计入在途管理。

②WMS 至主机厂，由出库单根据 SNP 折算周转箱数量作为出库单据。

③主机厂至 WMS，厂内操控员录入或者 RFID 采集数据作为主机厂出库单。

④主机厂至供应商，厂内操控员录入（暂定每 4 小时录入收集录入一次）出库单并转入在途管理。

⑤供应商至主机厂，由零部件取货单据根据 SNP 折算周转箱数作为供应商出库周转箱数量。

⑥供应商至 WMS，由零部件取货单据根据 SNP 折算周转箱数作为供应商出库周转箱数量。

以上系统单据信息中数量的签收确认，均整合到对应的零部件交付单据的签收单中。即对零部件订单交付的签收亦就是对周转箱数量的认可，系统数据即以此签收单为依据进行数据管理。

（4）不良品的仓储中心管理：只有 WMS 仓储中心有不良品，不良品的进出由 DC 的库管人员录入。

（5）南京循环取货和华东循环取货的空箱需要在途数量管理。

4. 逻辑描述

（1）南京循环取货模式。南京循环取货箱型主要在主机厂与供应商之间进行数量流转，主要的操作形式有如表 14 - 2 所示的两种。

表 14 - 2　　　　　　　　　　南京循环取货箱操作形式

类型	描述	库存转移方向	系统处理方式
供应商→主机厂	1. 依据循环取货系统的取货零件，推算出箱型，再根据 SNP 计算出箱型的数量 2. 在循环取货系统中的装箱单中，增加列"箱型"列，用来记录料箱型 3. 由于装箱单是取货前的预计数量，可能与实际数量有差异，在循环取货系统中，利用"取货确认"的操作，系统按实际的取货数量计算使用的箱型数量，并且扣减供应商的库存数量（业务完成操作一并操作扣减库存） 4. 实际确认时，可以修改实际的箱型数量，但箱型不能修改	1. 供应商仓储中心扣减库存 2. CMA 仓储中心增加库存	循环取货系统数据接口处理

类型	描述	库存转移方向	系统处理方式
主机厂 →供应商	1. 手工建立出库单 2. 循环取货返回空箱，计入在途数量。回单时扣除库存 3. 供应商返空，不计入在途数量，需立即扣除库存	1. 供应商仓储中心增加库存 2. CMA 仓储中心减少库存	手工录入单据处理

（2）华东循环取货模式。华东循环取货箱型主要在 WMS 与供应商之间的数量流转，主要的操作形式有如表 14-3 所示的两种。

表 14-3　　　　　　　　　华东循环取货箱操作形式

类型	描述	库存转移方向	系统处理方式
供应商 →WMS	1. 循环取货进 DC 的周转箱与 WMS 系统集成 2. 按单票订单的零件对应的箱型，按交付的箱数计算数量 3. 以供应商为单位，扫描一个入库单，审核后，再计算库存 4. 循环取货 VMI 的箱型 5. 与 WMS 系统集成，按 PP-VMI 的零件属性计算 按零件的属性对应的箱型，按交付的箱数计算箱型数量。	1. 供应商仓储中心扣减库存 2. WMS 仓储中心增加库存	1. WMS 数据接口 2. 手工录入单据为零件设置循环包装箱型的档案。如果有设置，做数据接口到箱型管系统
WMS →供应商	1. 手工建立出库单，录入时，记在途 2. 单据回单时候，审核，计算库存的数量逻辑	1. 供应商仓储中心增加库存 2. WMS 仓储中心减少库存	手工录入单据

（3）仓储配送模式。仓储配送箱型主要在整车厂与 WMS 之间的数量流转，主要的操作形式有如表 14-4 所示的两种。

表 14-4　　　　　　　　　仓储配送箱型操作形式

类型	描述	库存转移方向	系统处理方式
整车厂 →WMS	1. 手工建立单据 2. 审核，进行库存扣减数量	1. 整车厂仓储中心扣减库存 2. WMS 仓储中心增加库存	手工录入单据
WMS →整车厂	与 WMS 系统集成，出库装箱单计算出零件对应的箱型的数量，回单时，计算库存	1. 整车厂仓储中心增加库存 2. WMS 仓储中心减少库存	WMS 数据接口

（4）预警报表，如表 14 – 5 所示。

表 14 – 5　　　　　　　　　　　　　　　　预警报表

仓储中心	条件
WMS 仓储中心	1. 换装计划（所有未交付归位的订单） 2. 现有的空箱（按交付归位的状态点来计算）
循环取货供应商仓储中心	1. 需求箱型的数量：第二天的循环取货计划的零件数量计算出现有的箱型库存 2. 预警数量 = 现有库存 – 第二天的计划箱型数量
华东取货供应商仓储中心	1. 需求箱型的数量：第二天的循环取货计划的零件数量计算出现有的箱型库存 2. 预警数量 = 现有库存 – 第二天的计划箱型数量

（5）返空计划。根据明天的取货计划，制订今天的返空计划。前提条件，必须有第二天的取货计划。

①返空计划不在循环取货系统中制作，而在周转箱管理系统中开发。

②按返空计划的数据生成空箱出库单。

5. 关键技术及创新

（1）关键技术。采用 PowerBuild 开发 C/S 架构，该架构具有开发周期短、代码健壮性强、结构稳定的特点；采用 C#. NET 开发 B/S 平台，该平台具有客户应用方便，系统维护方便的优势。

（2）项目创新。

①精细化管理理念的实现，在最容易被人忽略的汽车零配件周转箱管控环节引入了系统，用系统进行现代化管理管控。

②增强了零配件供应商与周转箱管理物流企业的互动性，便于零配件企业时刻对自己的零配件的物流管控。

③及时发现供应链的管控薄弱环节及因包装引起的低效行为，节省汽车零配件物流周转箱的使用和运维成本，降低运营费用。

④与循环取货系统的取货数据、VMI 仓储配送管理系统的进出库数据关联，根据设定参数自动核算进出库周转箱，达到快速准确数据交换，减轻人工录入工作量。

三、项目实施总结

（一）系统推动难点

1. 设备技术层面

周转箱仓储中心现场环境较为复杂，因信号的屏蔽（金属材料框架周转箱）导致无源 RFID 的不适用，有源 RFID 相对成本又较高的矛盾。但是从长期考虑，投入有源 RFID 是可行的，数据采集方便快速，可提高劳动生产率、节省人力。

2. 操作管理层面

单据的录入：要求单据的录入及时。而单据数量较大，因人工输入操作方式的存在，必然会产生一定的延时、差错，导致库存风险。

各岗位的配合需要加强：零部件收货员在收货时应同时对包装数量进行清点的清点确认，确保周转箱数据的准确。

零部件厂商的配合：系统中除了公司人员操作，还需要零部件供应商进行配合操作。部分供应商操作存在数据录入滞后、录入有差错等情况，也对系统运作产生负面影响。

（二）项目推动后效果

公司周转箱管理系统于 2014 年 5 月完成开发上线，上线后，对操作层面的作业进行了优化，同时人员的管控效率也得到明显提升，管理效果显著提高。不仅在减轻管理人员的劳动强度和减少管理人员上见效，在对统计数据进行对比上也效果明显。据 2014 年下半年统计数据显示，包装平均丢失率已由原来的 7.22% 降为 2.89%，项目信息化带来的管理效益效果和经济效益效果显著。如表 14 – 6、表 14 – 7 所示。

表 14 – 6　　　　　系统上线前包装丢失率（截至 2014 年 5 月 31 日）

产量	包装投入量	丢失数量	报废数量	丢失率
240 台份	47108	4286	1145	7.22%
280 台份	59387			

表 14 – 7　　　　　系统上线后包装丢失率（截至 2014 年 12 月 31 日）

包装类型	投入量		盘点存量		差异	丢失率
	种类	数量	种类	盘点数量		
料箱	148	28365	148	27312	1053	3.71%

续表

包装类型	投入量		盘点存量		差异	丢失率
	种类	数量	种类	盘点数量		
料架	205	10123	205	10072	51	0.50%
仓储笼	24	1005	24	967	38	3.78%
合计	377	39493	377	38351	1142	2.89%

（三）项目总结

从技术层次而言，此次空箱管理项目系统开发是成功的。也确实达到了开发初期我们制订的预期目标：及时发现供应链的管控薄弱环节及因包装引起的低效行为，节省汽车零配件物流周转箱的使用和运维成本，降低运营费用。

但系统实施推进中问题确实也不少，集中体现在设备技术层面、人员操作层面等。其实关于技术层面的问题，只要需求明确，单纯在技术上实现一般都不难。项目难点其实在于开发需求的整理，以及后期系统上线推动过程中人员的配合及操作SOP标准的建立及执行。做好这几点，系统研发项目才可能顺利进行，预期的目标才能达成。

后期，公司将继续关注该项目，对系统及时进行升级操作，努力做到实物流与信息流的统一，让周转箱管理更加高效。

（南京长安民生住久物流有限公司　尹华祥）

第五节　入厂车辆排队优化

武汉东本储运有限公司（简称东本储运）注册资本140万美元，是由中国东风汽车工业进出口有限公司、日本株式会社本田运输有限公司、本田技研（中国）投资有限公司及上海神越实业有限公司共同投资组建，专门为东风本田汽车有限公司提供全程汽车物流服务，业务范围涵盖入厂物流、厂内物流、整车物流、备件物流等，并为全国166家东风本田供应商和350多家东风本田特约销售店，提供上门取货、零部件配送、空容器返还和商品车、备件的仓储、运输等服务。公司目前管理各类运输车辆超过4000辆，拥有各类仓储总面积约40万平方米，年营业额超过11

亿元人民币。

东本储运秉承"打造世界先进的物流企业"目标，一贯坚持"建立健全物流服务体系，高起点、无缺陷、科学化、人性化"的经营理念，公司现已通过 ISO9001：2008 标准质量管理体系认证。东本储运十分重视公司信息化建设，公司的信息化项目连续多年荣获中国物流采购联合会所颁发的"中国汽车物流行业创新奖"。

入厂车辆排队优化项目属于运输与物流及信息系统集成技术领域，来源于企业自主立项，由武汉东本储运有限公司联合武汉昀谷信息技术有限公司进行开发研究。

本项目以入厂排队算法为核心，结合已经实施的 PLMS 和 ILMS 系统，指挥零部件运输车辆入厂有序排队和卸货，提高卸货效率，降低车辆等待时间，为入厂车辆建立了有序的调度信息平台。

入厂车辆排队问题一直是困扰主机厂、第三方物流商和承运商的共同问题。对于零部件干线运输，公司仍然采用比较原始的车辆调度管理办法，将取货计划和运输计划下达至各个承运商，由承运商自行组织完成运输。车辆到达武汉配送中心（CLC）仓库后，按照平台功能区分进行卸货排队。这种管理方式存在三个弊端：第一，以月度计划来指导车辆运输，未合理安排车辆到达时间，易造成 CLC 入厂拥堵和无秩序入厂；第二，运输计划未考虑武汉配送中心仓储能力，经常导致爆仓，卸货等待时间过长等现象；第三，卸货资源（收货平台和叉车）及运力资源未得到充分利用，存在一定的资源浪费。为此，东本储运一直在思考设计合理的入厂排队模式，在解决入厂拥堵问题的同时，提高卸货效率。

通过仿真分析送货车辆的到达时间、卸货开始时间、卸货结束时间，确定导致东本储运入厂物流效率低的真正原因在于干线运输车辆到达时间随机无序。如果能规定车辆到达配送中心仓库的时间，实现车辆入厂时间均衡化，则可以解决以上问题。经过多次研讨论证，决定引入时间窗解决方案，即设定车辆到达时间间隔等于叉车卸货时间30分钟，可以最大化的减小车辆等待时间，减少叉车闲置时间，减少资源浪费，从而使整个装卸系统效率最优。接着，通过建立指派优化模型，将各个运输趟次分配到各个时间窗中，从而形成优化后的车辆运输入厂计划。该优化模型已嵌入 ILMS 系统中，系统生成的车辆入厂排队如图 14－21 所示。

本项目实施后，在东风本田年总产量上升的情况下，东本储运配送中心收货作业人数未增加一人，叉车物流设备未增加一台，车辆排队等待比例下降了59.77%，客户满意度提升到98.32%，CLC 入厂拥堵现象明显减少，为公司树立了良好企业形象。

本项目具有以下几点意义。

（1）分析了入厂物流车辆拥堵产生的根源，提出将时间窗概念引入入厂物流管理中，使车辆到达时间均衡化，将优化结果应用到实际业务中，是制造业物流领域的一

图 14-21 系统实现入厂排队功能

次尝试和突破。

（2）分析了车辆调度和入厂物流资源配置存在的问题，在优化入厂物流车辆排队的同时考虑资源优化配置，这一点不仅降低了东本储运成本消耗，也为承运商节省了等待时间，降低了时间成本，为整个供应链创造价值。

同时，本项目对入厂车辆排队的设计理念和管理模式，为类似行业在物流领域中解决车辆入厂拥堵、司机等待时间过长等问题提供了参考，也为后续其他企业对入厂车辆管理流程和资源配置优化，积累了宝贵经验。

（武汉东本储运有限公司　蒋晖　王琳　吴艳华　刘玲　蒋小伟）

第六节　关于汽车零部件入厂物流网格化模型的应用研究

一、引言

汽车物流的发展现状标志着汽车行业的技术水准，而汽车物流的流程环节主要包括汽车零部件（主要包括海外采购件和国产化零件）的运输、存储、包装、配送等等相关物流作业。而知名品牌汽车制造企业的旗下汽车车型及种类多样，各车型对零部件的技术要求及配送方式各有不同，进而对汽车物流作业流程提出不同的要求，因此，汽车物流作业流程呈现多样性，烦琐性，重复性等特点，这给汽车产前物流带来了高要求及高成本。然而，汽车物流作为汽车产业的一部分，其发展方向为追求"低成本，高效率"，使其成为汽车行业第三利润的主要增长点。

面对当前越发激烈的市场竞争，汽车企业通过开源节流的模式来增加自身竞争力，降低汽车物流成本已成为汽车行业及物流行业关注的重点。在满足汽车制造企业各项要求的前提下，如何科学、合理、可行的整合汽车物流的作业环节，优化汽车物流的作业流程已成为汽车物流当下的主要研究方向。

本节探求汽车物流整体作业流程的优化模式，根据网格化理论及模块化方式，通过对产前物流供应链的流程研究，根据物流配送环节建立物流网格化模型，其中每个网格化模型代表一个标准的物流配送环节及相应物流区域，划分各物流区域的资源，改善劳动生产率，提高管理效率，优化物流成本。并为汽车零部件物流供应链的生产策略、配送策略、运输策略、库存策略协同优化提供依据。

二、国内外相关领域研究现状

网格化管理就是根据属地管理、地理布局、现状管理等原则，将管辖地域划分成若干网格状的单元，并对每一网格实施动态、全方位管理，它是一种创新管理模式。物流企业应用此创新模式可以根据企业实际情况，划分网格区域，整合网格内资源，形成标准物流配送模式，同时公司职能部门借助网格化平台为各网格区域提供标准、主动、科学的针对性服务，从而带动网格区域提高劳动生产率，实现降本增效。

当前随着我国网格化管理模式应用及研究的不断升温，国内多专家学者从多角度开展了将网格化应用至物流领域的相关研究。其中具有代表性的有：陈火根在《网络化制造环境下虚拟物流网格服务的若干关键技术研究及其应用》一文中提出了建立物流网格系统的构想，采用理论和实践相结合的方法对物流网格的概念、体系结构，以及物流网格中的货物配载服务、物流配送优化计算服务、客户价值分析服务等关键技术进行了比较全面、深入的研究；罗晓玲在《基于网格化管理的区域物流资源整合研究》一文中阐述了在理论上从定量角度回答了区域物流资源整合的一系列问题，在实践中还有利于政府从区域经济一体化的角度对物流发展做出宏观决策，以保证区域物流合理化；胡燕祝及马建红在《物流网格体系结构的研究》一文中通过介绍物流和网格计算的基础理论，运用物流模式和网格计算的关键技术，提出了物流网格的概念，主要分析了物流网格系统的特点、功能及主要构成要素，在此基础上，构建了物流网格的体系结构，并详细阐述了物流网格系统在物流运作中的具体运用。

综合上述研究成果，专家学者主要在宏观领域对地区间的网格化物流理论进行了研究和探讨，本文从物流企业内部着手，分析实际物流区域的情况，基于网格化管理理论对物流区域的人员及资源进行整合，实现物流企业降本增效、提高劳动生产率及管理效率的经济目的。并对网格化管理理论在实际企业工作的应用方法进行了初步的讨论，对网格化理论在具体作业中实施模式有着一定的借鉴作用。

三、物流网格化模型概述

（一）网格化理论

网格化管理的开发背景是 2011 年胡锦涛主持的中共中央政治局会议中提出研究加强和创新社会管理问题，并最早见于城市管理规划之类的论著中，被广泛应用在社会管理上。网格化管理是指任意一个社会单元（可以是一个社区，可以是一段街道，可以是一个特殊人群，不管主观上如何分割），都能够得到各个政府部门、各个社会组织提供的完整的公共管理和公共服务。这就需要政府各部门、社会各组织建立起信息共享、密切配合的协作机制。这一创新的模式是依托现代网络信息技术建立的一套精细、准确、规范的综合管理服务系统，政府通过这一系统整合政务资源，为辖区内的居民提供主动、高效、有针对性的服务，从而提高公共管理、综合服务的效率。现在其理论方法也被很多企业引用于公司的规划和管理中。

网格化城市管理模型，如图 14 - 22 所示。

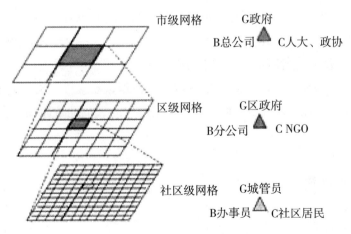

图 14 - 22　网格化城市管理模型

（二）物流网格化模型的建立

在物流企业中，整个企业可以理解为一张网，而企业的每个部门则是构成整张网的每个节点，若干的节点组成了不同的网格区域，支撑并构成了整张网。物流网格化模型的建立首先就是要确定物流过程中各环节的业务属性及其职责范围，然后将其拆分为若干模块，即整张网中的节点，然后根据相似性、区域性对其进行整合将整张网分为若干网格。

（三）物流网格化模型的优缺点

（1）网格化管理是一种革命和创新。第一，它将过去被动应对问题的管理模式转变为主动发现问题和解决问题；第二，它是管理手段数字化，这主要体现在管理对象、过程和评价的数字化上，保证管理的敏捷、精确和高效；第三，它是科学封闭的管理机制，不仅具有一整套规范统一的管理标准和流程，而且发现、立案、派遣、结案四个步骤形成一个闭环，从而提升管理的能力和水平。正是因为这些功能，可以将过去传统、被动、定性和分散的管理，转变为今天现代、主动、定量和系统的管理。简单地讲：网格化管理是运用数字化、信息化手段，以网格为区域范围，以事件为管理内容，以处置单位为责任人，通过网格化管理信息平台，实现管理联动、资源共享的一种管理新模式。

应用网格化管理对物流企业中对成本控制、劳动生产率提升、问题处理及防止复发、物流工作效率的优化和控制有着重要的影响和指导作用。

（2）网格化管理是一种扁平化的管理模式，将过去传统、被动、分散的管理转变为现代、主动、系统的管理，具有方便、快捷、有效等特点。但是，随着网格化管理在不同部门、领域的运用，网格化管理在带来方便的同时也存在一定不足：一是分工不明确，工作交叉，存在网格间交接浪费；二是人员配备不统一，个别队伍不健全、人员保障不到位或冗余，各自为政，互相独立。

（3）缺点解决措施。对网格间业务流程进行梳理，建立统一的运行流程，明确职责避免工作交叉，并统一培训，共同考核。确定统一的人员配备原则，合理分配人员，明确职责范围。

四、实例分析

（一）相关背景

长春一汽国际物流有限公司（以下简称国际物流）大众体系共有三大物流配送

中心（一厂物流中心、二厂物流中心、奥迪二物流中心），随着大众公司百万配送量的达成，国际物流员工数量已数倍的增长，业务规模的扩大及超负荷的管理幅度，这些情况在增加了物流现场管理的复杂性与难度的同时，也是提高对现场管理能力提升需求的表现。与此同时随着公司的发展，需要细化经营成本，促进降本增效，提高现场管理能力和体系能力以应对市场变化。基于上述背景和发展需求公司决定以全面预算为纲、以细化经营目标为指引，以发展为主线，组织机构由职能型向矩阵型转变。网格化成为"以发展为主线、细化经营成本、促进降本增效"的企业经营目标的着陆点，因此公司决定开展网格化模型研究及实施工作，实现组织机构扁平化。

（二）具体内容

我公司网格化主要研究内容有以下几方面。

（1）梳理现有的物流作业流程，根据物流配送环节建立物流模块模型。

第一，国际物流公司的整体物流业务可以按服务客户的不同分为大众物流体系和自主物流体系两类；第二，在国际物流各服务体系中物流业务按生产阶段的不同分为产前物流、产中物流和产后物流；第三，不同生产阶段的物流业务按服务区域的不同可分为库房物流、焊装物流、冲压物流、涂装物流、总装物流等；第四，在各区域的物流作业流程中，按物流作业环节的不同分为仓储物流、配送物流、准时化物流、备货物流、排序物流、配套物流、集装箱物流、备件物流以及出口物流等。国际物流公司的物流业务流程按照物流作业环节可以将整体物流业务分为33个物流模块模型。

（2）根据物流服务区域、物流作业类型、生产车型以及物流模式将现有物流模块划分成若干个物流区域。

物流企业物流网格化模型结构，如图14-23所示。

（3）物流网格模型的建立，使得物流作业流程的各个环节相对独立起来，清晰化物流作业环节。集团物流供应链中各企业的物流功能各有所长，物流网格模型可按物流功能在供应链中进行横向对标，实现自身完善，提升企业的管理效应，符合"以发展为主线、细化经营成本、促进降本增效"的企业经营目标。公司各物流网格化模型在整个物流供应过程中是一个有机整体，可以有效地应对物流供应链中的各种变更以及突发情况，保证了管理层对生产状况作出迅速、准确的反应，快速做出业务经营决策。

（4）组织构建网格信息采集及管理系统平台。系统界面分2个层次供两层管理者使用，达到管理手段数字化，在管理对象、管理过程和评价中保证管理的敏捷、精确

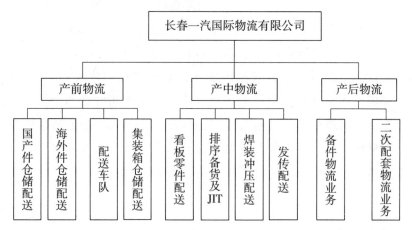

图 14 - 23　物流企业物流网格化模型结构

和高效，从而提升管理的能力和水平。

　　网格信息采集及处理流程，如图 14 - 24 所示。

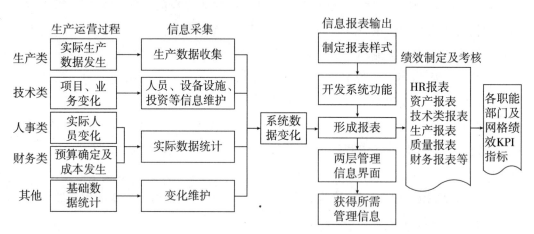

图 14 - 24　网格信息采集及处理流程

　　在信息采集及管理使用中主要关注投入产出关系、技术及流程标准，重点关注人员。采集人事、资产、技术、生产、质量、财务等数据；形成生产管理报表、财务报表、资源成本等报表；根据数据可制定各职能部门及网格的绩效 KPI 指标；系统报表可向两层管理者反馈实际运营情况，并用于提取 KPI 数据；为管理者提供核心业务数据，利于经营决策。

　　（5）通过研究物流生产过程特点及关键业务指标，对各物流网格及管理部门设定绩效考核指标以实现公司整体经营目标的达成。

　　公司产中网格绩效指标，如表 14 - 8 所示。

表 14 - 8　　　　　　　　　　　　公司产中网格绩效指标

模型		A 部	B 部	C 部	D 部	E 部
产中	总装	火灾事故 重伤及死亡事故 轻伤事故率 安全环保符合率 工艺车辆完好率 零件货差 卡车控制管理符合率 三率符合率 高低储符合率 零件 出库及时率 运单实物符合率 生产停工指标完成率 安全消防违章违纪（得分扣款）	零件货损 线旁物流状态符合率 A 类件过程符合率 器具综合管理符合率 标准流程执行率 物流区域状态符合率 三率符合率 器具包装符合率 客户满意度 备货差错率	人岗匹配 出勤率 关键岗位员工流失率 人事制度规范与完善程度 员工满意度 各项成本控制 利润总额	卡车控制管理符合率 账物相符率 A 类件账物相符率 高低储符合率 货差 器具综合符合率 器具包装符合率 停台指标 IT 资产账实相符率 IT 设备点检复核率	人员管理符合率（关键岗位员工流失率、人岗匹配、人事制度规范与完善程度、员工满意度、出勤率等） 班组标准化管理符合率
	焊装					
	冲压					
	发传					

公司产前网格绩效指标，如表 14 - 9 所示。

表 14 - 9　　　　　　　　　　　　公司产前网格绩效指标

模型	产前				
	海外采购件	国产化零件			
	海外件仓储配送	国产化仓储配送	国产化准时化仓储	国产化发传仓储配送	国产化涂焊仓储配送
E 部	标准流程执行率、劳动生产率、资源匹配率、资源利用率、改善实施率				
B 部	零件货损、线旁物流状态符合率、物流区域状态符合率、三率符合率、客户满意度、备货差错率				
D 部	卡车控制管理符合率、账物相符率、A 类件账物相符率、高低储符合率、货差、器具综合符合率、 器具包装符合率、停台指标、IT 资产账实相符率				
I 部	网络运转率、服务器运转率				
G 部	货物质量合格率、采购及时率				
C 部	人员管理符合率（关键岗位员工流失率、人岗匹配、人事制度规范与完善程度、员工满意度、出勤率等）、班组标准化管理符合率				

续表

模型	产前				
	海外采购件	国产化零件			
	海外件仓储配送	国产化仓储配送	国产化准时化仓储	国产化发传仓储配送	国产化涂焊仓储配送
F 部	运输成本控制、设备折旧摊销及租赁成本控制、仓储租赁成本控制其他消耗类成本控制（动能、耗材、地面画线等）				
H 部	新项目拓展				
A 部	火灾事故、重伤及死亡事故、轻伤事故率、安全环保符合率、安全消防违章违纪（得分扣款）				

（6）提升管理效率。根据职能部门各类人员所从事的工作内容、性质、职责、环境进行了工作识别，并进行职能部门整合，精简人员编制，部分相关人员将分批依次进入网格物流区域工作。提高职能部门工作效率的同时提高物流现场管理水平，以此达到组织机构扁平化，提高劳动生产率，强化物流核心能力建设的目标。

（7）选派核心人才到各网格区域任职物流经理。物流流程环节细化，公司物流网格模型数量增加，且每个物流网格配备 1～3 名网络区域物流经理，因此公司需要派遣诸多核心人才进行物流网格区域的管理工作。新增的物流网格区域管理岗位也为公司大量中层管理者提供了展示自我和发挥长期积累的管理经验的一个舞台。物流网格模型以此为基石，为公司培养及储备大量优秀的物流管理人员，进而提高公司的管理效率及劳动生产率。

（8）通过建立劳动生产率指标评价机制并设定年度提升目标，能够对各网格的供应链进行横向对标，并在纵向推进先进技术方法的改善联动。相关评价指标有人均日产出和人均看板量。

①人均日产出。

计算方法：人均完成辆份数 = 日均下线辆份数/人员编制数。

考核内容：每人每日实际完成的辆份数量。

影响因素：每日辆份数的波动、人员编制的变化。

目标值制定方法：每年以固定百分比进行提高。

②人均看板量。

计算方法：人均完成看板张数（或辆份数）= 日均产生看板数/人员编制数。

考核内容：每人每日实际完成的看板数量。

影响因素：每日看板数量的波动、人员编制的变化。

目标值制定方法：公司各物流网格横向对比后的人均看板数均值基础上提高目标

百分比。

将各物流网格中每一物流环节所包含的劳动生产率指标列清,表格样式如表 14-10 所示。然后,将每一物流环节的生产率指标进行比较并计算均值,对指标低于均值的物流网格的物流环节结合实际生产情况进行细致分析,找出主要影响因素,最后,根据分析数据确定改善措施以及方法,并跟踪改善方案,验证劳动生产率指标的提升效果。

表 14-10　　　　　　　　　　劳动生产率指标分析

区域	物流环节	作业内容	劳动生产率指标			
			X 网格	Y 网络	Z 网络	平均值
总装	入口及准时化	接收零件	200	150	100	150.0
		零件上线	10	50	90	50.0
	排序备货	存储管理		100	10	55.0
		排序备货	190	100	10	100.0
		零件上线	190	100	10	100.0
焊装	入口及准时化	接收零件		240		240.0
		零件上线		120		120.0
	排序备货	存储管理		120		120.0
		排序备货		120		120.0
		零件上线		120		120.0
…	…	…				
		…				
	…	…				
		…				
		…				

国际物流公司根据物流作业条件及实际生产情况,总结出以下几条劳动生产率提升的方法,如表 14-11 所示。

表 14-11　　　　　　　　　　劳动提升方法及工具

序号	方法	范围	措施	工具
1	岗位劳动负荷优化	劳动负荷低于75%	通过均衡各岗位工作负荷、减少忙闲不均现象,提高现有人员劳动负荷,减少现有人员及新业务人员的投入	MTM 方法、ECRS、5W1H、线平衡、人机工程

续表

序号	方法	范围	措施	工具
2	流程优化	流程中出现的等待、寻找、过多搬运等无附加价值的作业环节	通过物与信息流程图分析生产现有流程，识别出可进行合并的流程环节。同时均衡整个物流链的工作量，实现流程优化，利用流程程序分析图识别流程过程中存在的浪费	ECRS、5W1H、流程程序分析图、自动化、目视化
3	岗位优化	所有部门	对长期空编岗位、流程外私设岗位进行调查，取消此种岗位及人员，实现人均完成工作量提高	5W1H、调查分析表
4	峰值情况下工时分配优化	所有部门	制定人员分布情况：按环节、按区域依据平均劳动负荷进行人员工作重新分配，员工1人多岗位操作	工时测量表
5	新技术方案	所有部门	通过对作业工具的更换及性能提升来提高人员作业效率，例如，运输过程中配备运输工具、装配作业自动化设备，信息采集使用电子数据采集器等	物流先进技术、设备、设施
6	劳务外委	所有部门	通过非关键岗位的人员工作外包，达到人员优化情况	人员外委管理文件

（三）优点

（1）实现公司组织机构扁平化，提高了职能部门工作效率。各网格提高了生产过程管理效率，通过公司职能与网格间的联动配合提高了问题解决能力及生产异常应对能力。另外组织机构扁平化、生产过程的网格化也培养锻炼一批业务骨干，为业务外包做了基础准备工作。

（2）可以实现根据各网格业务流程特点，分析各项资源、人员分配及成本，找出物流生产中的改善点及科学的优化方法，并在网格间横向推广；另外，研究当前物流区域人员劳动负荷及资源整合存在的问题及其原因，进而以网格化理论为基础，尝试构建一种基于网格化管理的物流模块的人员及资源整合体系。

（3）培养和储备核心管理人才。物流企业内部将物流作业流程进行梳理，按照物流作业环节进行物流网格划分，这向公司员工提供了大的展示舞台，借此机会也培养和锻炼出大量的优秀物流管理人员，为公司储备中层物流管理人员。优秀的物流经理及物流管理人员的培养和储备，为企业的发展及行业竞争力提供了有力的保障。

（4）细化公司岗位，促进业务外包，达到降本增效。公司内部进行物流网格划分，经过物流作业环节及操作岗位细化及分析，了解各物流环节对技术及专业技能的要求，进而统一岗位作业标准，对于专业技能要求低的岗位，公司可以进行业务外包，降低企业运行成本，提高整体运营效率。达到"以发展为主线、细化经营成本、促进降本增效"的企业经营目标。

（5）建立网格模型管理系统平台，实际数据准确，管理反应迅速。物流网格模型的信息管理平台分级管理，大大提升现场运营数据的收集工作和评审数据的调研工作的方便性和准确性。公司管理层可以依据管理系统平台的数据对现场工作及项目运行做出相应的管理策略，便于形成企业各项经营决策。

（四）缺点及解决措施

物流网格化模型按照服务车型、物流作业环节及物流服务方式划分，各网格区域具有各自独立的物流功能，由于各物流网格为独立的环节，在整体物流流程中，彼此间需要进行适应，因此需要消耗企业内部的资源。此类问题在新型模式中基本是普遍存在的，需要在设计初期做出相应规划，以及在实际过程中对各类问题及时处理。但是，经过初期经验的积累，并结合设计初期的规划，物流网格区域初期的不足之处会得到缓解及解决。因此，物流各网格区域不协调是暂时的。

五、结论与展望

本节的主要研究工作是基于物流企业的内部降本增效经营目标，对物流作业流程进行系统分析，形成可实现数据化对标的标准物流模块；然后应用网格化管理理论研究建立物流网格化区域，并形成标准的物流配送环节及管理组织机构，通过"精益求精、永续服务"的物流服务理念，实现网格化管理和物流作业的不断完善。本文的创新点在研究总结适用于物流企业内部实际运作的网格化管理模式，可用于持续的提高管理效率及劳动生产率，降低企业内部物流成本。建立网格化模型同时，通过标准物流模块提高标准化作业水平；并立足于实际，开展模块数据对标工作，探讨物流成本、物流技术、物流管理的提升方法。通过研究与实践相结合可以获得宝贵的经验，在降本增效的同时提高劳动生产率及企业管理效率，适应可持续发展的要求。

网格化管理理论已经广泛应用于城市管理、市场管理、消防管理、巡逻防控管理等领域，其中城市管理中的区域物流网格化管理的应用研究相对较多，但是将网格化理论应用到企业的物流作业流程比较少，其深入研究更少。

本节是在参考借鉴网格化理论在全社会宏观方面的研究和应用文献的基础上，提出应用网格化理论对微观企业生产物流进行研究分析的总体管理理念。本文研究的物流网格化模型主要是以企业降本增效为重点；对于物流企业内部资源网格划分及物流网格模型人员、资源的整合还需要进一步的研究，对资源、人员在网格内的分配及效率提升还有很大的发展空间，这些有待于网格化理论在企业生产物流实际运行过程中进行深入细化研究。物流网格化技术本质就是将企业进行系统化、整合资源、消除企业信息障碍。因此，物流网格化模型在物流企业内部的应用是物流企业管理模式的发展趋势。随着物流网格管理的深入研究和发展，完善的物流网格模型必将给企业带来更大的机遇和发展活力。

参考文献

［1］陈火根．网络化制造环境下虚拟物流网格服务的若干关键技术研究及其应用［D］．杭州：浙江大学，2007.

［2］罗晓玲．基于网格化管理的区域物流资源整合研究［D］．北京：北京交通大学，2009.

［3］SUNIL CHOPRA，PETER MEIDNL. Supply Chain Management：Strategy，Planning and Operation［M］．New Jersey：Pearson，2001.

［4］赵新娟，谭国真，王寻羽．基于网格计算的供应链管理系统模型研究［J］．计算机应用研究，2004（4）．

［5］霍亮，林永恒．基于网格的现代物流体系结构研究［A］.11 第四届海峡两岸GIS 发展研讨会暨中国 GIS 协会第十届年会论文集，2006（8）．

［6］张占东，王新安．物流产业资源整合探析［J］．交通企业管理，2006（12）．

（长春一汽国际物流有限公司　于洪　张萌　高跃峰　冯广超　刘哲　范秀霞　车远峰）

第七节　汽车零部件产前物流水陆联运项目

一、项目内容

随着一汽－大众汽车有限公司（以下简称一汽－大众）全国四地五厂战略规划布局的有序推进，一汽－大众分别在成都与长春建立了自主生产发动机和变速器的工厂，同时外购长春、大连和天津地区的发动机和变速器。其中一汽－大众佛山及青岛工厂，就需要从长春、大连和天津地区通过异地运输动力总成的方式满足生产所需。

陆路运输一直是我公司在汽车零部件产前物流中长期采用的运输方式。在众多的汽车零部件种类中，发动机、变速器属精密型动力装置，价格偏高，有较特殊的运输防护性要求。而陆路运输途中的不可控因素，经常会影响到发动机和变速器的外观质量，甚至是产品本身的性能。加之燃油在陆路运输中的高成本消耗，以及燃油消耗过程中的大量碳排放，均导致陆运的成本支出和环境影响越来越受到公司的重视，这种单一的运输方式已成为制约公司发展的瓶颈。

为响应国家低碳环保的物流理念，降低项目运行成本，提升产前物流动力总成项目运输服务品质，增强企业核心竞争力。一汽－大众联合我公司共同推行多式联运的物流模式。通过对一汽－大众佛山工厂沿海有利地理位置和大量市场调研数据的汇总分析，一汽－大众最终确认水陆联运作为沿海工厂汽车零部件异地运输的主要物流模式。未来，通过多式联运物流模式的经验积累，一汽－大众将选择合适的线路加速推进内河和公铁水多式联运项目。

对比分析来看，水运是我国外贸运输的绝对主力，是大宗散货运输和构成国际运输体系的主要方式，特别是在陆岛、海峡、岛屿间和沿江、沿海客货运输中具有其他运输方式不可替代的优势。

而由于汽车零部件产前物流对运输时效性和运输质量有着较高的要求，水陆联运模式在何种零部件运输中进行试点应用，曾经一度成为合作双方的焦点议题。目前一汽－大众总装线平均每分钟下线一辆商品车，该生产节拍对产前物流的货物组织、运输质量、运输时间都有着严格的定义和要求。而在产前物流零部件种类中，动力总成具有一车一件、器具标准化（更适合集装箱装载）、批次数量易管理等优点，最终被项目组定义为多式联运项目试运行规划零部件品种，未来公铁水及内河联运也将参考该方案加速推行。

水陆联运的应用推广通常有以下方式。

（1）由公路到水路的联运，发货地到起运港经海运至目的港，而后公路运输至目的地，简称水陆联运。

（2）由铁路到水路的联运，港口为中转港和到达港台，简称铁水联运。

相较于陆运费用，水陆联运成本有较大幅度的降低，而降低成本是企业经营管理的重点，因此水陆联运的推行在汽车物流行业势在必行，而且低碳环保的物流理念也较为深入人心。因此，我公司积极响应一汽－大众的运输模式切换需求，并从提高物流企业核心竞争力的角度，与一汽－大众一道推动着水陆联运模式的运行。

水陆联运项目在经过必要的验证过程后，正朝着持续推进与试运行的方向发展着。

按照一汽 - 大众物流规划要求，2014 年一汽 - 大众佛山四厂计划从天津爱信变速箱工厂和大众（中国）变速箱工厂以水陆联运方式外采变速箱，其中天津—佛山路线水陆联运项目已于 2014 年 5 月开始初期规划。为掌握水陆联运经验，我公司与一汽 - 大众积极合作，以变速器做为主要货运对象，从 2014 年 7 月至 2015 年 7 月期间把长春、大连和天津作为起运点，终点地均为一汽 - 大众佛山四厂，先后组织了三次大规模的试运行和数据收集工作。通过试运行，一汽 - 大众和我公司均坚定了推进水陆联运的信心，同时一汽 - 大众有意将水陆联运全面铺开，除天津外，还要把大连和长春也纳入进来。由于佛山四厂在天津外采变速箱，我公司已在天津建立办事处，从事水陆联运业务，并借此机会开展华北地区入厂物流项目。该项目的开展已对其他业务起到了示范化效应。水陆联运项目预计最早将于 2016 年年初开始正式运行。

当前项目仍处于水陆联运前期规划试运阶段，项目涉及长春、大连、天津三处出货地，营口、大连及天津三个海运港口。截至 2015 年 7 月，第三轮水陆试运进行中，从营口、天津、大连三处向佛山输出，根据反馈数据来看，品质、时效达到设计水平。后续陆路将逐渐减少份额，物流成本将显著降低。

项目发现：长春地处东北，从物流通道来说极受限制。针对一汽 - 大众未来规划，为满足公司发展、扩大业务能力及丰富业务范围的需求，推行"绿色物流"服务理念、开展多式联运物流模式对提高物流企业核心竞争力是极其必要的。我公司也将借此机会，将业务范围逐步扩展至公铁水联运模式中去。

二、项目创新点

（1）集装箱门到门运输：采用一次性带唯一编码的塑料铅封封闭，进港后海关开厢检查更换金属铅封；物流规划与设计能综合利用地理位置和水运陆运的优势；物流作业环节和物流管理全过程绿色化，完全从环境保护和资源节约角度出发，以实现可持续发展为原则，以做利国利民、低碳环保的物流企业为经营目标。

（2）降本增效预期：通过多次的水陆联运试运行，通过对运行数据信息采集分析，合作双方的运输成本均大幅下降。

（3）资源节约预期：由于水路运输货船装载能力大（目前主流货轮均为 4000 TEU ~ 9500 TEU），不占用陆路公共道路资源，因此较之陆路运输更为环保和节约社会资源。

（4）品质保障预期：集装箱均为封闭式，在经过透光检查无漏光的情况下，在发运地装载完毕后，采用一次性铅封进行封闭并记录铅封唯一编码，防止因密封不好造成货物锈蚀或漏水，也避免了陆路运输因人为开启集装箱造成内部货物质数的异常。而且从发运地到港口之间，缩短了陆路运输距离，避免了因路况的复杂而持续颠簸影响运输品质。港口到港口的海上运输，虽然有30°左右的摇摆倾斜，但是也符合动力总成器具运输设计要求。所以水陆联运可以更好地解决因陆路运输环境因素对货物造成的质数隐患。

（5）时效保障预期：在综合分析三年内的海运航班及天气等数据，以及先后三次大规模的试运行后发现，营口、大连及天津三大港口均为不冻港，排除每年少量时间的台风期后，水陆联运整体发、到货周期较为稳定，这种稳定性也使得对库存和周转器具的管理更加便捷。

三、项目对行业的贡献

水陆联运项目的实施，将极大地提高运输竞争力，在环境允许、运输条件良好的航道，货轮通过能力几乎不受任何限制，并且运输成本低，劳动生产率高，运输方式更加绿色环保，利国利民，也将为整个运输行业模式发展贡献一份重要力量。

通过多式联运物流模式的逐步开展，我公司将具备多式联运物流能力，并将持续寻找契机以打开一汽－大众海运资源国内物流商的缺口。期间，我公司的服务和业务能力将不断提升，物流产业化梦想也将更进一步。同时，对天津地区的资源开发及运输模式的探索，还将为开拓一汽－大众华北地区 CROSS－DOCK 奠定基础。

（一汽物流有限公司　邹晓强　王莹莹　杨怀柱　孙纪週）

第八节　跨欧亚国际铁路多式联运项目

一、项目相关背景

（一）"一带一路"战略背景

推进"一带一路"建设是党中央、国务院统筹国内国际两个大局作出的重大决策，共建丝绸之路经济带的核心任务是发展经济，即以丝绸之路沿途的各经济体的发展为依托，发挥各自经济的优势，通过彼此相互开放，形成公平、统一的市场竞争环境，促进各种资源的自由流动，调动各类经济主体发展积极性，形成互利共赢的发展模式，共同努力振兴丝绸之路经济带的发展。

"一带一路"将构筑新一轮对外开放的"一体两翼"，在提升向东开放水平的同时加快向西开放步伐，助推内陆沿边地区由对外开放的边缘迈向前沿。一方面，这一变化将带来贸易额的快速增长，以及对国际物流服务需求的增长，从而带动国际物流业的发展；另一方面，国际物流也理应迅速反应，积极提高服务能力，不断满足国际贸易发展和产业联动所提出的新的物流需求。

（二）中欧贸易发展加速

中国连续 10 年是欧盟第二大贸易伙伴，欧盟也已连续 10 年保持中国第一大贸易伙伴地位，中欧间每天的贸易往来约达 16 亿美元，连续四年双边贸易额超过 5000 亿美元。（如图 14 - 25 所示）

中欧经贸关系已是世界上规模最大、最具活力的经贸关系之一，中欧已提出到 2020 年双边贸易额达到 1 万亿美元的目标。同时，中国与欧盟发达成员国处于经济发展的不同阶段，在市场、技术和劳动力资源等方面有着很强的互补性，中欧经济相互依存度极高。

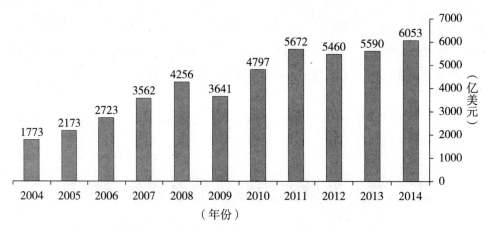

图 14 - 25　中国 - 欧盟 2004—2014 年进出口商品总值

数据来源：中国海关总署

2013 年，在中欧建立全面战略伙伴关系十周年之际，双方一同发表了《中欧合作 2020 战略规划》。这一规划为双方勾勒了未来几年务实合作的宏伟蓝图，双方正式启动了中欧投资协定谈判，积极探讨开展自贸区可行性研究，力争到 2020 年贸易额达到 1 万亿美元。

（三）市场需求的不断升级

跨欧亚国际铁路联运模式正式进入物流市场的时间较短，很多生产企业尚不了解这种运输模式，只将这种模式作为空运和海运的备用方式，随着国际铁路联运效果的不断体现，发车稳定，运输时间较短，较少受到天气影响，因此越来越多的生产企业意识到铁路联运的重要性，铁路联运可以作为一种主要的运输方式，来丰富企业的物流供应链，尤其是生产物流。

　　越来越多的整车制造企业以及零部件供应商对铁路运输提出了越来越多的需求，包括整箱运输和拼箱运输，尤其是拼箱运输可以减少空运量，降低物流成本和库存成本。随着中欧跨境电商的兴起与发展，电商企业对精准的物流到达时间要求较高，对适中的物流费用需求十分强烈，正是这一需求刺激了跨欧亚铁路联运服务水平的不断提高。

二、项目内容

（一）服务范围

　　卡车集货和铁路主运输的多式联运解决方案，实现门到门的一体化服务。服务内容包括在欧洲和中国提供集装箱，卡车上门取货，集货中心集货，出口报关，然后通过铁路发到目的地车站，清关，卡车送货到门，同时还可以提供中国出口欧洲货物的VMI（供应商管理库存）服务。

　　铁路班列干线运输线路，如图 14 – 26 所示。

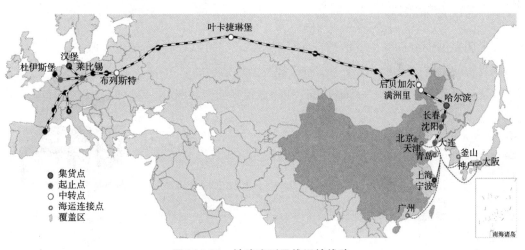

图 14 – 26　铁路班列干线运输线路

欧洲配送线路，如图 14 – 27 所示。

（二）运输时间

　　根据到达站的不同，门到门全程运输时间在 18 ~ 30 天，途中经过欧洲多国、白俄

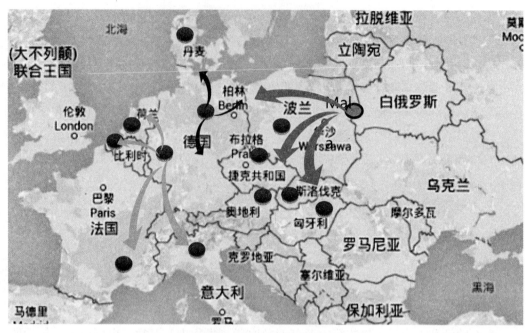

图 14 - 27　欧洲配送线路

罗斯和俄罗斯等国。公司目前运行的奥迪 CKD 运输项目，从德国杜伊斯堡到长春的运输时间平均控制在 18 天左右。

（三）运输跟踪

定期提供货物 GPS 位置信息，如果客户需要，可以提供 Smart Box 服务，监控集装箱内货物的温度、湿度、速度、三维碰撞受力等信息。

货运班列运输优势——Smart Box 在途监控界面，如图 14 - 28 所示。

◆ 在线平台——实时地理信息
◆ 路径统计——运输线路跟踪
◆ 超长待机——全程续航保障

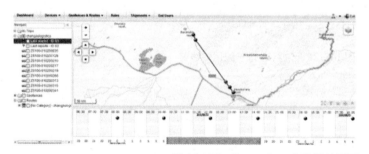

GPS tracing device(途宝)

· Positioning(定位)
· Speed(速度)
· Temperature（温度）
· Moisture（湿度）
· Collision forces(受力)
· Container door status
  (监控箱门是否开启)

图 14 - 28　Smart Box 在途监控界面

货物运输品类：汽车零部件、整车、高附加值货物。

三、项目创新点

（1）可以为客户提供除空运和海运外的第三种运输解决方案，丰富了客户的物流供应链选择。

（2）减少客户海运转空运的成本，同海运相比，减少了运输时间和库存成本，尤其是中国内陆地区，铁路可以直达目的地车站，可以节省更多时间。

（3）门到门的物流解决方案，客户可以享受一站式服务，门到门的服务时间比空运不会长多少。

（4）全天候发运，无须等待，可以小批量天天发货。

（5）运输质量有保证，质损率非常低。

（6）响应和践行国家新丝绸之路战略。

（7）解决了铁路货运物品信息追踪问题。

四、项目对行业的贡献

（1）为汽车物流提供了一个新的解决方案。

（2）有效地整合了供应链，达到了降低客户综合成本的目的。

（3）为深处内陆地区的生产制造企业减少了运输时间，创造了效益。

（北京长久物流股份有限公司　张建光）

第十五章 汽车售后备件物流创新成果

第一节 基于 eTMS 信息系统汽车售后零部件物流 KPI

一、项目内容

本项目研究的领域属于第三方物流的汽车零部件售后物流 KPI（关键绩效指标），基于《eTMS 佳明物流运输管理系统》，研究汽车零部件售后物流 KPI 关键指标构成及其体系，促进物流绩效水平提升。

在实施 KPI 关键绩效指标体系时，我们关注到汽车零部件物流小批量、多频次物流占据主要市场，专线物流承担了第三方物流大量的汽车零部件物流的干线运输分供；在济南拥有物流企业 10373 家，从业人员达 40 万之众，而专线物流有 3000 家以上，占 1/3，济南是汽车及零部件重要的生产基地，几乎每家专线物流都在承接汽车零部件物流的干线运输，甚至终端配送工作，这个庞大、松散、管理水平相对较低的群体受到的关注度却较低，但他们的物流运输服务水平对物流绩效影响较大。

佳明汽车物流秉承"专业专注 用心服务"的服务理念，专注于汽车零部件售后物流，在长期物流服务过程中，重视对物流过程的质量控制与管理，建立以《作业指导书》《质量管理手册》《质量督查制度》《月度质量分析报告》《全员月度质量检讨会议》《分供方季度质量检讨会议》《客户回访制度》等管理标准，坚持不懈地抓操作质量，通过围绕核心企业——汽车零部件销售部，通过《eTMS 佳明物流运输管理系统》《佳明物流仓储管理系统》《客服系统》等信息化，实现了销售方、佳明物流、分供方（专线物流）、经销商（4S 店）等物流供应链合作伙伴的物流信息共享，特别是对合作的物流分供方，实现对指标数据的记录、采集、分析，流程的优化，绩效的评估，分级管理，使物流服务整体水平得到提高。

通过对汽车零部件售后物流建立关键指标体系，把对供应链绩效的评估简化为对关键指标的考核，将关键指标当作零部件物流供应链的评估标准，把供应链的绩效与关键指标作出比较的评估，可以实现衡量公司质量目标，找到质量控制的方法和措施。同时能有效联结上下游企业，有利于促进形成核心企业、协作单位和经销商的绩效管理，提升汽车零部件物流评估水平，促进汽车零部件物流合作伙伴的物流水平提高，其核心意义在于使零部件售后上下游物流企业能够在运作上实现协同性，实现供应链合作伙伴信息资源共享、交流通畅、协同运作，从而提升绩效水平。

KPI 及体系：

（1）KPI：订单满足及时率、提货及时率、信息反馈及时率、运输货损率、运输货差率、到货及时率、交付及时率、签单及时率、回单返回及时率、不合格品处理及时率、投诉率等。

（2）汽车零部件售后物流 KPI 计算方法。

（3）零部件售后物流运输包装与标识规范。

（4）汽车零部件运输优化路径。

（5）特殊汽车零部件运输配载规范。

通过销售方、佳明物流、分供方（专线物流）、经销商（4S 店）等物流供应链合作伙伴共同参与并基于《eTMS 佳明物流运输管理系统》建立的 KPI，使得交流更通畅，协同性、配合度及各项指标得到提升，如配送交付及时率提高 7%，信息反馈及时率提高 15%，回单返回及时率提高 12% 等。

二、项目创新点

将第三方物流与物流分供方的管理模式以原来甲方乙方、运价运费关系，引导以 KPI 为导向，引导一体化管理思想，建立新型合作模式，共同关注客户，共同关注供应链整体绩效水平，共同改善物流服务质量。

佳明物流作为汽车零部件专业第三方物流企业，认为要在汽车零部件物流供应链实现一体化管理思想，首先需要应用数据化管理的工具来衡量物流供应链管理工作成效，即与合作伙伴建立关键指标 KPI 是非常重要的。应用《eTMS 佳明物流运输管理系统》，与合作伙伴实现信息共享，在运输、配送、交付环节等能实时、客观、有效记录评估数据，建立客观公正的绩效评估体系。通过在配件销售、佳明物流、分供方（专线物流）、经销商（4S 店）等零部件售后物流供应链 KPI 体系的建立，及时检讨服务质量，有利于建立客观的评估标准，正确激励，也可以为行业标准提供真实有效的参考数据，特别是通过 KPI 实施，通过脚踏实地地不懈努力以及交流、培训工作，在物流最薄弱、又庞大的环节——专线物流企业中，传递供应链管理一体化的管理理念和系统的管理思想，对提升行业物流绩效管理水平是非常有益的！

（济南佳明汽车物流有限公司　王燕　王江川）

第二节　轿车备品中心基于模块化管理的包装中心项目

一、原理概述

关于包装，日本工业规格 JIS2001 定义如下：物品在运输、保管、交易、使用时，为保持物品的价值、性状，使用适当的材料、容器进行保管的技术和被保护的状态称为包装。大致可分为逐个包装、内包装和外包装三种。

（1）逐个包装是指交到使用者手里的最小包装，把物品全部或一部分装进袋子或其他容器里并予以密封的状态或技术。

（2）内部包装是指将逐个包装的物品归并为 1 个或 2 个以上的较大单位放进中间容器里的状态和技术，包括为保护里边的物品，在容器里放入其他材料的状态和技术。

（3）外部包装是指从运输作业的角度考虑，为了加以保护并为搬运方便，将物品放入箱子、袋子等容器里的状态和技术。包括缓冲、固定、防湿、防水等措施。

备品包装中心就是围绕包装作业为核心来规划厂房及功能区布置，水电气的配置走向等，成为一个独立的生产单元。

二、一汽物流轿车备品中心简介及包装作业情况

（一）一汽物流轿车备品中心简介

一汽物流轿车备品中心现拥有八个仓库，共计 3.7 万多平方米的仓储面积，库区主要分为高层货架区、地面托盘区和阁楼保管区，采用智能仓储管理系统 TDS 和 VE－I 实现电控自动仓储。

备品中心的主要业务是为一汽轿车销售有限公司提供集备品包装、仓储、发运为一体的第三方物流服务，满足东北地区一汽轿车所属 4S 店的备品需求，并作为国产化备品母库辐射全国其他九个中心库（如图 15－1 所示），提供备品调拨发运服务。

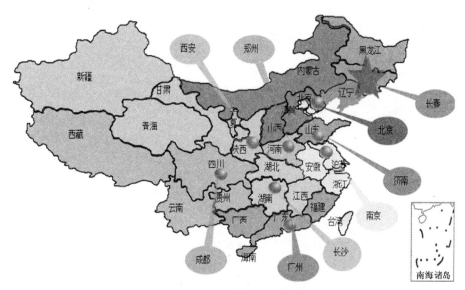

图 15 - 1　一汽轿车备品中心库分布

备品中心下设 10 个班组，分别是运控班、检验班、微机班、红旗班、出口班、包装班、马自达班和后勤班等，共有员工 170 余人。备品中心仓储备品包括红旗、奔腾和马自达全系车型，备品种类达到 30000 多种。随着一汽轿车公司车型的持续热销以及新车型的不断上市，入出库备品数量日益增加，入库商品化包装、出库运输包装备品数量急剧增加。

按照一汽轿车公司平均年销量增长 30% 的预测，备品中心原有纯手工作业的备品包装模式、库区面积及平面布局、作业流程存在的问题逐渐暴露出来，如何利用现有的仓储面积满足日益增长的备品包装需求成了亟待解决的问题。

（二）包装作业情况介绍

汽车备品包装具有多样性和复杂性。一辆普通轿车大约由 20000 多种零部件组成，大到车身及大型钣金覆盖件，小到螺丝和卡扣，造成备品包装涉及工艺的复杂性。尤其是用于销售的备品零件，伴随着市场、季节的变化，客户需求随时发生变化，商品化包装相应随之变化。

综合来说，备品包装作业具有品种多、单品种数量少、备品包装工艺差别大、包装单元小以及作业量不均衡的特点。具体如图 15 - 2 所示。

按照一汽轿车备品物流作业模式，一汽物流轿车备品中心作为国产件、自制件母库，承担着全国备品的商品化包装业务，供应商统一将备品送货至备品中心，到货后经过数量检验、品质检验、商品化包装等环节后入库，再根据供应计划调拨到全国的备品中心库，承担了全国一汽轿车备品的包装任务，包装作业量大。具体模式如图15 - 3 所示。

与备品包装作业重要性同时存在的是其复杂多样的产品和包装需求特性	
品种多	上万种备品的混同包装
数量少	对于工厂化生产而言，单品种包装量显得太少
差别大	小到卡扣大到车身；从金属到塑料；固液气体及危化品
包装单元小	因为针对的是最终用户，很多备品都要求独立包装
作业不均衡	备品包装作业无法做到单品种大批量作业

图 15 - 2　汽车物流备品包装作业的特点

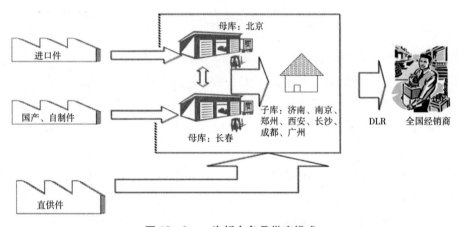

图 15 - 3　一汽轿车备品供应模式

三、一汽物流轿车备品中心备品包装存在问题

（一）备品包装作业量年均增幅为 15%

一汽轿车在售包括红旗、奔腾、马自达三大车系，共有车型 16 种，每种备件的在库品种约在 2000 种左右，现有备件共 3 万多个品种。2014 年，轿车备品库新增车型 7 种，增加备件品种数 11000 余种。伴随未来几年轿车备品入库量将持续加大，对入库商品化包装作业提出了新的挑战。

如图 15 - 4 所示共 17 种车型，每种备件的在库品种约在 2000 种左右，现有备件共 31487 个品种。未来一汽轿车公司新车型不断上市，预计年均增幅在 15% 左右，对仓储面积及包装产能需求逐年增加；包装作业区无专业包装设施设备、包装场地布局不

◆ 红旗系列车型

老红旗	HQ3	H7

◆ 奔腾系列车型

B70	B70F	B50	B50F	X80	B90	欧朗三箱	欧朗二箱

◆ 马自达系列车型

J44	J56	J61	J31	M8	J71

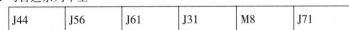

图15-4　一汽轿车在售车型

合理导致包装产能不足，成为备品中心满足客户需求的重要瓶颈。

备品中心近5年包装备品数量明细，如图15-5所示。

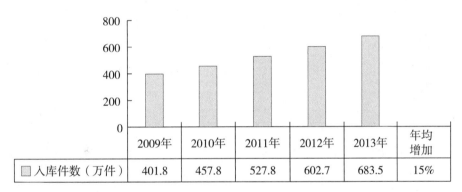

	2009年	2010年	2011年	2012年	2013年	年均增加
入库件数（万件）	401.8	457.8	527.8	602.7	683.5	15%

图15-5　备品中心近5年包装备品数量明细

伴随着入库包装作业量的增加，对备品中心仓储面积、入库作业功能区面积需求也逐年增加。而备品仓储面积的增长速度远远不能满足包装作业量的增长需求。经过统计，在最近5年，入库备品数量增长了70%，而仓库总面积增幅在50%左右，存在较大的差额（如表15-1所示）。

备品中心原有包装作业功能区仅4500平方米，存在较大的缺口。由于备品中心按照品牌车型划分作业场地，包装功能区分散在5号、6号及8号三个仓库，不利于对场地及人员的合理利用，各库区之间存在备品转运现象，严重影响了作业效率。

表15-1　　　　　　　　　备品入库件数及仓库面积增幅对应情况

	2009年	2010年	2011年	2012年	2013年	2013—2009年增加百分比
入库件数（万件）	401.8	457.8	527.8	602.7	683.5	70%
库房总面积（平方米）	24521	24521	29401	29401	37033	50%

另外，备品中心仓储货位已经超负荷使用，货位溢出情况普遍存在，包装功能区在现有仓储面积基础上拓展的可能性小，现有货位使用情况如表 15 - 2 所示。

表 15 - 2   备品中心库位溢出统计

仓库		设计货位数	现有货位数	溢出货位数
阁楼区	奔腾使用货位数	11862	14562	2700
	马自达使用货位数	9661	9340	0
	总计	21523	22902	2700
高架区	奔腾使用货位数	2075	2650	575
	马自达使用货位数	860	1352	492
	总计	2935	4002	1067
平置区	奔腾使用货位数	4362	4481	113
	马自达使用货位数	1026	1375	349
	总计	5394	5856	462

目前，货位使用基本为满负荷状态，部分溢出品暂存到物流通道，严重影响保管员入出库效率，且存在很大的安全隐患；备品中心虽采取货位合并，立体化改善等措施，但仍有备品在库内无存放空间，只能寄存在雨棚下或库外场地。

（二）备品中心采用纯手工作业，包装作业效率低

备品包装工艺是十分复杂的，包装单件备品至少需要五个环节：整理包装材料、装箱、封箱、粘贴专用零件标识、堆码。如果单独靠人力去一件一件整理，耗费了大量劳动力，而且在整理过程中还耗费了不少时间，严重影响了作业效率。对于制造业来讲，节约时间就等于节约成本，同样，节约劳动力，也节约了生产成本。

包装中心原有包装作业人员纯手工作业的模式，也是导致包装产能严重不足的重要因素。加之汽车备品包装工艺的复杂性，备品中心日均包装能力小于日均到货量，只能依靠节假日加班满足生产进度，影响轿车备品整体入库时限，拉大了备品到货及周转周期。

2010—2016 年备品中心入库备品件数，如表 15 - 3 所示。

表 15 – 3　　　　　　　2010—2016 年备品中心入库备品件数

	2010 年	2011 年	2012 年	2013 年	2014 年	2015 年	2016 年（预期）
奔腾	4790964	6099828	5288604	5396724	5399132	5932445	6525690
马自达	2533248	3100380	3353712	2995776	2995780	3295358	3624894
合计	7324212	9200208	8642316	8392500	8394912	9227803	10150584

（三）包装人员多，导致包装成本较高

一汽轿车备品中心共有员工 170 余人，其中，包装作业人员为 35 人，占员工总数的 20%，体现了包装作业的劳动密集性。由于包装作业产能不足，备品中心周末及节假日加班情况普遍存在，导致项目人工成本居高不下。据统计，备品中心月均包装劳务成本达到了 57 万，约占项目整体收益的 23%。

四、基于模块化管理的备品中心包装中心方案介绍

（一）备品包装中心平面布局介绍

包装中心库外物流路径为顺时针循环，库内物流路径为南北贯通式走向；包装中心布局设计遵循以下原则：

（1）包装作业分区；

（2）物流路径最短；

（3）人车分离；

（4）安全品质保障；

（5）包材就近装卸、存放。

包装中心包括卸货区、装车区、待检区、检验区、中小件手工包装区、小件自动包装区、大件包装区、包装材料存放区、钣金件包装区、保险杠包装区、自动开箱封箱包装区、库内自有器具存放区、返厂器具存放区等，及培训教室、班组园地、检验办公室、系统办公室、综合办公区、男女更衣室等辅助功能区。

（二）备品包装设备及作业流水线的应用

1. 打包机

以往车门、发动机罩、行李箱盖的包装没有工作台的应用，需要将备件抬起并放入包装箱中，并需要手工操作打包器打包，整个过程需要 6 人共同完成，且效率极低。

打包机用于包装大型纸箱备品（如车门、发动机罩）等的捆包加固作业。引进打包机设备后每个打包机只需匹配两人便可完成工作，全自动打包机只需按按钮即可完成打包作业，包装效率较以往有明显提高。

打包机区布局及工位工序示意，如图 15－6 所示。

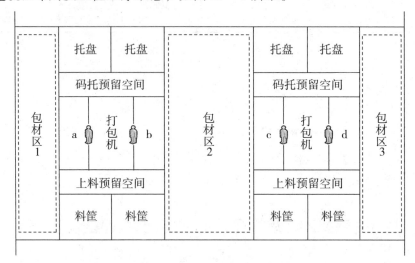

图 15－6 打包机区布局及工位工序示意

（1）虚线区域表示放置包材分类，1、3 放箱底，2 放箱盖两侧共用。辅材根据实际情况放置于操作人员身边。

（2）a、b、c、d 表示操作人员。

（3）a 拿箱底放置于工作台上，b 将辅材摆进箱中，预计耗时 15 秒。

（4）两人同时取件放入箱中预计耗时 30 秒。

（5）两人同时调整内衬位置预计耗时 30 秒。

（6）b 拿箱盖，两人同时扣盖，预计耗时 15 秒。

（7）两人推箱至门拱打包，预计耗时 10 秒。

（8）两人同时码托，预计耗时 15 秒。

（9）回归原位开始下一轮工序预计 5 秒。总共耗时预计 2 分钟。右侧打包机操作与左侧同理。

2. 保险杠工作台

保险杠工作台采用前后两段式设计，中间用无动力辊道连接，前端配备 2 人，1 个工作台，后端配备 4 人，2 个工作台。保险杠工作台的设计，改变了以往双人多组作业的模式，形成了 6 人一组的小型流水线，将包装步骤分解后，减少了个人的包装步骤，并根据生产节拍对前后两道工序的衔接做了合理的人员匹配，在减小劳动强度的同时，增强了工人的操作熟练性，提高了作业效率。

保险杠工作台布局及工位工序示意，如图 15 - 7 所示。

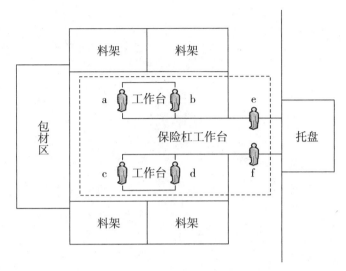

图 15 - 7 保险杠工作台布局及工位工序示意

（1）虚线线框表示工作站台区域，高 130 毫米，料架、包材置于此区域周围。

（2）a、b、c、d、e、f 表示操作人员，a 与 b、c 与 d 为前端工位，e、f 为后端工位。

（3）b 拿箱底放置于工作台上，a 取件放于箱底上，两人在两端开始包装作业，箱底包装完成后，b 取箱盖放于箱底上，两人同时完成底盖粘接作业，总耗时预计 65 秒。

（4）两人同时将半成品平推至辊道并纵向推送至后端工位，预计 5 秒。

（5）e、f 两人同时完成保险杠包装并码托，预计耗时 40 秒。

（6）两前端工位工序相同。

（7）以后端工位输出保险杠计每 40 秒输出一个。

3. Autobag 袋装自动包装机

以往小件（螺钉、卡扣等）包装采用纯手工作业，包装材料为气泡袋或自封袋，由人工将备件装入袋中，封袋并贴上纸质标签，整个过程效率低下且占用大量包装工时，打标签也浪费一定时间。

Autobag 袋装自动包装机（如图 15 - 8 所示）由包装机与打印机两部分组成，采用手工投料方式，包装机将备件自动装入预设的包装袋中并由匹配的打印机将备件标签打印于包装袋上，包装速度最快达到 45 袋/分钟，提高包装效率的同时，免去了单独打标签的步骤，降低了包装成本。

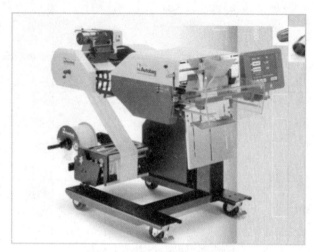

图 15 - 8　Autobag 袋装自动包装机

4. 小件工作台

包装中心小件包装区域采用了待包区与包装完成区分小件工作台两侧的纵向流向，上侧为备件待包装区域，下侧为包装完成待入库区域；小件工作台配备了低位照明及电源插孔，方便员工包装作业。（如图 15 - 9 所示）

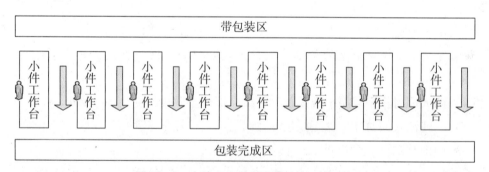

图 15 - 9　小件工作台布局及工位工序示意

5. 开箱机

以往的包装工作中，人工将包装材料厂家生产的折叠纸箱打开并织好占用大量包装时间，而将备件放入纸箱只占用少量生产时间。

此次引进开箱封箱机，使织箱子的工作机械化，自动化，大大减少了此步骤的时间，提高了生产效率。开箱速度 10 箱/分钟，6 人作业，人均作业时间 30 秒/个，省去了开箱和封箱作业环节，加上变速动力两阶滚道，作业劳动强度大大降低，速度提高，以电瓶为例，如日生产 6 小时，理论可包装电瓶 3600 个，是传统包装方式的 3 倍。

布局及工位工序说明：图中纸箱均用小写字母表示，圆角矩形框代表辊道上打开的纸箱，各个工位上的椭圆框代表正在装箱作业，圆形框大写字母代表操作人员。

目前已知参数：开箱机辊道长度 8 米；辊道行进速度 0～15 米/分钟可调；开箱速度 10 个/分钟。根据此参数设置开箱机到 1 号工作台间隔 1 米，各工作台间隔 3 米，3 号工作台到辊道末端间隔 1 米。（注：此处所提辊道皆为开箱机辊道）

开箱机布局及工位工序示意，如图 15 - 10 所示。

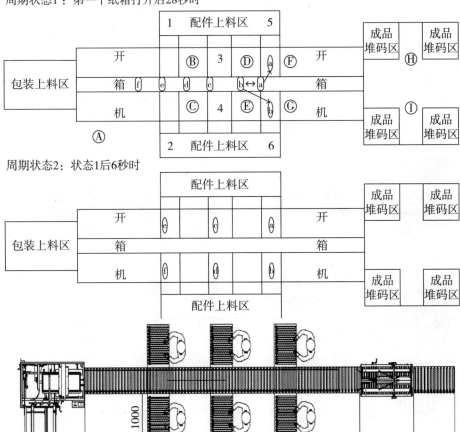

图 15 - 10　开箱机布局及工位工序示意

（1）堆码整齐的包材放置于包材上料区，人员 A 负责包材上料，保证开箱机的连续运行。6 个工位操作人员到各自包装作业区完成准备工作，配件上料区备齐配件及所需辅材。

（2）启动设备，开箱机以平稳的速度完成撑箱封底，由动力辊道输送。以辊道最高速度记，即为 0.25 米/秒，结合开箱速度，则每箱间隔 1.5 米。

（3）周期状态1，1、2工位操作员让过四个空箱，供后面工位操作员作业。第一个纸箱打开后28秒时，1、3、5工位操作员可从辊道上拾取空箱开始包装作业。此时，2、4、6工位操作员需继续等待空箱到位。

（4）周期状态2，状态1后6秒时，2、4、6工位操作员拾取空箱开始包装作业。同时第二周期开始，第二批空箱到位前各工位操作员依次将包装完成的纸箱放回辊道输送至封箱机。封箱完成后由人员H、I负责堆码、贴标。

（三）备品包装中心作业流程改善

包装工厂运行流程模式：首先供应商送货到包装工厂，由检验员核实送货计划后对备件进行检验，检验完毕后包装组对备件进行包装，包装完成后根据备件计划对备件进行分类（发往各个中转库的调拨备件和发往长春中心库的销售备品）仓储，根据调拨计划，调拨备件经过出库捆包发往全国各个中转库；接到4S店订单后销售备件发往备品中心辐射区域的经销商，或经销商发车来仓库自提。备品包装中心作业流程，如图15-11所示。

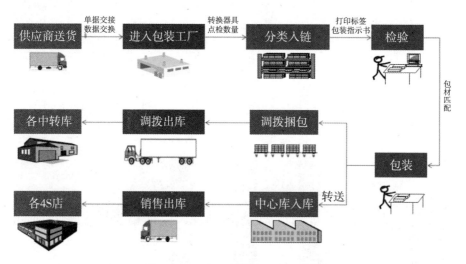

图 15-11　备品包装中心作业流程

五、一汽物流备品包装中心创新点

（一）基于模块化管理的思想，规划包装中心

原有备品中心包装作业模式，内部是条块分割的管理体系和生产模式。生产系统往往由一组相互隔离的子系统所组成，这些子系统在库区内分散布置，形成一个个"岛屿"，物料要通过外部"航道"运送。

比如一个仓库包装的半成品要先送至远离的分区布置的仓库，然后再送往下一库区，大大增加了物料周转流程。公用、动力系统同样是自成体系、分散布置。库区的总体布局要求"分区明确"，各功能小区相互隔离，各有独自的建筑，库区内道路和库区外的管线众多且纵横交错，但难以实现包装中心的整体优化。

虽然库区内部对各功能区进行了模块化分割，但由于其中某些模块的规模小、质量低，加上接口系统效率低，未实现模块的优化组合。

备品包装中心项目基于模块化管理的思路进行规划，建设成为资源合理配置和高效的连续大生产系统，并将内部的生产流程与外部的供应流程紧密联系起来，实现了包装作业效率和质量的最大优化。

无论是在总体规划、平面布局还是流程梳理中，都考虑到各子系统模块化、集成化原则进行组合安排，仓库、生产现场、动力站以至管理部门等模块尽可能集中布置在一起，建设成一体化的联合建筑，将整个生产系统都布置在内，并能适应一定程度的动态变化，便于调整、改造和扩建。

一汽物流轿车备品中心在汽车物流领域中开创包装单一作业工序的模块化建设，通过对系统功能及任务的分解，制定模块划分依据，并对模块进行优化组合，形成不同规模与特点的集成，简化了设备构造，实现设计制造的全流水线作业，缩短工作周期，降低生产成本，增强市场竞争能力。

（二）实现包装作业机械化

一汽物流轿车备品中心过去主要是依靠人力作业的人海战术，进入大量生产、大量消费时代以后，备品中心将未来发展方向定位到全面自动化、机械化上，从逐个包装机械化开始，直到装箱、封口、捆扎等外包装作业完成。此外，还有使用托盘堆码机进行的自动单元化包装，以及用塑料薄膜加固托盘的包装等。

全自动包装机械是包装加工生产中的重要技术手段，它是以机械的能力把各种各类的物品，包括固体状态、液体状态及黏稠性态的物品，用相适应的包装工艺及选定的包装材料或容器，完成商品销售包装加工生产过程的机械装备。

包装的自动化、机械化适应了包装生产技术发展的现代化需要，包装的手工操作被自动化包装机械所替代，并具有深刻意义：降低了备品中心包装作业劳动强度，改善劳动条件；提高劳动生产率，增加生产效益；提高包装质量，促进文明生产；节约人力和物力，降低包装加工成本。

（三）利用模块化、机械化管理，提升备品标准化作业水平

1. 降低包装作业风险，推进安全生产标准化

采用模块化管理后，备品中心各种工序分区域作业，避免了叉车作业和人员之间的

混流，保证了人员和设备的安全。备品中心采用机械作业，改变了原有纯手工的包装方式，避免了由于作业人员操作问题造成的安全隐患，同时为员工创造了良好的作业环境。

备品中心的库区环境也得到了明显改善，各工序之间有序生产，消除了等待时间，保证了备品的品质安全。

2. 降低劳动强度，实现人员配备标准化

根据各工序机械化配套情况，备品中心对包装作业人员进行优化组织，确定了"以机定班、按班设岗、以岗定责、以责促为"的人员设置原则，达到了"以机代人、降低劳动强度、精简作业人员、提高作业效率"的人力优化目标。

在包装作业中，备品中心按照包装设备配置了2个作业班组的作业模式，设定每班次的人员定额，实现了作业人员配置的标准化。

3. 加快包装效率，达到作业时间标准化

备品中心引入"工序标准化作业时间管理法"，根据机械设备正常作业工效，通过理论计算，确定进度数据指标，明确各类备件的工序定额时间，以指标参数为考核依据，兑现进度指标奖罚，实现了单工序作业时间标准化管理。

六、一汽物流轿车包装中心技术交流推广经验

一汽物流轿车备品中心包装中心的建设，取得了客观的经济效益。备品中心不仅局限于自身物流能力的提升，还非常重视与汽车物流同行进行技术交流，推广库区包装工厂的做法，引导备品售后物流朝着精细化、可持续化的方向发展，在行业内引起了强烈的反响。

作为轿车备品母库，一汽物流备品仓储中心发挥了积极作用，将自己在包装工厂建设方面的经验和做法推广到全国其他八个地区中心区，包括北京、郑州、济南、长沙、西安、成都、南京和广州，覆盖了全国主要的汽车制造地，形成了以长春为中心，以一点带动一面的立体化拓展趋势。

一汽轿车销售有限公司作为一汽吉林汽车的售后备品物流管理方，还提供森雅、佳宝全系车型的备品物流服务，一汽物流通过包装工厂的建设，提升了一汽轿车售后备品的服务能力，降低了运营成本。一汽轿车销售有限公司积极宣传，一汽物流备品中心应邀对一汽吉林备品中心库进行技术培训和现场指导，还针对森雅、佳宝存在问题给出了解决方案，并在吉林试点，推广到全国的中心库。

（一汽物流有限公司　孙士生　杜钢　龙玉峰　朱万斌　夏岩峰　董艳　牛继业）

第三节 华晨宝马中国售后配件配送中心定制项目

一、项目内容

华晨宝马中国售后配件配送中心定制项目位于上海临港普洛斯国际物流园，总面积达 75000 平方米（约合 807000 平方英尺），分两期开发，一期总建筑面积为 55000 平方米（约合 592000 平方英尺）第一期将建造约 52000 平方米仓库（以下简称 G1 仓库）以及约 2000 平方米的危险品仓库（存放等级为乙类，以下简称 G2 库房），G1 和 G2 库将处于同一园区内，对于园区的整个规划以及线路的布局都是一个挑战及创新。华晨宝马中国售后配件配送中心鸟瞰图，如图 15 – 12 所示。

图 15 – 12 华晨宝马中国售后配件配送中心鸟瞰图

二、项目创新点

宝马上海临港售后零配件物流配送中心是宝马集团战略发展的重要一环，初级建设面积为 50000 平方米，并最终拓展规模至 80000 平方米，这将会是宝马在未来相当长一段时间内覆盖亚太地区的唯一配送中心，并且宝马集团希望将其打造成为全球最大、最先进、运行效果最好的零配件中心，所以在构造布局以及整体规划上都与以往的普通仓库有所不同，有着诸多的创新点。

（一）G1 仓库（丙二类）

问题 1：宝马运营对于仓库的形态有特殊要求，需要一个整体的大空间，并且净空需要达到 13 米。

解决方案：鉴于宝马物流运营的特殊要求，G1 仓库单体仓库达到约 52000 平方米，在消防方面属于超限的，需要设计消防通道和划分内部的消防分区；G1 仓库层高净空大于 13 米，处于消防安全方面的考虑，喷淋灭火系统的采用喷头，流量系数 $K = 360$。

问题 2：宝马公司库内对光线及照度的要求远高于普通仓库。

解决方案：库区的灯光照度为 300lux 远高于普通仓库的照明水品，达到宝马要求。

问题 3：宝马公司用于先进的信息系统及管理系统，对于仓库内的信息网络系统的构架要求极高。

解决方案：库房内布设了大量的弱电桥架以及其他的设置，满足宝马信息及管理系统的需要。

问题 4：园区设置宝马公司管理人员办公室，对办公区的配置要求高。

解决方案：仓库内办公室采用架空地板、地暖、暖气片、淋浴间、CCTV/IT/UPS 房间的精密空调（恒温恒湿）、标准高的装饰材料。

问题 5：由于宝马公司所储存物品的特殊性，需要有恒温区域。

解决方案：G1 仓库兼具有普通仓库以及恒温仓库的功能，在仓库内部设置恒温库区，用于储存贵重物品，温控精度高（25℃～30℃），可以安全有效的对所有物品进行储存。

（二）G2 仓库（乙类）

为了满足宝马部分危险物品的储存需求以及宝马物流运营的便利性，G2 仓库与 G1 仓库坐落于同一园区，为了保证安全，对于 G2 仓库的标准尽可能地提高创新从而最大化保证仓库的安全运营。

问题 6：为了满足宝马部分危险物品的储存需求以及宝马物流运营的便利性，G2 仓库与 G1 仓库坐落于同一园区，如何保证安全性。

解决方案如下。

（1）G2 仓库为危险品仓库（乙类），设计需要考虑防爆、泄爆：外墙使用 ALC 板防爆；屋面为钢结构屋面，作为泄爆屋面；室内的电气设备全使用防爆产品（防爆灯具、烟感、风阀、风机等）。

（2）G2 仓库为危险品仓库（乙类），设计需要考虑事故污水收集：仓库出入口设置围堰和事故水池，收集污水。

（3）G2 仓库为危险品仓库（乙类），设计需要污水防渗措施：对地面的构造和材料做出规定。

（4）G2 仓库为危险品仓库（乙类），设计需要考虑可燃有毒气体的检测系统、排气通风系统。

（5）宝马公司要求 G2 仓库有温控要求，处于危险品仓库的设计要求，空调系统必须是全新风的空调系统。

问题 7：宝马公司仓库建筑设计标准要求极高，要求设计接近 LEED 的标准。

解决方案：本项目各项数据指标以 LEED 标准为参考，尽量接近 LEED 标准，更是使用了地源热泵空调系统。

项目亮点汇总对比，如表 15 - 4 所示。

表 15 - 4　　　　　　　　　　项目亮点汇总对比

详细项目类别	普通仓库	上海临港宝马项目
单体建筑最大面积	24000 平方米	52000 平方米
光照要求	150lux	300lux
仓库办公室配备	普通装修基本的供电及网络	架空地板、地暖、暖气片、淋浴间、CCTV/IT/UPS 房间的精密空调（恒温恒湿）
独立仓库内恒温区域设置	无	生活方式
普通园区内危险品仓库设置	无	包括一栋乙类库
LEED 标准	无	部分达到
空调系统	分体空调	地源热泵系统
喷淋头流量	$K = 220$	$K = 360$
仓库净空高度	10 米	13 米

三、项目对行业的贡献

上海临港普洛斯国际物流园位于临港产业区中心，交通便利，设施齐全，拥有 3 平方千米土地，是结合海陆空于一体的现代化物流园区。

　　宝马集团计划在临港物流园区内定制其面向亚太地区的售后零配件物流中心，初期将投入建设一个面积达 50000 平方米的仓库，并在 3 年内最终拓展规模达到 80000 平方米，项目计划年中投建，并于 2014 年下半年建成交付使用。这个投入和规模在宝马集团历史上都是空前的，这也将是宝马在未来相当长的一段时间内覆盖亚太地区的唯一配送中心。并且宝马集团希望将其打造成为全球最大、最先进、运行效果最好的零配件配送中心。宝马集团非常认同临港地区的区位优势和港口条件，包括产业区和物流园区健全的基础规划及配套设施。

　　同时，宝马集团拥有世界上最先进的物流体系以及雄厚的资金基础，不仅对临港地区的物流发展有极大的促进和示范作用，而且能对临港地区整体物流水平的提高发挥整体效应，提升临港的吸引力。宝马区域中心的设立，可以吸引一大批依附于其生存的汽车产业链中下游的企业进驻临港，在较短的一段时间内在临港地区形成一个以宝马为核心的制造物流产业链，提升临港活力，为临港地区贡献税收。而且汽车产业在中国发展迅速，分析宝马在中国销量的增长率，宝马临港区域中心还有不断扩大的可能性，集群效应能够更加有效地吸引越来越多的优秀企业进驻，最终成为一个中国最大的类似宝马德国的产业中心。

（上海临港普洛斯国际物流发展有限公司　胡捷　余中明）

资 料 汇 编 篇

第十六章　汽车物流行业重要文件

2014 年全国物流运行情况通报

2014 年，我国物流需求规模增速减缓，物流业转型升级加快，社会物流总费用与 GDP 的比率有所下降。

一、社会物流总额增速放缓

2014 年全国社会物流总额 213.5 万亿元，按可比价格计算，同比增长 7.9%，增幅比上年回落 1.6 个百分点。分季度看，一季度 47.8 万亿元，增长 8.6%，回落 0.8 个百分点；上半年 101.5 万亿元，增长 8.7%，回落 0.4 个百分点；前三季度 158.1 万亿元，增长 8.4%，回落 1.1 个百分点；全年呈现"稳中趋缓"的发展态势。

从构成情况看，工业品物流总额 196.9 万亿元，同比增长 8.3%，增幅比上年回落 1.4 个百分点；进口货物物流总额 12.0 万亿元，同比增长 2.1%，增幅比上年回落 4.3 个百分点；再生资源物流总额 8455 亿元，同比增长 14.1%，增幅比上年回落 6.2 个百分点；农产品物流总额 3.3 万亿元，同比增长 4.1%，增幅比上年提高 0.1 个百分点；单位与居民物品物流总额 3696 亿元，同比增长 32.9%，增幅比上年提高 2.5 个百分点。

二、社会物流总费用与 GDP 的比率有所下降

2014 年社会物流总费用 10.6 万亿元，同比增长 6.9%。其中，运输费用 5.6 万亿元，同比增长 6.6%，占社会物流总费用的比重为 52.8%；保管费用 3.7 万亿元，同比增长 7.0%，占社会物流总费用的比重为 34.9%；管理费用 1.3 万亿元，同比增长

7.9%，占社会物流总费用的比重为 12.3%。社会物流总费用与 GDP 的比率为 16.6%，比上年下降 0.3 个百分点。

三、物流业总收入平稳增长

2014 年物流业总收入 7.1 万亿元，同比增长 6.9%。

说明：由于 2013 年货运量、货物周转量的调整以及 GDP 的修订，社会物流总费用及与 GDP 的比率、物流业总收入也进行了相应调整。

国家发展改革委
国家统计局

第十七章 汽车物流标准汇编

汽车物流统计指标体系（报批稿）

1 范围

本标准规定了汽车物流统计指标体系的构成、统计指标内涵及计算方法。

本标准适用于汽车物流活动的统计和管理。

2 术语和定义

2.1 汽车物流统计指标 automotive logistics statistical index

能够反映汽车物流现象总体的数量特征范畴和具体数值。

2.2 汽车物流统计指标体系 the systems of automotive logistics statistical index

反映汽车物流的数量特征、数量关系以及互相联系的多个指标组成的指标体系。

2.3 汽车物流企业指标 automotive logistics enterprise index

从事汽车物流的企业建立与运用的统计指标。

2.4 汽车生产企业物流指标 OEMs logistics index

汽车整车生产和汽车零部件生产企业中从事的汽车物流业务中建立和运用统计指标。

3 汽车物流统计指标体系框架

3.1 汽车物流统计指标体系的构成

汽车物流统计指标体系由汽车物流企业和汽车企业物流统计指标体系构成。

3.2 汽车物流企业统计指标体系

汽车物流统计指标体系内容见表1和表2。

表 1   汽车物流企业统计指标体系

一级指标分类	二级指标	三级指标
规模	零部件货运量	公路货运量
		铁路货运量
		水运货运量
		航空货运量
	整车货运量（辆）	公路货运量
		铁路货运量
		水运货运量
		航空货运量
	售后服务备件货运量	公路货运量
		铁路货运量
		水运货运量
		航空货运量
	营业收入	零部件物流营业收入
		整车物流营业收入
		售后服务备件物流营业收入
	零部件物流从业人员/整车物流从业人员/售后服务备件物流从业人员/管理从业人员	从业人员数
		学历
		职称
		技术等级
		从业资格
	物流业务运营	货运量
		流通加工量
		包装量
		装卸搬运量
		货代业务量
		期末货物储存量
	物流资产	资产总计
		流动资产合计
		固定资产合计
		固定资产原价
		累计折旧（其中：本年折旧）

一级指标分类	二级指标	三级指标
规模	物流基础设施与设备	土地占用面积
		自有仓储面积
		租用仓储面积
		装卸设备数量
		包装设备数量
		停车区域面积
		车辆运输车数量
		城际物流用车数量
		城市配送车辆数量
		船舶数量
		铁路专用线数量
		物流信息系统数量
效益	物流经济效益	主营业务利润
		主营业务税金及附加
成本	零部件物流成本/整车物流成本/售后服务备件物流成本	运输成本
		仓储成本
		包装成本
		装卸搬运成本
		流通加工成本
		配送成本
		货代业务成本
		货物损耗成本
		信息及相关服务成本
		物流管理成本
		利息成本
		保险成本
	物流价格	整车物流价格
		零部件物流价格
		售后备件物流价格

一级指标分类	二级指标	三级指标
效率	零部件物流效率/整车物流效率/售后服务备件物流效率	调度及时率
		订单及时率
		车船利用率
		仓库设备利用率
		仓容利用率
		运输设备装载率
质量	零部件物流运行质量/整车物流运行质量/售后服务备件物流运行质量	订单准时率
		运输货损率
		仓储货损率
		运输货差率
		仓储货差率
		包装破损率
		设备完好率
		运输安全事故次数
		仓储安全事故次数
		仓储库位摆放准确率
		先进先出执行率
		账实符合率
		流通加工完好率
		客户满意率
		投诉与索赔次数

表2　　　　　　　　　　　汽车企业物流统计指标体系

一级指标分类	二级指标	三级指标
规模	零部件库存量	在途库存量
		总库存量
	整车库存量（辆）	在途库存量
		总库存量
	售后服务备件库存量	在途库存量
		总库存量

续表

一级指标分类	二级指标	三级指标
规模	营业收入	零部件物流营业收入
		整车物流营业收入
		售后服务备件物流营业收入
	零部件物流从业人员/整车物流从业人员/售后服务备件物流从业人员/管理从业人员	从业人员数
		学历
		职称
		技术等级
		从业资格
	物流业务运营	货运量
		流通加工量
		期末货物储存量
	物流基础设施与设备	土地占用面积
		自有仓储面积
		租用仓储面积
		装卸设备数量
		包装设备数量
		停车区域面积
		车辆运输车数量
		城际物流用车数量
		城市配送车辆数量
		船舶数量
		铁路专用线数量
		物流信息系统数量
效益	物流经济效益	主营业务利润
		主营业务税金及附加
成本	零部件物流成本/整车物流成本/售后服务备件物流成本	运输成本
		仓储成本
		包装成本
		装卸搬运成本
		流通加工成本

续表

一级指标分类	二级指标	三级指标
成本		配送成本
		货物损耗成本
		外包业务成本
		信息及相关服务成本
		物流管理成本
		利息成本
		保险成本
	物流价格	整车物流价格
		零部件物流价格
		售后备件物流价格
效率	零部件物流效率/整车物流效率/售后服务备件物流效率	厂内运输时间
		厂外在途时间
		搬运设备利用率
		仓库设备利用率
		仓容利用率
质量	零部件物流运行质量/整车物流运行质量/售后服务备件物流运行质量	订单准时率
		运输质损率
		仓储货损率
		运输货差率
		仓储货差率
		运输安全事故次数
		仓储安全事故次数
		流通加工完好率
		客户满意率
		投诉与索赔次数

4 汽车物流统计指标内涵及计算方法

汽车物流统计指标内涵及计算方法见附录 A。

附录 A

（规范性附录）

汽车物流统计指标内涵及计算方法

A.1　汽车物流企业统计指标

A.1.1　规模

A.1.1.1　汽车货运量

A.1.1.1.1　铁路货运量

报告期内，汽车物流企业利用铁路运输整车、零部件和售后服务备件的总量。计算单位：整车——万台；零部件——十千立方米（万吨）；售后服务备件——十千立方米（万吨）。

A.1.1.1.2　公路货运量

报告期内，汽车物流企业利用公路运输整车、零部件和售后服务备件的总量。计算单位：整车——万台；零部件——十千立方米（万吨）；售后服务备件——十千立方米（万吨）。

A.1.1.1.3　水路物流量

报告期内，汽车物流企业利用船舶运输整车、零部件和售后服务备件的总量。计算单位：整车——万台；零部件——十千立方米（万吨）；售后服务备件——十千立方米（万吨）。

A.1.1.1.4　航空货运量

报告期内，汽车物流企业利用飞机运输整车、零部件和售后服务备件的总量。计算单位：整车——万台；零部件——十千立方米（吨）；售后服务备件——十千立方米（吨）。

A.1.1.2　汽车物流营业收入

A.1.1.2.1　零部件物流营业收入

报告期内，汽车物流企业零部件物流活动所获得营业额。计算单位：万元。

A.1.1.2.2　整车物流营业收入

报告期内，汽车物流企业整车物流活动所获得营业额。计算单位：万元。

A.1.1.2.3　售后服务备件物流营业收入

报告期内，汽车物流企业售后服务备件物流活动所获得营业额。计算单位：万元。

A.1.1.3　汽车物流从业人员

A.1.1.3.1　从业人员数

报告期末，汽车物流企业从事零部件物流活动、整车物流活动、售后服务备件物流活动、管理活动的从业人数。计算单位：人。

A.1.1.3.2　学历

报告期末，从事零部件物流活动、整车物流活动、售后服务备件物流活动、管理活动从业人员的高中（包含高中、职高、中专、技校）、大学专科、大学本科、研究生（硕士研究生、博士研究生）的比例。计算单位:%。

A.1.1.3.3　职称

报告期末，从事零部件物流活动、整车物流活动、售后服务备件物流活动、管理活动从业人员的初级、中级、高级职称比例。计算单位:%。

A.1.1.3.4　技术等级

报告期末，从事零部件物流活动、整车物流活动、售后服务备件物流活动、管理活动从业人员的员级、初级、中级、副高级、高级专业技术等级比例。计算单位:%。

A.1.1.3.5　从业资格

报告期末，从事零部件物流活动、整车物流活动、售后服务备件物流活动、管理活动从业人员具有从业资格证的比例。计算单位:%。

A.1.1.4　物流业务运营

A.1.1.4.1　货运量

报告期内，汽车物流企业货物运输的总量。计算单位：吨。

A.1.1.4.2　流通加工量

报告期内，汽车物流企业流通加工服务总量。计算单位：吨。

A.1.1.4.3　包装量

报告期内，汽车物流企业包装业务的体积量。计算单位：立方米。

A.1.1.4.4　装卸搬运量

报告期内，汽车物流企业在同一场所内，对货物进行空间移动的作业量。计算单位：吨。

A.1.1.4.5　货代业务量

报告期内，汽车物流企业委托代理给其他运输企业进行运输的总量。计算单位：吨或台。

A.1.1.4.6　期末货物储存量

报告期末，汽车物流企业物流货物的量，包括整车、零部件或售后服务备件等货物的数量。计算单位：整车——万台；零部件——十千立方米（万吨）；售后服务备件——十千立方米（万吨）。

A.1.1.5　物流资产

A.1.1.5.1　资产总计

报告期末，汽车物流企业拥有或控制的能以货币计量的经济资源，包括各种财产、债权和其他权利。资产按其流动性（即资产的变现能力和支付能力）划分为：流动资产、长期投资、固定资产、无形资产、递延资产和其他资产。

A.1.1.5.2　流动资产合计

报告期末，汽车物流企业可以在一年或者超过一年的一个营业周期内变现或者运用的资产总额。计算单位：万元。

A.1.1.5.3　固定资产合计

报告期内，汽车物流企业以货币形式表现建造和购置固定资产的工作量以及与此有关的费用的总额。计算单位：万元。

A.1.1.5.4　固定资产原价

汽车物流企业在建造、改置、安装、改建、扩建、技固定资产计量术改造固定资产时实际支出的全部货币总额。计算单位：万元。

A.1.1.5.5　累计折旧（其中：本年折旧）

汽车物流企业在固定资产使用寿命内，按照确定的方法对应计折旧额进行系统分摊。

A.1.1.6　物流基础设施与设备

A.1.1.6.1　土地占用面积

报告期内，汽车物流企业用于保管、储存、装卸、包装等占用土地的面积。计算单位：平方米。

A.1.1.6.2　自有仓储面积

报告期内，汽车物流企业用于保管、储存零部件、整车或售后备件等货物的面积。计算单位：平方米。

A.1.1.6.3　租用仓库面积

报告期内，汽车物流企业用于保管、储存零部件、整车或售后备件等货物租用的面积。计算单位：平方米。

A.1.1.6.4　装卸设备数量

报告期内，汽车物流企业装卸搬运货物的设备数量，如叉车等。计算单位：台。

A.1.1.6.5　包装设备数量

报告期内，汽车物流企业用于包装货物的设备数量。计算单位：台。

A.1.1.6.6　停车区域面积

报告期内，汽车物流企业用于停放运输车辆的面积。计算单位：平方米。

A.1.1.6.7　车辆运输车数量

报告期内，汽车物流企业在已定型货车底盘上改装，具有单层或多层货台，用于装载各类车辆的运输车的数量。计算单位：台。

A.1.1.6.8 城际物流用车数量

报告期内，汽车物流企业用于城际间物流业务的运输车数量。计算单位：台。

A.1.1.6.9 城市配送车辆数量

报告期内，汽车物流企业用于城市内配送业务的运输车数量。计算单位：台。

A.1.1.6.10 船舶数量

报告期内，汽车物流企业运输零部件、整车、售后备件等的船舶数量，计算单位：艘。

A.1.1.6.11 铁路专线数量

报告期内，汽车物流企业，用于运输零部件、整车、售后备件等的铁路线路接轨线数量（包括由企业或者其他单位管理的与国家铁路或者其他铁路接轨的铁路接轨线）。计算单位：条。

A.1.1.6.12 物流信息系统数量

报告期内，汽车物流企业用于物流活动的信息系统数量。计算单位：套。

A.1.2 汽车物流效益

A.1.2.1 物流经济效益

A.1.2.1.1 主营业务利润

报告期内，汽车物流企业在其主营业务（包括零部件物流、整车物流、售后服务备件物流等）方面收入减去主营业务成本及主营业务税金及附加。计算单位：万元。

A.1.2.1.2 主营业务税金及附加

报告期内，汽车物流企业在主营业务中应承担的税金。计算单位：万元。

A.1.3 成本

A.1.3.1 汽车物流成本

A.1.3.1.1 运输成本

报告期内，汽车物流企业用于整车、零部件和售后服务备件的运输而发生的成本，包括自有车辆运输费和支付外部运费。包括运输人员的劳动报酬、本年折旧、燃料与动力消耗、铁路使用费、过路过桥费、维修保养费、年检费、企业货物运输业务费等。计算单位：万元。

A.1.3.1.2 仓储成本

报告期内，汽车物流企业用于整车、零部件和售后服务备件的仓储而发生的成本。计算单位：万元。

A.1.3.1.3 包装成本

报告期内，汽车物流企业用于零部件或售后服务备件的包装而发生的成本。计算单位：万元。

A.1.3.1.4 装卸搬运成本

报告期内，汽车物流企业用于整车、零部件和售后服务备件的装卸搬运而发生的成本。计算单位：万元。

A.1.3.1.5 流通加工成本

报告期内，汽车物流企业用于整车、零部件和售后服务备件的流通加工而发生的成本。计算单位：万元。

A.1.3.1.6 配送成本

报告期内，汽车物流企业用于整车、零部件和售后服务备件的配送业务而发生的成本。计算单位：万元。

A.1.3.1.7 货代业务成本

报告期内，汽车物流企业用于委托代理而发生的成本。计算单位：万元。

A.1.3.1.8 货物损耗成本

报告期内，汽车物流企业由于货物损耗产生的成本。计算单位：万元。

A.1.3.1.9 信息及服务相关成本

报告期内，汽车物流企业用于信息及服务所产生的成本。计算单位：万元。

A.1.3.1.10 物流管理成本

报告期内，汽车物流企业用于物流管理所发生的费用。主要包括管理人员报酬、办公费用、教育培训、劳动保险、车船使用费等。计算单位：万元。

A.1.3.1.11 利息成本

报告期内，汽车物流企业在汽车物流中所支付的利息成本，包括占用银行贷款所支付的利息和占用自有资金所发生的机会成本等。计算单位：万元。

A.1.3.1.12 保险成本

报告期内，汽车物流企业在汽车物流中所支付的保险费用。计算单位：万元。

A.1.3.2 物流价格

A.1.3.2.1 整车物流价格

报告期内，汽车物流企业用于整车运输业务，所取得的业务收入与整车运输量之比。计算单位：元/台。

计算公式：

$$整车物流价格 = \frac{报告期内整车物流运输业务收入}{报告期内整车运输量}$$

A.1.3.2.2 零部件物流价格

报告期内，汽车物流企业完成零部件的运输业务，所取得的业务收入与运输零部件的量之比。计算单位：元/吨。

计算公式：

$$零部件物流价格 = \frac{报告期内零部件物流运输业务收入}{报告期内零部件运输量}$$

A.1.3.2.3 售后服务备件平均价格

报告期内，汽车物流企业完成售后服务备件的运输业务，所取得的业务收入与运输售后服务备件的量之比。计算单位：元/吨。

计算公式：

$$售后服务备件物流价格 = \frac{报告期内售后服务备件物流运输业务收入}{报告期内售后服务备件运输量}$$

A.1.4 效率

A.1.4.1 调度及时率

在整车物流范围的报告期内，物流方从接收到运输订单起，安排运输调度计划并发送调度指令的过程，有超过约定时间的调度次数与总的调度次数的比率。计算单位为百分数（%）。

计算公式：

$$调度及时率 = \frac{报告期内及时对订单完成调度的次数}{报告期内总调度次数} \times 100\%$$

A.1.4.2 订单及时率

在整车物流范围的报告期内，物流方从接收到运输订单起，直至交付经销商的过程，有超过约定时间的运输次数与总的运输次数的比率。计算单位为百分数（%）。

计算公式：

$$订单及时率 = \frac{报告期内订单及时完成的运输次数}{报告期内总运输次数} \times 100\%$$

A.1.4.3 物流设备利用率（包括车船利用率、仓库设备利用率等）

报告期内，物流设备包括车船、仓库设备等的实际使用时间占应使用时间的比率。计算单位为百分数（%）。

计算公式：

$$物流设备利用率 = \frac{报告期内物流设备实际使用时间}{报告期内物流设备应使用时间} \times 100\%$$

A.1.4.4 仓容利用率

报告期内，仓库中储存位置的利用率，一般以面积来计算，也可以容量来计算。计算单位为百分数（%）。

计算公式：

$$仓容利用率 = \frac{报告期内仓库平均实际使用面积(容量)}{报告期内仓库总面积(总容量)} \times 100\%$$

A.1.4.5　运输设备装载率

报告期内，运输车辆实际装载数量占运输车辆满载数量的比率。计算单位为百分数（％）。

计算公式：

$$运输车辆满载率 = \frac{报告期内运输车辆实际装载的数量}{报告期内运输车辆满载数量} \times 100\%$$

A.1.5　质量

A.1.5.1　订单准时率

报告期内，汽车物流企业从接收到运输订单起，直至交付收货人的时点，在约定时间内将订单交付收货人的运输车辆数与总的运输车辆数的比率。计算单位以百分数表示。

计算公式：

$$订单准时率 = \frac{报告期内订单准时完成的车辆数}{报告期内总车辆数} \times 100\%$$

A.1.5.2　运输货损率

报告期内，运输货物中损失的零部件数量（或价值）占运输零部件总数量（或价值）的比率。计算单位以百分数表示。

计算公式：

$$运输货损率 = \frac{报告期内运输货物中有损失的零部件数量（或价值）}{报告期内运输零部件总数量（或价值）} \times 100\%$$

A.1.5.3　仓储货损率

报告期内，仓储货损件数量（或价值）占仓储零部件总数量（或价值）的比率。计算单位以百分数表示。

计算公式：

$$仓储货损率 = \frac{报告期内货损件数量（或价值）}{报告期内仓储零部件总数量（或价值）} \times 100\%$$

A.1.5.4　运输货差率

报告期内，运输中出现差错的零部件数量（或价值）占运输零部件总数量（或价值）的比率。计算单位以百分数表示。

计算公式：

$$运输货差率 = \frac{报告期内运输中出现差错的零部件数量（或价值）}{报告期内运输零部件总数量（或价值）} \times 100\%$$

A.1.5.5　仓储货差率

报告期内，仓储中出现差错的零部件数量（或价值）占仓储零部件总数量（或价值）的比率。计算单位以百分数表示。

计算公式：

$$仓储货差率 = \frac{报告期内仓储中出现差错的零部件数量（或价值）}{报告期内仓储零部件总数量（或价值）} \times 100\%$$

A. 1. 5. 6 包装破损率

报告期内，客户接收零部件、售后服务备件中包装破损件数占客户订单售后服务备件总包装数的比率。计算单位以百分数表示。

计算公式：

$$包装破损率 = \frac{报告期内包装破损件数量}{报告期内客户订单总包装数量} \times 100\%$$

A. 1. 5. 7 设备完好率

报告期内，根据客户要求，运输、仓储等设备的使用数量占应使用设备数量的比率。计算单位以百分数表示。

计算公式：

$$设备完好率 = \frac{报告期内按客户要求使用的运输（或仓储）设备的数量}{报告期内客户要求应该使用的运输（或仓储）设备的总数量} \times 100\%$$

A. 1. 5. 8 运输安全事故次数

报告期内，运输车在运输途中发生的安全事故次数。计量单位：次数。

A. 1. 5. 9 仓储安全事故次数

报告期内，商品车、零部件等在仓储期间发生的安全事故次数。计量单位：次数。

A. 1. 5. 10 仓储库位摆放准确率

报告期内，仓储零部件摆放库位准确数量占摆放总库位的比率。计算单位以百分数表示。

计算公式：

$$仓储库位摆放准确率 = \frac{报告期内仓储零部件摆放库位准确的数量}{报告期内仓储零部件摆放总库位的数量} \times 100\%$$

A. 1. 5. 11 先进先出执行率

报告期内，仓库抽检零部件按先进先出原则执行的批次占总抽检批次的比率。计算单位以百分数表示。

计算公式：

$$先进先出执行率 = \frac{报告期内抽检零部件按先进先出原则执行的批次}{报告期内总抽检批次} \times 100\%$$

A. 1. 5. 12 账实符合率

报告期内，盘点账面与实物一致的售后服务备件品种（或数量）占盘点售后服务备件总品种（或总数量）的比率。计算单位以百分数表示。

计算公式：

$$账实符合率 = \frac{报告期内盘点账实一致的售后服务备件品种(或数量)}{报告期内盘点售后服务备件品种(或总数量)} \times 100\%$$

A.1.5.13　流通加工完好率

报告期内，流通加工中完好的零部件数量占所加工零部件总数量的比率。计算单位以百分数表示。

计算公式：

$$流通加工完好率 = \frac{报告期内加工完好的零部件数量}{报告期内加工零部件总数量} \times 100\%$$

A.1.5.14　客户满意率

报告期内，服务客户满意数量占所服务客户总数量的比率。计算单位以百分数表示。

计算公式：

$$客户满意率 = \frac{报告期内服务客户满意数量}{报告期内服务客户总数量} \times 100\%$$

A.1.5.15　客户投诉与索赔次数

报告期内，接收到的客户由于对物流商服务不满意发生的投诉或索赔要求的次数。计算单位：次数。

A.2　汽车企业物流统计指标

A.2.1　汽车企业物流规模

A.2.1.1　在途库存量

报告期内，在运输途中的零部件、整车或售后服务备件的总量。计算单位：整车——万台；零部件——十千立方米（万吨）；售后服务备件——十千立方米（万吨）。

A.2.1.2　总库存量

报告期内，仓库中的零部件、整车或售后服务备件的总量。计算单位：整车——万台；零部件——十千立方米（万吨）；售后服务备件——十千立方米（万吨）。

A.2.1.3　营业收入

A.2.1.3.1　整车物流营业收入

报告期内，汽车整车生产企业在整车物流业务所获得的营业收入。计算单位：万元。

A.2.1.3.2　零部件物流营业收入

报告期内，汽车零部件生产企业在汽车零部件物流业务所获得的营业收入。计算单位：万元。

A.2.1.3.3　售后服务备件物流营业收入

报告期内，汽车整车生产企业、汽车零部件生产企业在售后服务备件物流活动所获得的营业收入。计算单位：万元。

A.2.1.4　汽车物流从业人员数

报告期末，汽车物流企业或汽车整车生产企业、汽车零部件生产企业从事汽车物流活动的人员数，可按照学历、职称、技术等级、从业资格等划分。计算单位：人。

A.2.1.5　物流业务运营

A.2.1.5.1　货运量

报告期内，汽车整车生产企业、汽车零部件生产企业货物运输的总量。计算单位：吨。

A.2.1.5.2　流通加工量

报告期内，汽车整车生产企业、汽车零部件生产企业流通加工服务总量。计算单位：吨。

A.2.1.5.3　期末货物储存量

报告期末，汽车整车生产企业、汽车零部件生产企业物流货物的量，包括整车、零部件或售后服务备件等货物的数量。计算单位：整车——万台；零部件——十千立方米（万吨）；售后服务备件——十千立方米（万吨）。

A.2.1.6　物流基础设施与设备

A.2.1.6.1　土地占用面积

报告期内，汽车整车生产企业、汽车零部件生产企业用于保管、储存、装卸、包装等占用土地的面积。计算单位：平方米。

A.2.1.6.2　自有仓储面积

报告期内，汽车整车生产企业、汽车零部件生产企业用于保管、储存零部件、整车或售后备件等货物的面积。计算单位：平方米。

A.2.1.6.3　租用仓库面积

报告期内，汽车整车生产企业、汽车零部件生产企业用于保管、储存零部件、整车或售后备件等货物租用的面积。计算单位：平方米。

A.2.1.6.4　装卸设备数量

报告期内，汽车整车生产企业、汽车零部件生产企业装卸搬运货物的设备数量，如叉车等。计算单位：台。

A.2.1.6.5　包装设备数量

报告期内，汽车整车生产企业、汽车零部件生产企业用于包装货物的设备数量。计算单位：台。

A.2.1.6.6　停车区域面积

报告期内，汽车整车生产企业、汽车零部件生产企业用于停放运输车辆的面积。

计算单位：平方米。

A.2.1.6.7　车辆运输车数量

报告期内，汽车整车生产企业、汽车零部件生产企业在已定型货车底盘上改装，具有单层或多层货台，用于装载各类车辆的运输车的数量。计算单位：台。

A.2.1.6.8　城际物流用车数量

报告期内，汽车整车生产企业、汽车零部件生产企业用于城际间物流业务的运输车数量。计算单位：台。

A.2.1.6.9　城市配送车辆数量

报告期内，汽车整车生产企业、汽车零部件生产企业用于城市内配送业务的运输车数量。计算单位：台。

A.2.1.6.10　船舶数量

报告期内，汽车整车生产企业、汽车零部件生产企业运输零部件、整车、售后备件等的船舶数量，计算单位：艘。

A.2.1.6.11　铁路专线数量

报告期内，汽车整车生产企业、汽车零部件生产企业，用于运输零部件、整车、售后备件等的铁路线路接轨线数量（包括由企业或者其他单位管理的与国家铁路或者其他铁路接轨的铁路接轨线）。计算单位：条。

A.2.1.6.12　物流信息系统数量

报告期内，汽车整车生产企业、汽车零部件生产企业用于物流活动的信息系统数量。计算单位：套。

A.2.2　汽车物流效益

A.2.2.1　物流经济效益

A.2.2.1.1　主营业务利润

报告期内，汽车整车生产企业、汽车零部件生产企业在其业务（包括零部件物流、整车物流、售后服务备件物流等）方面收入减去主营业务成本及主营业务税金及附加。计算单位：万元。

A.2.2.1.2　主营业务税金及附加

报告期内，汽车整车生产企业、汽车零部件生产企业在其业务（包括零部件物流、整车物流、售后服务备件物流等）中应承担的税金。计算单位：万元。

A.2.3　成本

A.2.3.1　汽车物流成本

A.2.3.1.1　运输成本

报告期内，汽车整车生产企业、汽车零部件生产企业用于整车、零部件和售后服务备件的运输而发生的成本，包括自有车辆运输费和支付外部运费。包括运输人员的劳动报酬、本年折旧、燃料与动力消耗、铁路使用费、过路过桥费、维修保养费、年检费、企业货物运输业务费等。计算单位：万元。

A. 2. 3. 1. 2　仓储成本

报告期内，汽车整车生产企业、汽车零部件生产企业用于整车、零部件和售后服务备件的仓储而发生的成本。计算单位：万元。

A. 2. 3. 1. 3　包装成本

报告期内，汽车整车生产企业、汽车零部件生产企业用于零部件或售后服务备件的包装而发生的成本。计算单位：万元。

A. 2. 3. 1. 4　装卸搬运成本

报告期内，汽车整车生产企业、汽车零部件生产企业用于整车、零部件和售后服务备件的装卸搬运而发生的成本。计算单位：万元。

A. 2. 3. 1. 5　流通加工成本

报告期内，汽车整车生产企业、汽车零部件生产企业用于整车、零部件和售后服务备件的流通加工而发生的成本。计算单位：万元。

A. 2. 3. 1. 6　配送成本

报告期内，汽车整车生产企业、汽车零部件生产企业用于整车、零部件和售后服务备件的配送业务而发生的成本。计算单位：万元。

A. 2. 3. 1. 7　货物损耗成本

报告期内，汽车整车生产企业、汽车零部件生产企业由于货物损耗产生的成本。计算单位：万元。

A. 2. 3. 1. 8　外包业务成本

报告期内，汽车整车生产企业、汽车零部件生产企业用于物流业务外包发生的成本。计算单位：万元。

A. 2. 3. 1. 9　信息及服务相关成本

报告期内，汽车整车生产企业、汽车零部件生产企业用于信息及服务所产生的成本。计算单位：万元。

A. 2. 3. 1. 10　物流管理成本

报告期内，汽车整车生产企业、汽车零部件生产企业用于物流管理所发生的费用。主要包括管理人员报酬、办公费用、教育培训、劳动保险、车船使用费等。计算单位：万元。

A. 2. 3. 1. 11　利息成本

报告期内，汽车整车生产企业、汽车零部件生产企业在汽车物流中所支付的利息成本，包括占用银行贷款所支付的利息和占用自有资金所发生的机会成本等。计算单位：万元。

A. 2. 3. 1. 12　保险成本

报告期内，汽车整车生产企业、汽车零部件生产企业在汽车物流中所支付的保险费用。计算单位：万元。

A. 2. 3. 2　物流服务价格

A. 2. 3. 2. 1　整车物流价格

报告期内，汽车整车生产企业用于整车运输业务，所取得的业务收入与整车运输量之比。计算单位：元/台。

计算公式：

$$整车物流价格 = \frac{报告期内整车物流运输业务收入}{报告期内整车运输量}$$

A. 2. 3. 2. 2　零部件物流价格

报告期内，汽车整车生产和汽车零部件生产企业完成零部件的运输业务，所取得的业务收入与运输零部件的量之比。计算单位：元/吨。

计算公式：

$$零部件物流价格 = \frac{报告期内零部件物流运输业务收入}{报告期内零部件运输量}$$

A. 2. 3. 2. 3　售后服务备件平均价格

报告期内，汽车整车生产企业或汽车零部件生产企业完成售后服务备件的运输业务，所取得的业务收入与运输售后服务备件的量之比。计算单位：元/吨。

计算公式：

$$售后服务备件物流价格 = \frac{报告期内售后服务备件物流运输业务收入}{报告期内售后服务备件运输量}$$

A. 2. 4　效率

A. 2. 4. 1　厂内运输时间

报告期内，零部件等在汽车整车生产和汽车零部件生产企业内部库场进行短途运输的总时间。计算单位：小时。

A. 2. 4. 2　厂外在途时间

报告期内，零部件、整车或售后服务备件在汽车整车生产和汽车零部件生产企业外部进行运输的总时间。计算单位：小时。

A. 2. 4. 3　物流设备利用率（包括搬运设备利用率、仓库设备利用率等）

报告期内，物流设备包括搬运设备、仓库设备等的实际使用时间占应使用时间的比率。计算单位为百分数（％）。

计算公式：

$$物流设备利用率 = \frac{报告期内物流设备实际使用时间}{报告期内物流设备应使用时间} \times 100\%$$

A.2.4.4　仓容利用率

报告期内，仓库中储存位置的利用率，一般以面积来计算，也可以容量来计算。计算单位为百分数（%）。

计算公式：

$$仓容利用率 = \frac{报告期内仓库平均实际使用面积(容量)}{报告期内仓库总面积(总容量)} \times 100\%$$

A.2.5　质量

A.2.5.1　订单准时率

报告期内，从接收到运输订单起，直至交付收货人的时点，在约定时间内将订单交付收货人的运输车辆数与总的运输车辆数的比率。计算单位以百分数表示。

计算公式：

$$订单准时率 = \frac{报告期内订单准时完成的车辆数}{报告期内总车辆数} \times 100\%$$

A.2.5.2　运输货损率

报告期内，运输货物中损失的零部件数量（或价值）占运输零部件总数量（或价值）的比率。计算单位以百分数表示。

计算公式：

$$运输货损率 = \frac{报告期内运输货物中有损失的零部件数量(或价值)}{报告期内运输零部件总数量(或价值)} \times 100\%$$

A.2.5.3　仓储货损率

报告期内，仓储货损件数量（或价值）占仓储零部件总数量（或价值）的比率。计算单位以百分数表示。

计算公式：

$$仓储货损率 = \frac{报告期内货损件数量(或价值)}{报告期内仓储零部件总数量(或价值)} \times 100\%$$

A.2.5.4　运输货差率

报告期内，运输中出现差错的零部件数量（或价值）占运输零部件总数量（或价值）的比率。计算单位以百分数表示。

计算公式：

$$运输货差率 = \frac{报告期内运输中出现差错的零部件数量(或价值)}{报告期内运输零部件总数量(或价值)} \times 100\%$$

A. 2. 5. 5 仓储货差率

报告期内，仓储中出现差错的零部件数量（或价值）占仓储零部件总数量（或价值）的比率。计算单位以百分数表示。

计算公式：

$$仓储货差率 = \frac{报告期内仓储中出现差错的零部件数量（或价值）}{报告期内仓储零部件总数量（或价值）} \times 100\%$$

A. 2. 5. 6 运输安全事故次数

报告期内，运输车在运输途中发生的安全事故次数。计量单位：次数。

A. 2. 5. 7 仓储安全事故次数

报告期内，商品车、零部件等在仓储期间发生的安全事故次数。计量单位：次数。

A. 2. 5. 8 流通加工完好率

报告期内，流通加工中完好的零部件数量占所加工零部件总数量的比率。计算单位以百分数表示。

计算公式：

$$流通加工完好率 = \frac{报告期内加工完好的零部件数量}{报告期内加工零部件总数量} \times 100\%$$

A. 2. 5. 9 客户满意率

报告期内，服务客户满意数量占所服务客户总数量的比率。计算单位以百分数表示。

计算公式：

$$客户满意率 = \frac{报告期内服务客户满意数量}{报告期内服务客户总数量} \times 100\%$$

A. 2. 5. 10 客户投诉与索赔次数

报告期内，接收到的客户由于对物流商服务不满意发生的投诉或索赔要求的次数。计算单位：次数。

参考文献

[1] GB/T 24361—2009 社会物流统计指标体系

[2] GB/T 31149—2014 汽车物流服务评价指标

乘用车运输服务规范（修订工作组讨论稿）

1 范围

本标准规定了在运输乘用车过程中的基本服务内容和要求。

本标准适用于乘用车的公路、铁路、水路运输服务。其他类型车辆的运输服务可参照本标准执行。

2 规范性引用文件

下列文件中的条款通过本标准的引用而成为本标准的条款。凡是注日期的引用文件，其随后所有的修改单（不包括勘误的内容）或修订版均不适用于本标准，然而，鼓励根据本标准达成协议的各方研究是否可使用这些文件的最新版本。凡是不注日期的引用文件，其最新版本适用于本标准。

GB/T 8226—1987　　　公路运输术语

GB/T 18354—2001　　　物流术语

GB/T 31152—2014　　　汽车物流术语

GB/T 3730.1—2001　　　汽车和挂车类型的术语和定义

3 术语和定义

GB/T 8226—1987、GB/T 18354—2001、GB/T 31152—2014 确立的以及下列术语和定义适用于本标准。

3.1 乘用车 passenger car

在其设计和技术特性上主要用于载运乘客及其随身行李和/或临时物品的汽车，包括驾驶员座位在内最多不超过 9 个座位。它也可以牵引一辆挂车。

3.2 交车人 deliverer

交接时交付汽车整车的当事人。

[GB/T 31152—2014，定义 4.8]

3.3 接车人 receiver

交接时接收汽车整车的当事人。

[GB/T 31152—2014，定义 4.9]

3.4 交车 delivery

交车人将汽车整车交于接车人并得到确认的过程。

[GB/T 31152—2014，定义 4.6]

3.5　接车 receiving

接车人从交车人处接收汽车整车并进行确认的过程。

［GB/T 31152—2014，定义4.7］

3.6　操作人员 operator

从事乘用车运输服务的工作人员，包括驾驶员、固定作业人员、船员、铁路押运人员等。

3.7　质量交接 quality check during handover

交接双方共同认定质损及责任的活动。

［GB/T 31152—2014，定义4.2］

3.8　底盘可视部分 visible part of chassis

不通过地沟、举升机等设施，仅通过俯身可观察到的乘用车底盘部分。

3.9　运输质损　damage in transportation

乘用车因运输过程造成的质量缺陷、损坏、缺失及出现非要求部件等。

3.10　隐形质损 concealed damage

通过目测无法直观看到的质损。

［GB/T 31152—2014，定义4.4］

3.11　装载　loading

将汽车整车、零部件或售后服务备件移动到运输设备上的相关作业过程。

［GB/T 31152—2014，定义4.29］

3.12　在途　in transit

汽车整车、零部件、售后服务备件从运输起始地至目的地之间的作业状态。

［GB/T 31152—2014，定义4.39］

3.13　卸载　unloading

将汽车整车、零部件或售后服务备件从运输设备上移动并脱离的相关作业过程。

［GB/T 31152—2014，定义4.33］

3.14　固定 fixing

在运输设备上使用固定器具防止汽车整车、零部件或售后服务备件位置移动的作业。

［GB/T 31152—2014，定义4.32］

3.15　固定器具 fixing tools

在乘用车运输过程中，用于固定和防止其位置移动的器具。

3.16　运输指令 transportation instructions

传达给承运人的一组运输信息，包括货物、交货人、收货人、时间等。

［GB/T 31152—2014，定义6.5］

3.17 运输质损率 damage rate in transportation

考核期内，有运输质损的汽车整车、零部件或售后服务备件数量与承运总数量的比率。

［GB/T 31152—2014，定义7.1］

3.18 运输准时率 on – time – delivery rate

考核期内，按商定运输时间完成的汽车整车、零部件或售后服务备件数量与承运总数量的比率。

［GB/T 31152—2014，定义7.7］

4 总体要求

4.1 乘用车运输服务应实现服务的规范化。

4.2 操作人员应符合基本要求。

4.3 运输工具应符合基本要求。

4.4 交接过程中交车人和接车人应对乘用车的状态进行确认并记录在相关凭证上。

4.5 承运人应保证装载、固定、在途、卸载过程中乘用车的安全和质量。

4.6 承运人应与托运人保持有效的信息联络。

4.7 承运人与托运人对运输服务的约定应考虑符合国家的有关规定，承运人应履行运输服务约定。

5 操作人员的基本要求

5.1 操作人员的基本资质要求

操作人员的基本资质要求如下：

——应具有相应的技能和资质；

——应遵守国家的法律、法规和行业管理部门的规范性文件。

5.2 操作人员的基本操作要求

操作人员的基本操作要求如下：

——在操作时的着装及需配饰应不影响乘用车质量；

——除作业需要所必需的操作外，不得有其他的作业；

——在乘用车不能正常启动或驾驶时，应保护乘用车，不应有影响乘用车质量的作业。

6 运输工具的基本要求

6.1 运输设备的基本要求

运输设备应符合下述要求：

——应具备国家有关部门颁发的相关证件；

——应具备保证乘用车安全和质量的能力；

——装载时应保证清洁。

6.2　固定器具的基本要求

固定器具的适用性、完好性、数量应符合乘用车固定的要求。

7　交车与接车

7.1　运输时间

托运人与承运人应对运输时间进行约定，保证时间的合理性。

承运人应在约定的运输时间内完成运输任务。

7.2　交接核对

承运人作为接车人，在接车时应按运输指令核对乘用车，并与交车人进行确认。

承运人作为交车人，在交车时应按运输指令交付乘用车，并与接车人进行确认。

7.3　质量交接

7.3.1　运输质损的责任

交接时，接车人通过交接验车发现的未曾有过记录的运输质损，由交车人承担责任。

交接时未验出的隐形质损，经托运人与承运人共同分析并处理。

7.3.2　交接验车

7.3.2.1　交接验车要求

不使用任何工具及设施，接车人只通过目视的方法进行验车，验车时交车人应在场或交车人已许可接车人进行验车。

交接验车的场地应具有足够的光线，保证交接验车的进行。

接车人和交车人应约定当乘用车外表面有影响验车的脏污、水汽、雪等情况时的处理，保证交接验车的及时性。

7.3.2.2　交接验车内容

交接验车内容如下：

——车辆外部和底盘可视部分的完好性；

——车厢及行李箱内部可视部件的完好性；

——所有附件的完好性；

——其他与托运人特别约定的内容。

7.3.3　运输质损判定

交接验车时根据托运人提供的验收标准对乘用车的状态进行判定。

7.3.3.1　区分运输质损、非运输质损

交接验车时应区分运输质损、非运输质损，界定的原则如下：

a）运输质损通常包括：运输过程中的碰伤、划伤、磨损、污染、遗失等情况。

b）非运输质损包括（但不限于）：

——制造商交车时，接车人验车发现的乘用车质量缺陷；

——无外界破坏因素的功能性损坏；

——无外界破坏因素的漏装、错装；

——油漆、塑料件表面的疵点、气泡、夹杂、漏喷，以及完好的清漆层下的划印等；

——零部件本身的质量缺陷；

——装配工艺缺陷造成的划痕、脱漆、生锈；

——无外界破坏因素的部件表面由内往外凸起；

——装配间隙不均匀或有高低；

——完好保护膜、保护纸下的车身油漆缺陷；

——其他批量性同类质量问题，在经过与托运人共同分析后确定为与运输过程无关的缺陷。

当发生难以界定运输质损与非运输质损的情况时，承运人与托运人在协商后做出判定。

7.3.3.2 运输质损描述

运输质损的描述应采用代码，该代码可与托运人事先约定，其应包含部位、类型、程度三部分内容，并按顺序描述。运输质损的代码宜采用附录 A，运输质损类型解析宜采用附录 B。

7.3.4 记录及确认

交车方与接车方应对运输质损按约定的代码在相关凭证上进行记录，并签章确认。

8 装载与卸载

8.1 装载

将乘用车安全的移上运输设备，乘用车的装载位置应保证乘用车在途的安全。

各乘用车的固定次序应保证乘用车装载时的安全。

乘用车的固定方式应满足乘用车在运输途中的安全，确保不对乘用车的质量造成影响。

根据托运人与承运人约定的固定方式将乘用车在运输设备上固定。

8.2 卸载

解除乘用车的固定器具，将乘用车从运输设备上安全的移动并脱离。

9 在途控制

根据托运人的要求，在运输途中承运人应保证在一定的行驶间隔时间内，对运输设备的状况及乘用车的固定状况进行查验，确保运输的安全并将约定的信息反馈给托运人。如运输途中发生异常情况应及时通知托运人和收货人，并采取必要措施。

10 信息联络保证

承运人应按约定保持与托运人、发货人、收货人之间的信息联络。

11 异常事件处理

当出现异常事件（如运输设备故障或损坏、乘用车损坏、天气异常、路况变化等），承运人应采取相应的措施。

12 运输服务的基本评价指标

承运人应向托运人承诺，满足托运人对运输服务基本评价指标设定的目标值，运输服务基本评价指标设定为运输质损率及运输准时率。

12.1 运输质损率

运输质损率按公式（1）进行计算：

$$运输质损率 = \frac{考核期内有运输质损的乘用车数量}{考核期内乘用车承运总量} \times 100\% \quad\quad\quad (1)$$

运输质损率越低，对运输服务的评价越好。

12.2 运输准时率

运输准时率按公式（2）进行计算：

$$运输准时率 = \frac{考核期内按商定运输时间完成运输的乘用车数量}{考核期内乘用车承运总量} \times 100\% \quad (2)$$

运输准时率越高，对运输服务的评价越好。

附录 A

（资料性附录）

乘用车运输质损代码

乘用车运输质损代码见表 A.1。

表 A.1　　　　　　　　乘用车运输质损代码表

质损部位代码						质损类型代码	
左侧（驾驶座侧）	左前叶子板 L01	右侧（副驾驶座侧）	右前叶子板 R01	顶部	左车顶排水槽 T01	擦痕	01
	左侧转向灯 L02		右侧转向灯 R02		右车顶排水槽 T02	刮痕	02
	左前轮 L03		右前轮 R03		车顶左侧扩展件 T03	割痕	03
	左外后视镜 L04		右外后视镜 R04		车顶右侧扩展件 T04	凹痕（表面无损）	04
	左窗饰条 L05		右窗饰条 R05		车顶 T05	凹痕（表面受损）	05
	左前支柱 L06		右前支柱 R06		天线 T06	凿槽	06
	左前门窗玻璃 L07		右前门窗玻璃 R07		天窗 T07	刺破	07
	左前门 L08		右前门 R08		顶部其他 T99	开裂	08
	左前门把手 L09		右前门把手 R09			断裂	09
	左前门饰条 L10		右前门饰条 R10	底部	排气系统 D01	撕裂	10
	左前门槛板 L11		右前门槛板 R11		车架 D02	破碎	11
	左中支柱 L12		右中支柱 R12		油箱盖 D03	弯折	12
	左后门窗玻璃 L13		右后门窗玻璃 R13		悬挂系统 D04	松动	13
	左后门 L14		右后门 R14		底部其他 D99	损坏	14
	左后门把手 L15		右后门把手 R15			遗失	15
	左后门饰条 L16		右后门饰条 R16	内部	仪表板 I01	内部沾污	16
	左后门槛板 L17		右后门槛板 R17		点烟器 I02	色差	17
	左后玻璃 L18		右后玻璃 R18		收放机/CD机 I03	非要求部件	18
	左后翼子板 L19		右后翼子板 R19		收音机扬声器 I04	腐蚀	19
	左后轮 L20		右后轮 R20		内后视镜 I05	其他	99
	左侧其他 L99		右侧其他 R99		车顶内饰板 I06		
					左前椅 I07		
后部	后挡风玻璃 B01	前部	前挡风玻璃 F01		右前椅 I08		
	行李箱盖/尾门 B02		雨刮片 F02		后座椅 I09		
	左说明字牌 B03		引擎盖 F03		左前门内饰板 I10	质损程度代码	
	商标 B04		引擎盖扩展件 F04		右前门内饰板 I11		
	右说明字牌 B05		前照灯及转向灯（右） F05		左后门内饰板 I12	易恢复的微小缺点	0
	后组合灯（左） B06		前雾灯（右） F06		右后门内饰板 I13	小于2厘米	1
	牌照板 B07		中网 F07		前地毯 I14	2厘米到7厘米	2
	后组合灯（右） B08		商标 F08		后地毯 I15	大于7厘米到15厘米	3
	后行李箱前板 B09		前照灯及转向灯（左） F09		钥匙 I16	大于15厘米到30厘米	4
	后保险杠 B10		前雾灯（左） F10		合格证、说明书等 I17	大于30厘米	5
	行李箱内地毯 B11		前保险杠 F11		内部其他 I99	严重损坏或遗失及可能需要更换	6
	牌照托架 B12		前部其他 F99				
	备胎 B13			发动机组	发动机 E01		
	工具包 B14				电瓶 E02		
	千斤顶 B15				发动机组其他 E99		
	后部其他 B99						

注：在记录乘用车运输质损时，选择最接近的代码，当选择"其他"的代码时，应用文字描述补充记录

附录 B

（资料性附录）

乘用车运输质损类型解析

乘用车运输质损类型解析见表 B.1。

表 B.1　　　　　　　　乘用车运输质损类型解析表

01	擦痕	任何材质面有轻微伤及表面的痕迹（对钣金：未伤到底漆，未变形）		07	刺破	任何材质面被穿透	
02	刮痕	除了玻璃外任何材质面有伤及表面的痕迹（对钣金：伤到底漆，但未变形）		08	开裂	任何材质面有轻微裂开现象	
03	割痕	任何材质面有较严重伤及表面的痕迹（对钣金：伤到钣金，但未变形）		09	断裂	任何材质部件某部分完全断落	
04	凹痕（表面无损）	任何材质面产生凹坑，表面无损（对钣金：表面漆丝未损伤）		10	撕裂	任何材质面严重裂开，一端已不连接，或撕开两条边以上	
05	凹痕（表面受损）	任何材质面产生凹坑，表面受损（对钣金：表面漆丝受损伤）		11	破碎	玻璃、镜面破碎	
06	凿槽	任何材质面有严重伤及表面的痕迹（对钣金：伤到钣金，产生局部变形）		12	弯折	条形物件产生不能恢复的弯折	

13	松动	零部件松动	17	色差	某部分颜色与周边颜色差异，且不能以清洗恢复
14	损坏	功能丧失	18	非要求部件	零部件被更换成非出厂要求的部件
15	遗失	车辆零部件以及备胎、工具箱、钥匙、合格证等随车附件遗失	19	腐蚀	部件表面与其他物质发生化学反应，造成变质
16	内部沾污	车厢内部、行李箱内部任何部位和附件脏	99	其他	以上类型以外的其他运输质损类型

乘用车仓储服务规范（修订工作组讨论稿）

1　范围

本标准规定了在乘用车仓储过程中的基本服务内容和要求。

本标准适用于乘用车的仓储服务。

2　规范性引用文件

下列文件中的条款通过本标准的引用而成为本标准的条款。凡是注日期的引用文件，其随后所有的修改单（不包括勘误的内容）或修订版均不适用于本标准，然而，鼓励根据本标准达成协议的各方研究是否可使用这些文件的最新版本。凡是不注日期的引用文件，其最新版本适用于本标准。

GB/T 3730.1—2001　　汽车和挂车类型的术语和定义

GB/T 18354　　　　　物流术语

GB/T 31152—2014　　汽车物流术语

WB/T 1021—2004　　乘用车运输服务规范

3　术语和定义

GB/T 3730.1—2001、GB/T 18354、GB/T 31152—2014、WB/T 1021—2004 确立的以及下列术语和定义适用于本标准。

3.1　乘用车 passenger car

在其设计和技术特性上主要用于载运乘客及其随身行李和/或临时物品的汽车，包括驾驶员座位在内最多不超过 9 个座位。它也可以牵引一辆挂车。

［GB/T 3730.1—2001，定义 2.1.1］

3.2　乘用车仓储 storage of passenger car

乘用车及随车物品出入库、存放、防护、保养、管理等方面的服务过程。

3.3　仓储方 storager

仓储乘用车的企业、当事人或代理人。

3.4　仓储质损 quality damage in storage

乘用车因仓储过程造成的质量缺陷、损坏、缺失及出现非原厂规定部件[①]等。

3.5　仓储指令 warehouse instructions

---

① 本标准中"非原厂规定部件"即 WB/T 1021—2004 中的"非要求部件"。

传达给仓储方的一组仓储信息，包括货物、交货人、收货人、时间等。

［GB/T 31152—2014，定义 6.5］

3.6　仓储信息管理系统 storage information management system

基于计算机、通信网络等现代化的工具和手段，服务于仓储管理领域信息处理的系统。

3.7　盘点　stocktaking

对实际数量与账面数量的核对、调整和处理的过程。

3.8　仓储操作人员 storage operator

从事乘用车仓储服务的工作人员，包括驾驶员、作业人员等。

4　仓储方要求

4.1　应具备国家有关部门颁发的合法证件。

4.2　应遵守国家的法律、法规和行业管理部门的规范性文件。

4.3　应保证验收、贮存、移动过程中乘用车的安全和质量。

4.4　应具有乘用车验收、贮存、短拨发生意外事件的处理能力。

4.5　应与委托人保持有效的信息联络。

4.6　应履行仓储服务约定，保证满足与委托人约定的库存完好率，并承担相应的责任。

4.7　操作人员应具有相应的资质或技能。

4.8　应满足委托人设定的仓储服务的评价指标。

5　仓储服务要求

5.1　仓储服务

5.1.1　应设立仓储管理制度。

5.1.2　应设有乘用车仓储信息管理系统、具有定期清点分析功能（如：日报、月报、库存结构分析、库存周期等）。

5.1.3　应定期对库存实际数量与账面数量进行盘点。

5.1.4　应对库存的乘用车进行日常养护。

5.1.5　应具备满足委托人需求的相应设施功能（如：清洗、充电、充气、升降等设备）。

5.1.6　库区应根据仓储要求合理分类，并设立明显标志。

5.2　仓储作业

5.2.1　在操作人员操作时的着装及配饰应不影响乘用车质量。

5.2.2　除作业规程所要求的操作外，操作人员不得有其他的作业。

5.2.3　在乘用车不能正常启动或驾驶时，操作人员应保护乘用车，不应有影响乘用车质量的作业。

5.3　仓库场地

5.3.1　仓储场地内的地面、标识、护栏、消防设施、安全设施等基础设施应符合要求。

5.3.2　地理位置应交通便利，适于运输设备通行。仓库周边500米内无重特级防火单位（油库、燃气站、化学品仓库、修理厂等）；仓库场地及仓储作业区与周边架空高压电力线路间距参见《电力设施保护条例》；在选建半封闭、露天仓库时应考虑污染源问题。

5.3.3　仓储场地分为全封闭、半封闭、露天等。露天库、封闭库、半封闭库应为平坦硬质地面，具备排水、采光、照明、通风等功能。采光及照明条件应符合国家有关规定。

5.4　仓储安全

5.4.1　乘用车仓储应符合国家对安全生产的要求并设置安全警示标识及必要的监控设备。

5.4.2　防火通道宽度露天库不应小于6米、全封闭、半封闭库不应小于4米，消防通道净空高度不小于4米，尽量设立单行通道；存放区应设立紧急车辆出口。

5.4.3　乘用车宜分组停放，每组停车的数量室外不宜超过50辆，车前后间距不小于0.15米、左右间距不小于0.5米；全封闭室内库应根据当地消防部门的要求设有自动喷淋系统。

5.4.4　库内移动（存货转移：存货变换储存的位置）车速应限速，在库区路面条件良好的通道上行驶时，限速20千米/小时；若其中在进出库区大门、道位、洗车场地时，应减速或暂停观望；库区交通标志、标线清晰醒目准确完好。

5.4.5　库区加油应设置专用区域，使用专用设备。

6　接车与交车

6.1　仓储时间

委托人与仓储方应对仓储时间进行约定，仓储方应在约定的时间内完成仓储任务。

6.2　交接核对

仓储方作为接车人，在接车时应按仓储指令核对乘用车，并与交车人进行确认。

仓储方作为交车人，在交车时应保证仓储的乘用车与仓储指令一致，并与接车人进行确认。

6.3　交接验车

交接验车应按照WB/T 1021—2004中7.3.2.2规定进行。

6.4　仓储质损

6.4.1　仓储质损的责任

交接时，接车人通过交接验车发现的未曾有过记录的仓储质损，由交车人承担责任。

交接时未验出的质损，经委托人与仓储方共同分析确认为仓储质损的，由仓储方承担责任。

6.4.2 仓储质损判定

委托人应提供乘用车的验收标准，交接验车时根据委托人提供的验收标准对乘用车的状态进行判定。

仓储质损通常包括：仓储过程中的碰伤、划伤、磨损、污染、遗失及出现非原厂规定部件等情况。

当发生难以界定的情况时，委托人与仓储方在协商后做出判定。

6.4.3 仓储质损描述

仓储质损的描述应采用代码，该代码可与仓储方事先约定，仓储质损的代码及类型解析宜采用 WB/T 1021—2004 中的附录 A、附录 B。

6.4.4 记录及确认

委托人与仓储方应对仓储质损按约定的代码在相关凭证上进行记录，并签章确认。

7 信息联络保证

仓储方应按约定保持与委托人之间信息联络。

8 异常事件处理

在仓储服务过程中，当出现异常事件（如火灾、乘用车损坏、天气异常等）时，仓储方应具有相应的处理能力和采取相应的措施。

9 违约责任

仓储方应履行与委托人约定的仓储服务要求，如出现违约应承担相应的违约责任。

10 仓储服务评价

10.1 库存完好率

库存完好率按公式（1）进行计算：

$$库存完好率 = \frac{考核期内仓储的乘用车完好数量}{考核期内仓储总量} \times 100\% \quad\cdots\cdots\cdots (1)$$

仓储总量 = 考核期初库存总量 + 考核期内入库总量

10.2 仓储质损率

仓储质损率按公式（2）进行计算：

$$仓储质损率 = \frac{考核期内有仓储质损的乘用车数量}{联考核期内乘用车仓储总量} \times 100\% \quad\cdots\cdots\cdots (2)$$

仓储总量 = 考核期初库存总量 + 考核期内入库总量

10.3　库存完好率与仓储质损率的关系

　　库存完好率＝（1－仓储质损率）×100% ···（3）

参考文献

［1］国务院. 电力设施保护条例. 1997 年 9 月 15 日发布.

［2］GB 50067—1997　汽车库、修车库、停车场设计防火规范

乘用车水路运输服务规范（修订工作组讨论稿）

1 范围

本标准规定了乘用车在水路运输过程中的基本服务内容和要求。

本标准适用于乘用车的水路运输服务。其他类型车辆的水路运输服务可参照本标准执行。

2 规范性引用文件

下列文件中的条款通过本标准的引用而成为本标准的条款。凡是注日期的引用文件，其随后所有的修改单（不包括勘误的内容）或修订版均不适用于本标准，然而，鼓励根据本标准达成协议的各方研究是否可使用这些文件的最新版本。凡是不注日期的引用文件，其最新版本适用于本标准。

GB/T 3730.1—2001　　汽车和挂车类型的术语和定义

GB/T 8226　　公路运输术语

GB/T 18354　　物流术语

GB/T 31152—2014　　汽车物流术语

WB/T 1021—2004　　乘用车运输服务规范

3 术语和定义

GB/T 3730.1—2001、GB/T 8226、GB/T 18354、GB/T 31152—2014、WB/T 1021—2004 确立的以及下列术语和定义，适用于本标准。

3.1 乘用车 passenger car

在其设计和技术特性上主要用于载运乘客及其随身行李和/或临时物品的汽车，包括驾驶员座位在内最多不超过 9 个座位，它也可以牵引一辆挂车。

［GB/T 3730.1—2001，定义 2.1.1］

3.2 积载 stowage

是对汽车整车、零部件或售后服务备件从运输船上的摆放位置与堆装方式做出合理安排的作业过程。

［GB/T 31152—2014，定义 4.34］

3.3 短驳 short transportation

承运人通过自驾方式或专用运输工具将乘用车从托运人指定地点位移到滚装码头的作业过程。

3.4　配送 local logistics

承运人将到达目的港卸载后的乘用车按照运输指令运送到指定接车地的作业过程。

3.5　班轮运输 liner service

滚装船舶按固定的航线和预先公布的船期表在固定港口间载运乘用车的作业过程。

3.6　滚装 ro – ro

货物单元在码头接岸设施与船舶之间通过其自身的车轮或其他滚动系统进行装卸的作业方式。

［GB/T 31152—2014，定义 4.35］

3.7　吊装　lifting

采用起重设备和吊具装卸汽车整车、零部件或售后服务备件的作业方式。

［GB/T 31152—2014，定义 4.30］

4　水路运输主要设施要求

4.1　滚装船

装载乘用车的运输工具应为专用滚装船。

4.1.1　滚装船应符合国家有关规范和检验标准，并取得合法证书文件。

4.1.2　滚装船载货区应为专用载货甲板，并要进行防滑处理，坡道角度应小于 12 度或保证车辆行驶时不触及乘用车底部区域。

4.1.3　滚装船应配备确保安全工作状态的固定设施，并具有专用的储藏空间。

4.1.4　海运船舶载货甲板应具有确保乘用车安全固定的系固点。

4.1.5　滚装船载货区应有安全标识，载货区、跳板、升降设备应配备满足要求的照明设备。

4.1.6　滚装船舶载货区上的所有活动物品和设备应进行系固。

4.1.7　海运滚装船舶应配备通风设施和空气检测设施。

4.2　滚装码头

4.2.1　滚装码头应符合国家有关规范和标准，并具备装卸乘用车的基本条件。

4.2.2　滚装码头应具备保证乘用车免受质量损失（如污染）、临时库存、转运作业的条件。

4.3　堆场

4.3.1　堆场应满足乘用车临时存放、交接、装卸、分拣、整备、消防、防灾等安全的要求。

4.3.2　堆场的消防配套设施及措施应符合国家的有关规定及托运人的相关要求。

4.4　固定器具

4.4.1　海运滚装船应配备专用固定器具将乘用车与船舶载货甲板进行紧固。

4.4.2 内河滚装船应配备轮胎专用定位器固定乘用车轮胎。

4.4.3 固定器具的强度和摩擦力，应确保乘用车不受损伤，并能有效避免其发生位移。

4.4.4 固定器具数量应满足装载乘用车的需要。

5 操作人员要求

5.1 船员

船员应满足以下要求：

——持有国家法定的资质证书；

——滚装船员应具备相应的技能。

5.2 驾驶员

驾驶员应满足如下要求：

——持有国家法定的资质证书；

——具备相应的技能和实际驾驶经验。

6 水路运输作业要求

6.1 运输组织

承运人应按照指令在约定的周期内组织并完成运输。

6.2 短驳

6.2.1 应对短驳线路进行勘验并完全排除障碍，合理编队，确保乘用车安全移动。

6.2.2 应确保短驳作业按照规定速度、车距、信号沟通等要求进行。

6.2.3 应制定工作量标准，避免疲劳驾驶。

6.3 堆场作业

承运人应将不直接装载或转运的乘用车存入指定的堆场，并进行分拣、标识、整备。

6.4 码头准备

6.4.1 根据装卸计划，港口作业人应安排泊位、堆场、组织装卸作业，并采取必要措施，确保乘用车正常装卸。

6.4.2 如需要吊装，应准备必要的装卸设备及操作人员。

6.4.3 特殊气候条件应采取有效防范措施。

6.5 装卸作业

6.5.1 船舶舱口、弯道、坡道及载车区应有专人指挥、值守和协助作业。

6.5.2 滚装作业时，乘用车在舱内应按规定时速行驶。

6.5.3 吊装作业时，吊装器具应只与轮胎接触，车内严禁载人。

6.5.4 滚装作业和吊装作业不应同时进行。

6.6　积载

6.6.1　乘用车积载应遵循先卸后装原则，车辆前后方向宜与船舶纵向一致。

6.6.2　通往甲板楼梯、操纵点和逃生通道应保持畅通。

6.6.3　乘用车不得摆放在水雾、火帘区域。

6.6.4　积载间距

积载间距应满足以下要求：

——乘用车侧面到固定物体（柱、舱壁）的距离不小于 20 厘米；

——车辆前后间距或车辆与固定物体的距离不小于 20 厘米；

——车辆左右间距不小于 10 厘米；

——至少有一列车辆与相邻列的车辆或固定物的间距不小于 30 厘米。

内河运输以上间距在保证安全的条件下可适当减少。

6.6.5　舱内楼梯等出入口附近应保留不少于 50 厘米 × 50 厘米的空地，以确保通道畅通。

6.6.6　托运人对乘用车积载有特殊要求的可另行约定。

6.7　在途控制

6.7.1　乘用车水路运输在途控制，应按照 WB/T 1021—2004 的规定进行。

6.7.2　在特殊航区、特殊水位、特殊季节，承运人应制定预控措施确保乘用车安全。

6.8　配送

6.8.1　承运人应按运输要求对到港乘用车进行分拣、标识、整备。

6.8.2　采用自驾方式的，应按照短驳要求进行。

6.8.3　采用公路运输方式的，应按照 WB/T 1021—2004 的规定进行。

6.9　接车与交车

6.9.1　乘用车的交车与接车，应按照 WB/T 1021—2004 的规定进行。

6.9.2　接车人应给交车人提供必要的交车条件，并在约定的时间内进行接车，不应拒收乘用车、拒绝办理相关接车手续、扣留相关凭证及运输工具。

6.9.3　承运人应承担错误交车或承运人造成的运输质损的责任。

7　运输组织方式

有条件的承运人宜采取定期班轮运输方式。

8　信息联络保证

承运人应按约定保持与托运人、发货人、收货人之间的信息联络。

9　异常事件处理

当出现异常事件（如运输设备故障或损坏、乘用车损坏、不可抗力等），承运人应采取应急措施避免损失扩大。

10 水路运输服务评价

10.1 运输质损率

运输质损率按式（1）进行计算：

$$运输质损率 = \frac{考核期内有运输质损的乘用车数量}{考核期内乘用车承运总量} \times 100\% \cdots\cdots\cdots\cdots\cdots (1)$$

10.2 运输准时率

运输准时率按式（2）进行计算：

$$运输准时率 = \frac{考核期内按商定运输时间完成运输的乘用车数量}{考核期内乘用车承运总量} \times 100\% \cdots\cdots (2)$$

乘用车物流质损判定及处理规范（修订工作组讨论稿）

1 范围

本标准规定了乘用车在物流过程中发生或发现质损后的判定及处理规范。

本标准适用于乘用车在物流过程中对质损的判定及处理。其他类型车辆的质损判定及处理可参照本标准执行。

2 规范性引用文件

下列文件中的条款通过本标准的引用而成为本标准的条款。凡是注日期的引用文件，其随后所有的修改单（不包括勘误的内容）或修订版均不适用于本标准，然而，鼓励根据本标准达成协议的各方研究是否可使用这些文件的最新版本。凡是不注日期的引用文件，其最新版本适用于本标准。

GB/T 3730.1—2001　　　　汽车和挂车类型的术语和定义

GB/T 8226　　　　　　　　公路运输术语

GB/T 18354　　　　　　　　物流术语

GB/T 31152—2014　　　　　汽车物流术语

WB/T 1021—2004　　　　　乘用车运输服务规范

3 术语和定义

GB/T 3730.1—2001、GB/T 8226、GB/T 18354、GB/T 31152—2014、WB/T 1021—2004 确立的以及下列术语和定义适用于本标准。

3.1 乘用车 passenger car

在其设计和技术特性上主要用于载运乘客及其随身行李和/或临时物品的汽车，包括驾驶员座位在内最多不超过 9 个座位。它也可以牵引一辆挂车。

［GB/T 3730.1—2001，定义 2.1.1］

3.2 质损 damage

汽车整车、零部件、售后服务备件存在损坏、缺失及出现非原厂规定件等质量问题。

注 1：包括物流质损与非物流质损。

注 2：零部件、售后服务备件损坏又称货损，零部件、售后服务备件缺失又称货差。

［GB/T 31152—2014，定义 4.3］

3.3 物流质损 logistics damage

因物流活动造成的汽车整车、零部件、售后服务备件质损。

［GB/T 31152—2014，定义4.3.1］

3.4 质损车 damaged vehicle

有质损的汽车整车。包括物流质损车与非物流质损车。

［GB/T 31152—2014，定义4.10］

3.4.1 报废物流质损车 discardable vehicle in logistics

已无修理价值，或经修理后达不到国家有关规定，或按制造商制定的报废标准规定必须报废的汽车。

［GB/T 31152—2014，定义4.10.3］

3.4.2 严重物流质损车 serious damaged vehicle in logistics

有修理价值且修理后能达到国家有关规定但不能达到出厂标准，或符合委托人与物流服务商约定的严重质损的汽车。

［GB/T 31152—2014，定义4.10.2］

3.4.3 一般物流质损车 general damaged vehicle in logistics

有修理价值且修理后能达到出厂标准，或符合委托人与物流服务商约定的一般质损的汽车。

［GB/T 31152—2014，定义4.10.1］

3.4.4 非物流质损车 non–logistics damaged vehicle

非物流活动造成的质损车。

［GB/T 31152—2014，定义4.10.4］

4 总体要求

4.1 在乘用车物流过程中发现质损后，物流服务商应根据本标准要求对质损进行记录、分析和反馈。

4.2 物流服务商应根据委托人的授权或通过委托人指定的其他机构或人员，依据本标准对质损车进行分类，并按本标准相应的处理方式对质损车进行处理。

5 质损的判定、记录和分析

5.1 物流质损与非物流质损

乘用车物流过程中发现质损时，应区分物流质损、非物流质损，界定的原则如下：

a）物流质损通常包括：物流过程中的碰伤、划伤、磨损、污染、遗失及出现非原厂规定部件等情况；

b）非物流质损包括（但不限于）：

——委托人交车时，接车人验车发现的乘用车质量缺陷；

——无外界破坏因素的功能性损坏；

——无外界破坏因素的漏装、错装；

——油漆、塑料件表面的疵点、气泡、夹杂、漏喷、漆裂、流挂，以及完好的清漆层下的划印等；

——零部件本身的质量缺陷；

——装配工艺缺陷造成的划痕、脱漆、生锈；

——无外界破坏因素的部件表面由内往外凸起；

——装配间隙不均匀或有高低；

——完好保护膜、保护纸下的车身油漆缺陷；

——其他批量性同类质量问题，在经过与委托人共同分析后确定为与物流过程无关的缺陷。

c）当发生难以界定物流质损与非物流质损的情况时，物流服务商与制造商在协商后做出判定。

乘用车外部及内部零部件外观存在微小瑕疵但符合产品质量合格标准的，可不作为质损，也可由物流服务商与制造商另行约定。

5.2　质损的描述

5.2.1　物流质损的描述

5.2.1.1　物流质损的描述应采用代码，该代码可与委托人事先约定。物流质损的代码及类型解析宜采用 WB/T 1021—2004 中的附录 A、附录 B。

5.2.1.2　对物流质损部位的描述，宜在 WB/T 1021—2004 中附录 A 的基础上采用部位分代码来进一步描述物流质损的具体部位。部位分代码参见本标准附录 A。

5.2.2　非物流质损的描述

非物流质损的描述可与委托人事先约定，在委托人要求记录或为了便于区分物流质损与非物流质损时加以描述。非物流质损的描述宜采用本标准附录 B 的代码。

5.3　质损的记录

5.3.1　物流质损的记录

物流服务商应对物流质损按约定的代码在相关凭证上进行记录，并宜采用本标准附录 A 的表式对物流质损进行详细描述。

5.3.2　非物流质损的记录

物流服务商应在委托人要求记录或为了便于区分物流质损与非物流质损时，对非物流质损按约定在相关凭证上进行记录。

5.4　物流质损的分析

　　物流服务商应对物流质损进行分析，可根据本标准附录 A 表式所记录的物流质损的详细描述，统计、分析和判别物流质损产生的原因，以对物流质损的发生加以控制。

6　质损车的分类与处理

6.1　质损车的分类

6.1.1　质损车分为物流质损车和非物流质损车。物流质损车分为报废物流质损车、严重物流质损车和一般物流质损车。

6.1.2　委托人与物流服务商应对每个类别的质损车的具体规定在本标准基础上再进行约定。

6.2　物流质损车的处理

　　委托人与物流服务商应在本标准规定的以下方式处理的基础上，对每类物流质损车的处理进行补充约定。

6.2.1　报废物流质损车的处理

　　报废物流质损车不得以整车形式进行销售，应按委托人与物流服务商的约定进行处置。

6.2.2　严重物流质损车的处理

6.2.2.1　严重物流质损车应按委托人与物流服务商的约定进行修理，修理后应符合国家和制造商的规定。

6.2.2.2　严重物流质损车修理后可按委托人与物流服务商的约定进行协议处理。

6.2.3　一般物流质损车的处理

6.2.3.1　一般物流质损车应按委托人与物流服务商的约定进行修理，修理后应符合产品出厂检验标准。

6.2.3.2　一般物流质损车修理后应作为合格车正常销售。

6.3　非物流质损车的处理

　　非物流质损车应按委托人与物流服务商的约定进行处理。

附录 A
（资料性附录）
乘用车物流质损详细描述报告

乘用车物流质损详细描述报告见表 A.1。

表 A.1　　　　　　　乘用车物流质损详细描述报告

VIN 码		车型		颜色	
质损事实描述					
序号	代码及文字描述		部位分代码	外部图示	
质损形状图示	内部图示				
交车方			接车方		
交车人签字			接车人签字		

注：

（1）除非物流质损车、质损程度为 0 级的、缺件等外的所有可图示的质损均可填写本报告；

（2）在"代码及文字描述"栏内填写质损代码，并同时用文字描述清楚；

（3）在"外部图示"栏或"内部图示"栏图示用"○"标明质损的具体位置，车顶内饰、行李箱内部、底盘部分的质损可大致标在外部图示上，底盘部分质损也可直接在画质损形状时补充描述具体位置；

（4）在"质损形状图示"栏内尽可能清楚的画出质损的形状，并标明尺寸（单位：毫米），对于损坏严重的只需画出大致损坏区域形状，标明大致尺寸即可。

（5）部位分代码，请根据从上到下、从前到后的原则，按下图所示填写。

1	2	3
4	5	6
7	8	9

质损分类		注：对每个质损都使用数码相机拍摄质损照片，粘贴到下面空格内，照片应尽可能拍摄清楚并减少张数。
照片		

制表人：　　　　　　　　　　　　　　　　　　　　　制表日期：

附录 B

（资料性附录）

乘用车非物质质损代码

乘用车非物流质损部位代码见表 B.1，类型代码见表 B.2，程度代码见表 B.3。

表 B.1　　　　　　　　　　　乘用车非物流质损部位代码表

左侧		遮帘布	BAE	电瓶	E02	收放机/CD 机	I03
左前叶子板	L01	倒车雷达	BAF	动力转向液位	EAA	收音机扬声器	I04
左侧转向灯	L02	低音音箱	BAG	清洗液液位	EAB	内后视镜	I05
左前轮	L03	后部其他	B99	制动油位	EAC	车顶内饰板	I06
左外后视镜	L04	右侧		机油液位	EAD	左前椅	I07
左窗饰条	L05	右前叶子板	R01	冷却液液位	EAE	右前椅	I08
左前支柱	L06	右侧转向灯	R02	皮带	EAF	后座椅	I09
左前门窗玻璃	L07	右前轮	R03	风扇	EAG	左前门内饰板	I10
左前门	L08	右外后视镜	R04	车辆铭牌	EAH	右前门内饰板	I11
左前门把手	L09	右窗饰条	R05	风扇标签	EAI	左后门内饰板	I12
左前门饰条	L10	右前支柱	R06	制冷剂标签	EAJ	右后门内饰板	I13
左前门槛板	L11	右前门窗玻璃	R07	高压点火标签	EAK	前地毯	I14
左中支柱	L12	右前门	R08	冷却液标签	EAL	后地毯	I15
左后门窗玻璃	L13	右前门把手	R09	制动液标签	EAM	钥匙	I16
左后门	L14	右前门饰条	R10	各类管子	EAN	合格证、说明书等	I17
左后门把手	L15	右前门槛板	R11	各类线束	EAO	内部其他	I99
左后门饰条	L16	右中支柱	R12	制冷剂	EAP	阅读灯	IAA
左后门槛板	L17	右后门窗玻璃	R13	发动机组其他	E99	手套箱	IAB
左后玻璃	L18	右后门	R14	顶部		手套箱指示灯	IAC
左后翼子板	L19	右后门把手	R15	左车顶排水槽	T01	遮阳板	IAD
左后轮	L20	右后门饰条	R16	右车顶排水槽	T02	遮阳板镜子/灯	IAE
左侧其他	L99	右后门槛板	R17	车顶左侧扩展件	T03	安全带	IAF
后部		右后玻璃	R18	车顶右侧扩展件	T04	座椅头枕/DVD/头靠垫	IAG
后挡风玻璃	B01	右后翼子板	R19	车顶	T05	抓握手柄/辅助带	IAH
行李箱盖/尾门	B02	右后轮	R20	天线	T06	后阅读灯	IAI
左说明字牌	B03	右侧其他	R99	天窗	T07	烟灰盒	IAJ

商标	B04	前部		顶部其他	T99	后烟灰盒	IAK
右说明字牌	B05	前挡风玻璃	F01	底部		空调	IAL
后组合灯（左）	B06	雨刮片	F02	排气系统	D01	后空调	IAM
牌照板	B07	引擎盖	F03	车架	D02	前灯开关	IAN
后组合灯（右）	B08	引擎盖扩展件	F04	油箱盖	D03	组合开关	IAO
后行李箱前板	B09	前照灯及转向灯（右）	F05	悬挂系统	D04	方向盘/调整开关	IAP
后保险杠	B10	前雾灯（右）	F06	汽油标签	DAA	组合仪表/指示灯	IAQ
行李箱内地毯	B11	中网	F07	油箱	DAB	外后视镜调节杆/按钮	IAR
牌照托架	B12	商标	F08	离合器	DAC	内扶手/后扶手/车载电话	IAS
备胎	B13	前照灯及转向灯（左）	F09	变速器	DAD	信息中心	IAT
工具包	B14	前雾灯（左）	F10	制动系统	DAE	离合器踏板	IAU
千斤顶	B15	前保险杠	F11	喇叭	DAF	油门踏板	IAV
备胎箱盖	BAA	VIN 码	FAA	底部其他	D99	刹车踏板	IAW
急救箱盖	BAB	前部其他	F99	内部		手制动杆	IAX
行李箱灯	BAC	发动机组		仪表板	I01	排挡杆	IAY
VCD 盒	BAD	发动机	E01	点烟器	I02	车窗控制面板	IAZ

表 B. 2　　　　　　　　　　　乘用车非物流质损类型代码表

擦痕	01	标识错误	AI	操作过紧/重	BJ
刮痕	02	显示不正确	AJ	操作过松/轻	BK
割痕	03	功能丧失（电器）	AK	其他机械功能丧失	BL
凹痕（表面无损）	04	灯不亮	AL	缓慢渗气	BM
凹痕（表面受损）	05	灯常亮	AM	脱胶	BN
凿槽	06	锁不住	AN	锈蚀	BO
刺破	07	锁住不能开启	AO	发毛（除玻璃）	BP
开裂	08	开关失效	AP	气泡（除玻璃）	BQ
断裂	09	无电（黑眼）	AQ	夹杂（除玻璃）	BR
撕裂	10	充不进电	AR	疵点	BS

破碎	11	电瓶液少	AS	色差（原厂质量问题）	BT
弯折	12	电瓶液溢出	AT	流挂	BU
松动	13	电缆/电线松	AU	完好表层清漆下的划印	BV
损坏	14	运动部件干涉	AV	漏喷	BW
遗失	15	泄漏	AW	凸起	BX
内部沾染或玷污	16	异响	AX	孔、槽内侧划伤、刮伤	BY
色差（维修造成）	17	水温过高	AY	边角掉漆	BZ
非原厂规定部件	18	漏水	AZ	玻璃发毛	CA
腐蚀	19	渗水	BA	玻璃有气泡	CB
液位不符合要求	AA	运动受阻（不包括玻璃）	BB	玻璃夹杂	CC
装配间隙不均匀	AB	玻璃升降受阻	BC	镜面花	CD
装配有高低	AC	调整功能失效	BD	塑瘤	CE
装配直线度不够	AD	ABS 失效	BE	起皱	CF
漏装	AE	点火失败	BF	橡胶件老化龟裂	CG
错装	AF	点火不正常	BG	完好灯罩内部划痕、气泡等	CH
内部装配松动	AG	急速不稳	BH	密封条、地毯不平整	CI
不配合	AH	抖动	BI	其他	99

表 B. 3　　　　　　　　　　乘用车非物流质损程度代码表

程度代码	0	1	2	3	4	5	6	F
质损程度	易恢复的微小缺点	小于 2 厘米	2 厘米到 7 厘米	大于 7 厘米到 15 厘米	大于 15 厘米到 30 厘米	大于 30 厘米	严重损坏或遗失及可能需要更换	其他不能用长度或直径描述的故障